上市公司
财务报表解读
从入门到精通
第3版

景小勇 ◎ 著

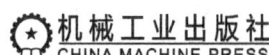

图书在版编目（CIP）数据

上市公司财务报表解读：从入门到精通/景小勇著. —3版. —北京：机械工业出版社，2017.10（2025.8重印）
（财务知识轻松学）

ISBN 978-7-111-58202-1

I. 上… II. 景… III. 上市公司–会计报表–会计分析 IV. F276.6

中国版本图书馆CIP数据核字（2017）第241759号

  一点财务基础也没有的人，如何学看上市公司财务报表呢？本书以万科公司（股票代码000002）的2016年财报为例，用股民看得懂的白话语言，介绍了分析财报必须了解的基本财务知识，并重点介绍了三大财务报表（资产负债表、利润表、现金流量表）的各项要素以及三大财务报表之间的勾稽关系，旨在让读者学会透过财务数据发现上市公司的问题、机会和潜力。希望学习财务报表的股民、经理人、企业家、创业者，借由本书更快地踏上成功之路。

上市公司财务报表解读：从入门到精通　第3版

出版发行：机械工业出版社（北京市西城区百万庄大街22号　邮政编码：100037）			
责任编辑：鲜梦思		责任校对：李秋荣	
印　　刷：河北虎彩印刷有限公司		版　　次：2025年8月第3版第14次印刷	
开　　本：170mm×242mm　1/16		印　　张：15	
书　　号：ISBN 978-7-111-58202-1		定　　价：79.00元	

客服电话：(010) 88361066　68326294

版权所有·侵权必究
封底无防伪标均为盗版

第1版推荐序

几经修改，景小勇的第一本著作《上市公司财务报表解读：从入门到精通》终于出版了。景小勇2006年毕业于中央财经大学会计学院会计专业，他从大学三年级开始在我的指导下参与上市公司年度报告分析工作，毕业后在中央财经大学中国企业研究中心担任我的助手。作为教师，最大的欣慰是看到学生的成果。

景小勇出身于贫苦的农民家庭，自幼丧母，当年他父亲一年的收入仅两千多元。全村的乡亲们都把他当成自己的孩子，用景小勇的话说"我是吃百家饭长大的"。景小勇刻苦聪慧，初中时便获得全国青少年数学竞赛一等奖，成为全村甚至全乡的骄傲。在企业和老师的资助下，景小勇完成了中学学业，2002年以优异的成绩考入中央财经大学会计学院会计专业。景小勇毕业时，我从众多学生中选中他担任我的助手，不仅因为他的专业基础扎实，更重要的是他的朴实。在80后的年轻人中，我们很难找到像景小勇这样朴实的人。

景小勇参与股票二级市场操作，他对股市的风云变幻比较敏感，这不仅源于他自幼对数字的敏感，而且源于他扎实的专业知识。在他提交的内部分析报告中，对一些问题的分析灼见令人感叹，一些专家评价景小勇："他的分析能力超过一些海归。"

在大家的建议下，景小勇开始将自己的实际操作案例写作成书。我一直嘱咐他："你写的书一定要让所有股民都能看得懂，不论股民的文化程度和职业背景如何，看过你的书后，他们都能自己分析上市公司的年度报告。当股民的整体分析能力提高了，骗子就少了。"

万科是我国第一批上市公司，景小勇以万科的财务报告为例，带领大家走进财务分析的大门，一步一步地学会分析上市公司财务报告。本书还选择了其他上市公司的财务报告，目的是让大家学会透过财务数据发现上市公司的问题、机会和潜力。

景小勇是会计专业的专门人才，同时，他也是一名股民。他的双重身份让他有能力写作这本书。我希望这本书能够让更多的股民受益。

刘姝威
2010 年 10 月于中央财经大学

前　言

上市公司财务报表是我们普通投资者最熟悉的陌生人，财务报表中的数字，我们耳熟能详但又不解其意，更不能从中看出公司基本面已经发生的变化。因为，对于大多数人而言，我们不了解财务，甚至也不感兴趣，我们想知道的就是如何尽快地通过财务报表得出上市公司的投资价值。

本书将带你一起阅读财务报表，你不需要精通财务，甚至不需要知道什么是借贷记账法，因为这是一本带着你读报表的书。

首先，本书将以万科2016年财务报表为案例，带你从利润表到资产负债表，再到现金流量表。我们一起熟悉财务报表，全方位了解分析财务报表所需要的一些基本概念和分析方法，并且旁征一些案例以便更好地了解，试图分析财务报表的精髓。我们通过对万科财务报表一步步分析并且得出一定的结论，来指引阅读者在分析财务报表时应如何一步步解读财务数据，并且预测所分析公司的未来。

其次，本书还选择了财务报表中几项最重要的项目，通过对案例的分析和原理的讲解来剖析上市公司报表数字中隐含的其他意义，这些数据经常迷惑我们的眼睛，成为我们投资成功的绊脚石，本书将分析如何发现其中的机会和风险。

最后，本书对一些常见的财务造假方法以及财务恶化的信息进行了分析，这样便于我们在阅读财务报表时去伪存真，并且能够通过阅读财务报表发现公司存在的问题和不足，从而避免投资这些公司的股票而产生损失。

《上市公司财务报表解读：从入门到精通》第1版于2010年出版，第2版于2013年出版，第2版出版至今已有4年，这4年来，房地产行业经过了一轮从繁荣、衰退、萧条、复苏然后又繁荣的行业周期。2012年,政策调控后,房地产行业景气度从高点下降,至2014年房价开始下滑逐步进入谷底,从2015年开始,国家又开启了一轮旨在去库存的宽松政策,至2016年达到局部过热,政策开始转入防控风险,热点城市房地产行业景气度从高点回落。

万科因为第一大股东变更,产生了股东和管理层对公司管理权争夺的"宝万之争"。截至2017年6月本书定稿时,此次争端也有了较为明朗的结果,深圳地铁公司作为白衣骑士通过收购华润集团及中国恒大两家公司持有的万科股份成为第一大股东,万科股东和管理层之争暂时缓解。

在经营上,万科的资产和利润规模仍然有较快的增加,不过,在2016年,万科的销售收入被中国恒大超过,失去了行业绝对龙头的地位。未来,房地产行业大企业竞争将更加激烈,如何权衡发展速度和企业风险,以及如何在不断变化的行业中寻找新的突破和契机,将决定未来数年万科的投资价值。

回头看,在第2版中分析的很多结论在这4年中都得以验证,比如万科增速下降,毛利率、利润率下降等。

当然仅靠财务分析得到的一些结论也有不足,比如第2版基于2012年及之前财务数据认为随着万科规模的扩大,在规模效应下,万科的管理费用比例会有所下降,但从2016年报表来看,万科的管理费用比例却明显提高,原因可能是2014年推出的合伙人制度,我们看到万科收入最高的三位人士比董事长和总裁的收入都高。

不管市场如何变化,我们总要不忘初心,财务结果是企业一段时间内生产经营状况的综合反映,是我们确定投资价值的最重要指标。财务分析是对一家上市公司价值分析的重要部分,同时,我们投资一家公司不能仅仅关注其过去所创造的辉煌或者失败,还要关注其未来的发展潜力。所以,我们要挖掘财务数据以外的关于这家公司生产经营的具体核心能力,这就需要我们从财务数据出发,最终寻找出公司的人力、物力、技术、管理等秉性上所具有的独特竞争力。

本书不渴求所有读者通过此书都能够熟练掌握上市公司财务分析和上市公司业务分析,也不渴求对财务报表的讲解面面俱到,但是希望所有的阅读者在读完本书以后能够有一定的财务常识，不再被上市公司财务数据迷惑，在投资中保持冷静和自信，如能参照书中的分析方法，通过对上市公司报表的分析选择合适的公司，获得稳定的资产增值，那将是本书最大的成功。

本书所采用的财务数据均为上市公司真实财务数据，为了阅读方便，有时进行了"四舍五入"的处理，计算时可能存在尾差，不影响理解，特此说明。

谢谢敬爱的刘姝威老师及所有的亲人、朋友多年来对我的帮助和关心！

景小勇

2017年6月于北京

目 录

第 1 版推荐序
前言

| 第 1 章 | 读财报挖出好公司 | 1 |

第 2 章	万科的财务报表分析	5
	2.1 选择万科的原因	5
	2.2 分析财务报表的三方法和三谨慎	9

第 3 章	万科的利润表分析	14
	3.1 从哪入手	15
	3.2 万科的营业收入分析	19
	3.3 万科的支出分析	37
	3.4 资产价值变化	55
	3.5 净利润及分红	61
	3.6 从利润表预测万科的未来收益	68

第 4 章	万科的资产负债表分析	79
	4.1 万科的资产结构	81
	4.2 存货是金	87
	4.3 现金为王	97
	4.4 谁来管你的资产	105

4.5	万科的资本结构	115
4.6	资产和资本的关系	133
4.7	从资产负债表预测未来盈利	140

第 5 章 万科的现金流量表分析 153

5.1	经营活动现金流量	156
5.2	投资活动现金流量	164
5.3	筹资活动现金流量	168
5.4	现金流量表分析方法	176
5.5	万科财务报表分析结论	180

第 6 章 火眼金睛识别数字以外的奥秘 182

6.1	货币资金的奥秘	182
6.2	应收账款的奥秘	187
6.3	存货的奥秘	195
6.4	对外投资的奥秘	201
6.5	表外资产（负债）的奥秘	204
6.6	营业收入的奥秘	208
6.7	净利润的奥秘	213
6.8	如何练就一双火眼金睛	224

结束语 230

第1章

读财报挖出好公司

在我国A股上市公司中,有同属一个行业的三家公司A、B、C,其2005年的净利润分别是37 254万元、27 382万元和13 029万元,相差不大,然而到2012年,三家公司的净利润发生了天翻地覆的变化,分别是250 546.20万元、105 344.90万元和5 110.70万元,分别增加了5.73倍、2.85倍和下降了60.77%。

显然,A公司在这些年中是这三家公司中表现最好的,而C公司是这三家公司中表现最差的。那么,在2005年,我们如何才能从这三家公司中发现A公司是最好的呢?

我们可以通过行业研究、深入企业调研或者直接阅读券商研究报告来对这几家公司未来发展做出判断。然而,如果不是专业人士,我们很难进行可靠的行业研究或者深入企业调研,而券商研究报告一向是标榜公司的优越性却很少提及不足,我们很难从大量的研究报告中寻找到非常可靠的信息。

我们不妨从最基本也最直接的做起——分析上市公司财务报表,这是因为财务报表是企业一切经济活动的最终反映,行业变化、公司业务管理情况都通过会计处理体现在财务报表中。最简单的方法是查阅这三家公司过去3年的净利润情况(见表1-1),2003~2005年,三家公司净利润均有较大幅度的增加,不过净利润增长率却有明显的不同(见表1-2),A公司增长速度较高并且持续加快,B公司增长也较快,但是波动性较大,C公司则持续下降。

A公司2003~2005年净利润增长率持续加快,增长强劲,我们可以预测公司未来数年还会有较为明显的增长；B 公司虽然 2004 年和 2005 年增长较快，但是 2003 年在 A 公司和 C 公司大幅增长时却基本持平，这说明增长有一定的不稳定性，总趋势是增长的，但是波动性大；C 公司虽然也在增长，但是增长率持续下降，并且是三家公司里增长速度最慢的，可以预测未来在竞争中可能处于不利地位。

表 1-1 2003～2005 年 A、B、C 三家公司的净利润情况　　（单位：万元）

公　　司	2003 年	2004 年	2005 年
A	10 536	19 047.57	37 253.82
B	8 847.98	15 963.13	27 381.72
C	7 053.61	9 869.12	13 029.22

表 1-2 2003～2005 年 A、B、C 三家公司的净利润增长率情况　　（%）

公　　司	2003 年	2004 年	2005 年
A	74.90	80.79	95.58
B	1.78	80.41	71.53
C	57.81	39.91	32.02

得出这样的结论，需要我们对财务和公司经营的关系有一个基本的认识：在行业发展和企业经营没有发生较大的变化时，企业财务数据存在一定的延续性。

当然，除了对净利润的简单分析外，我们还可以对公司的盈利能力和成长性做一些较深入的分析，也就是对毛利率、净利润率、营业收入和营业收入增长率的分析。A、B、C 三家公司 2003～2005 年的毛利率、净利润率、营业收入如表 1-3～表 1-5 所示，三家公司 2003～2005 年的营业收入增长率如表 1-6 所示。

表 1-3 A、B、C 三家公司 2003～2005 年的毛利率　　（%）

公　　司	2003 年	2004 年	2005 年
A	8.35	9.76	9.68
B	14.26	15.56	15.53
C	11.68	10.99	11.04

表 1-4 A、B、C 三家公司 2003～2005 年的净利润率　　（%）

公　　司	2003 年	2004 年	2005 年
A	1.75	2.09	2.34
B	1.72	2.51	3.19
C	1.60	2.11	2.46

2005 年 B 公司毛利率是最高的，A 公司是最低的，说明 B 公司主营业务收入盈利能力较强，A 公司单位收入盈利较低，这两家公司盈利能力整体呈上升趋势，

C公司虽然毛利率也较稳定，但是有所下降，盈利能力有所下滑，未来盈利可能面临一定的压力。

表1-5 A、B、C三家公司2003～2005年的营业收入　　（单位：亿元）

公　　司	2003年	2004年	2005年
A	60.34	91.07	159.36
B	51.38	63.54	85.77
C	44.17	46.88	53.01

表1-6 A、B、C三家公司2003～2005年的营业收入增长率　　（%）

公　　司	2003年	2004年	2005年
A	71.13	50.93	74.99
B	68.53	23.67	34.97
C	67.55	6.13	13.07

从净利润率看，三家公司净利率逐年提高，盈利能力越来越强，经营效率提高，行业正处于快速发展、盈利能力强，上升势头强健。

在成长性上，三家公司2003年和2005年营业收入均保持了较快的增长速度，这说明行业在这3年快速发展，未来数年行业内公司有较大的成长机会，但是三家公司增长率明显不同，其中A公司虽然也有波动，但是整体增长率较高，B、C两家公司2005年增长率虽然高于2004年，但是低于2003年，其中C公司波动较大。

综上所述，我们通过财务分析得出：①三家公司所处行业高增长，未来三家公司营业收入增长毫无悬念；②A公司未来成长确定并且成长的效率很高，A公司毛利率大幅低于B、C公司，但是净利润率三家公司几乎相同，说明A公司的商业模式和B、C公司有所不同。

这种趋势一直延续到2011年，虽然行业已经发生了较大的变化，但是高增长以及A公司更加优秀的结论得到了验证。A、B、C三家公司2012年的主要财务指标如表1-7所示。

表1-7 A、B、C三家公司2012年的主要财务指标　　（单位：亿元）

公　　司	营业收入	净利润	毛利率（%）	净利润率（%）
A	983.57	25.05	17.45	2.55
B	318.59	10.53	18.68	3.31
C	123.23	0.51	20.18	0.41

A、B、C公司的营业收入均有非常大的增长，充分验证了行业在这些年的快速发展。其中，A公司的营业收入和净利润远超过B公司和C公司，毛利率和

B、C公司的差距缩小，而净利润率进一步提高，其实在2011年这种对比更为明显，2011年A公司净利润达到48.86亿元，在此之前，A公司净利润增长率均超过30%，2011年行业有了较大的变化，A公司的扩张才告一段落。而B公司净利润的增加也得到了验证，不过这种增加主要发生在2012年，2012年B公司在营业收入变化很小的情况下，净利润大幅增加了272.48%，这也验证了B公司净利润变化的不确定。C公司净利润相对于2005年基本持平，甚至有所下降，也验证了财务分析的结论。

2005年，我们如果做了上述财务分析，那么就能对这几家公司的未来有一定的判断，不管是投资还是研究都有较大的收益。当然，现在行业有了较明显的变化，原因是这三家公司近3年来营业收入增长率（见表1-7）已经大幅下滑，其中2012年的增幅均低于10%。

表1-8　A、B、C三家公司2010～2012年的营业收入增长率　　（%）

公司	2010年	2011年	2012年
A	29.51	24.35	4.76
B	15.03	24.90	4.79
C	11.68	10.75	7.63

我们在不知道公司名字和行业的情况下就得出了上述结论是不是巧合？

显然不是，这是基于行业和公司发展背景得出的分析结论，财务数据仅仅是这些因素的反映。这个行业就是商业连锁行业，A公司是苏宁电器（苏宁云商），B公司是大商股份，C公司是华联综超。

2005年，国内商业连锁处于快速发展期，各大企业刚开始跑马圈地，特别是以苏宁、国美为代表的电器连锁企业借助资本市场快速发展，并且最终苏宁以更好的管理和市场策略成为行业老大。2011年以后，电子商务快速发展，侵蚀了商业连锁的部分市场，并且压低了市场价格，使得苏宁的净利润大幅下降。大商股份业绩的大幅波动则可能和公司的资本运作有一些关系，2009年，公司产生了上市以来的首次亏损，当年管理层以较低的价格获得公司股权，2012年，净利润大幅增长，到2013年管理层则酝酿资产注入。华联综超经历了管理层的变动，2006年之前，在董事长陈耀东的领导下，华联综超实现了较快的发展，净利润从2004年的9 724.96万元增长到2006年的1.62亿元，然而，随着2006年陈耀东离职，公司发展陷入了停滞甚至衰退状态。

第2章

万科的财务报表分析

作为初学者,我们总希望研究上市公司的净利润,因为公司的盈利决定了公司的股价。本书将选择万科作为研究对象,带领你一起分析财务报表。

2.1 选择万科的原因

(1)万科是我国最早的上市公司之一,1991 年就登陆深圳 A 股,是见证新中国证券市场发展的一面镜子。万科总市值从 1991 年年底的 11.36 亿元涨到 2016 年 12 月 31 日的 2 260 亿元,增长了 198 倍。万科股复权价从 1991 年 12 月 31 日的 19.97 元涨到 2016 年 12 月 31 日的 2 728.68 元,增长了 135.64 倍,复合增长率㊀达到 21.74%,给投资者带来了巨大的投资收益。万科 1991 ~ 2016 年股价走势如图 2-1 所示。

(2)万科是房地产行业的龙头企业,企业规模大,管理规范,公司业绩持续性较强。近 15 年来,万科的营业收入每年都保持一定的增长,除 2002 年、2010 年和 2014 年外,涨幅都在 15% 以上;除 2008 年外,净利润均保持增长,其中 2009 ~ 2012 年的增长率都在 30% 以上。万科 2002 ~ 2016 年营业收入和净利润增长率如图 2-2 所示。

㊀ 复合增长率是假设每年增长率相同,用复利计算方法测算出来的增长水平,比如某公司股价 2012 年年底是 10 元/股,2015 年年底是 16 元/股,平均每年上涨 2 元/股,平均增长率为 20%,但是复合增长率为 16.97%,10 × (1+16.97%)(1+16.97%)(1+16.97%) =16。

图 2-1 万科 1991～2016 年股价走势

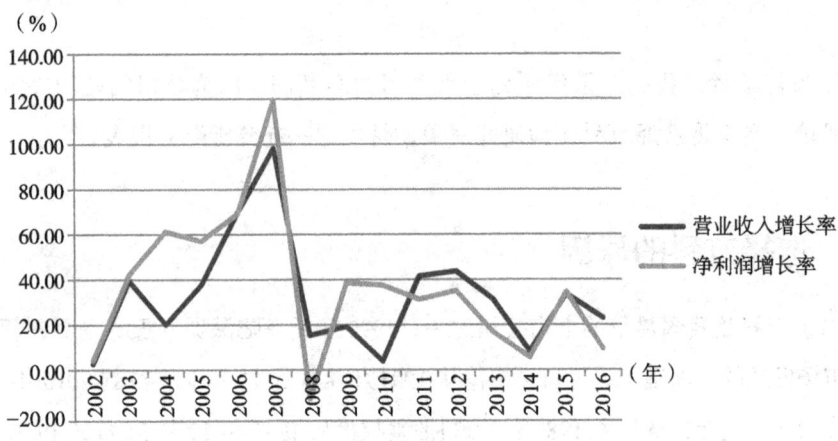

图 2-2 万科 2002～2016 年营业收入和净利润增长率

扣除股票市场波动的影响,万科持续高速增长的业绩使得持有万科的股票是一项利润丰厚的投资,我们要想跑赢市场,取得长期稳定的收益就要持有这些能够在较长时间内取得优异业绩的公司股票。有幸的是,刘元生先生就有这种长远的眼光,1988 年 12 月末,万科正式向社会发行股票,刘元生用 400 万港元认购了万科 360 万股,经过万科历年送股转股,这些股票如今已经变成了 13 379.12 万股,截至 2015 年 8 月 21 日,刘元生仍然位列万科前十大股东名册,如果刘元生一直将股票持有到 2016 年年底(刘元生不在十大股东之列),按照收盘价 20.55 元计算,市值已经高达 27.49 亿元人民币,而刘元生的投资成本按当年汇率计算只有 240 万元人民币,不算历年现金股利,刘元生的此笔投资增值了 1 144.58 倍,如果平摊到 27 年，复合收益率达到了 30%。

从历史数据来看，万科是值得长期投资的。

小贴士：业绩持续性

上市公司业绩持续性是指上市公司盈利能力的稳定性，受单项业务和经营环境的影响较小。业绩持续性较好的公司每年盈利情况波动不大，年度盈利可预测性较强；业绩持续性较差的公司可能会受某一个大单的影响忽高忽低，年度盈利可预测性较差。

业绩持续增长的最终推动因素应该是公司通过自身创新或者管理水平的提高获得的正收益，而一般偶得的或者环境突然改变带来的一次性收益，长期看，不能提高公司估值。

比如，南方航空 2007 年的净利润为 18.52 亿元，同比巨幅增长了 786.12%，但是税前利润 96% 来自于汇兑收益。2008 年的汇兑收益仍然高达 25.41 亿元，显然人民币的这种升值速度是不可持续的，2009 年，汇兑收益下降为只有 9 000 万元。所以，人民币升值会在短期给南方航空增加收益，但是长期看，公司估值还是取决于公司的管理水平、国内外的航空需求以及同业竞争情况。

规模小的企业，收入可能会受一个大单的影响从而忽高忽低。比如上市公司国兴地产，2007 年的净利润是 5 880.32 万元，2008 年是 1 054.67 万元，不过因为资产较少，对于动辄数亿元的土地无力收购，2009 年和 2010 年两年没有新项目结算，造成公司业绩持续下滑，2009 年净利润只有 247.83 万元，2010 年和 2011 年更是连续亏损，被退市警告。

如果在 2007 年买入南方航空或者国兴地产，这些公司业绩的突然中断将给投资者带来巨大的损失和痛苦，所以用这些无法预测的业绩来给公司估值是非常困难的。

（3）万科上市以来每年均盈利，多数时期其股价走势和每股盈利走势较为一致（见图 2-3），价值投资者可以根据万科的业绩决定是否投资万科。

万科的盈利给投资者带来了收益，万科企业盈利的增加给投资者创造了价值。然而，自 2010 年以来，特别是 2011 年和 2013 年，万科业绩持续增长，股价却长期滞涨。那么，你是不是觉得万科的股价已经被低估，此时买入万科获得收益的可能性较大，当前的万科值得长期投资呢？

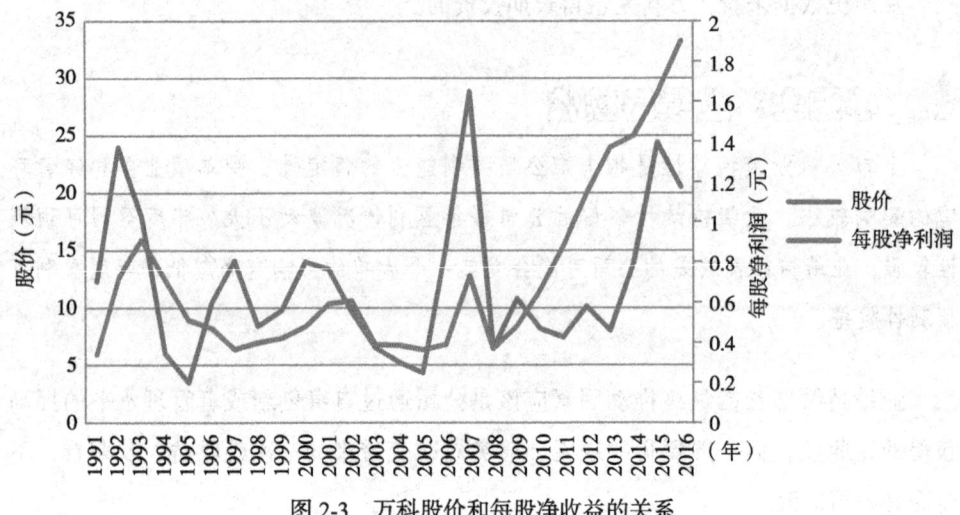

图2-3 万科股价和每股净收益的关系

首先要说的是万科的管理层，万科的管理层无疑是对万科未来的股价充满了信心，从2014年开始，万科的管理层通过国信金鹏分级集合资产管理计划和德赢专项资产管理计划累计投入数十亿元在二级市场购买万科A股，合计买入8.6亿股，按2016年年底股价计算，市值达到176.73亿元。另外，万科高管还直接持有2 100.19万股，市值4.31亿元。万科高管通过杠杆资金购入自家股票充分证明了他们对万科股票未来走势的乐观态度。

当然，除了万科的管理层外，还有人对万科未来股票走势感到乐观，因而引发了万科控制权之争，这也成了2015年和2016年A资本市场上最重要的事件之一。

万科控制权之争

这场控制权之争的起因就是"买买买"。

从2015年7月开始，宝能集团通过旗下公司前海人寿、钜盛华等在二级市场持续大笔购入万科A股，截至2015年12月18日，累计投入约430亿元，买入28.03亿股，占万科股份合计的25.4%，超过原第一大股东华润集团，成为万科的第一大股东。

从2016年7月开始，恒大地产及其旗下公司通过二级市场累计买入15.53亿股万科A股，累计投入资金362.73亿元，占万科总股份的14.07%。

资本大鳄的介入使得万科原有股东结构被颠覆，新股东在投入大量资金后要求介入公司管理，甚至要求全部董事辞职，这使得公司原有管理层产生了较大的危机感，双方争斗由此而来。关于资本大鳄的介入时点，下文还会有所涉及。

该事件发生的最根本因素还在于，宝能、恒大等资本大鳄认为万科A股是值得长期投资的股票。

资本大鳄就一定是对的吗？它们认定万科有长期投资价值的理由又在哪里呢？资本大鳄这次会阴沟里翻船吗？根据2017年6月9日万科公告，恒大集团通过协议将持有的所有万科股份转让给深圳市地铁集团有限公司，转让价格为292亿元，初步估计，恒大集团损失在70亿元以上。

所以，作为投资者，我们应该关心的是万科股票是否真如资本大鳄所想，是非常值得投资的？

如果你觉得我们需要阅读万科的财务报表，研究一下当前万科的业绩和股价情况再下定论，那么恭喜你，你已经潜移默化地成了一名忠实的价值投资者。

2.2 分析财务报表的三方法和三谨慎

2.2.1 分析财务报表的三方法

（1）抓大放小，就是抓住财务报表中的主要问题，不要在一些不影响公司最终财务业绩的数据上纠缠不清，这样可以提高我们阅读和分析财务报表的速度。

在阅读利润表时，首先要抓住的重点是，公司创造利润的方式以及利润发生变化最主要的原因。如果是主营业务大幅增长，而公司毛利率没有明显的下降，则说明公司主营业务对公司的利润产生了正面影响。同时，我们还要看这些贡献是否能够支撑公司当期的净利润增长幅度，因为除此之外，公司期间费用大幅减少，或是投资收益大幅增加，或是所得税税率大幅下降也会对公司的净利润产生影响。

在阅读资产负债表时，首先要看公司资产分布中的"大头"。如果是货币资金，公司财务状况则比较安全，但是货币资金是最不能创造价值的资产，可能说明公司的投资能力不足；如果是稀缺存货，则未来有业绩释放的可能；如果是应收账款，则公司的现金流压力将很大，而且未来有减值的可能；如果当年增加数额巨大，则收入有注水的可能。

在阅读现金流量表时，要关注公司的销售有没有获得合适的现金流入，并且通过正常经营有没有获得与净利润匹配的现金；公司经营的资金来源是不是主要来自经营所得；在会计期末，公司账面还有多少可以自由支配的现金及现金等价物，因为有时这个数字可能与资产负债表的货币资金有出入。

（2）比较联想，对重要的数据与指标要进行横向同业比较和纵向公司不同年度数据比较，这样可以分析公司此数据的好坏和变化方向。

单独分析一张财务报表只能得到一些静态的财务数据，而不能把握公司发展的动态，所以需要对比同业以及公司往年的数据，这样才能对公司当年的财务成果是否正在向积极的方面发展做出正确的判断。如果一家公司的盈利能力连续多年一直较低，某年突然好转，我们要联想该行业是否出现了有利于提高公司盈利能力的机会，或者公司发生了本质变化，如果没有，那么就可能是昙花一现，甚至是上市公司为了保壳、增发或者配合股东套现而通过会计和非会计手段人为做出来的业绩。

（3）理性分析，对于影响公司业绩的重大事项，要大胆推测其中的原因。

比如康美药业，曾经因为对资金的极大需求而遭到做空机构做空。公司2006年公开增发融资4.85亿元，2007年又增发获得10.23亿元，时过一年后的2009年又发行分离交易可转债获得8.87亿元，到2011年年初又迫不及待配股集资34.36亿元，另外到2012年年底债券融资余额也达到40亿元，合计98.31亿元。如此的融资频率和资金需求量堪比高峰时期的房地产公司，然而医药不是房地产，医药公司的技术研发从准备到研发成功有相当长的周期，项目上马也不是一蹴而就的。

公司的模式主要是贸易，公司药品贸易的毛利率甚至超过药品加工的毛利率（见表2-1），实为罕见。如果公司的经营模式是有效的，至少说明，公司的发展模式是建立在对资金大量需求的基础上的，如果未来公司继续按这种模式发展，仍然会有大量融资。果然，在2014年和2016年，公司先后发行优先股和普通股融资110亿元以上。

通过观察公司报表可以看出，公司资金流向主要为应收账款和存货（见图2-4），公司存货和应收账款占营业收入的比重越来越高，资产周转率快速下降（见图2-5）。也就是说，为支撑公司收入规模扩大，公司需要更多的资产，在当前模式下，公司需要越来越多的资金，通过分红反馈给投资者的可能性较小，而未来何时能够解除资金饥渴仍需期待,如果不能及时补充资金,公司发展速度将会下降。

表 2-1 康美药业 2016 年分产品营业收入和毛利率

分产品	营业收入（亿元）	毛利率（%）
中药饮片	47.04	35.37
中药材贸易	57.89	24.12
自制药品	1.89	23.87
药品贸易	73.03	30.38
医疗器械	9.13	23.74
保健食品	10.28	42.86
食品	7.07	0.94
物业租赁及其他	9.43	44.96

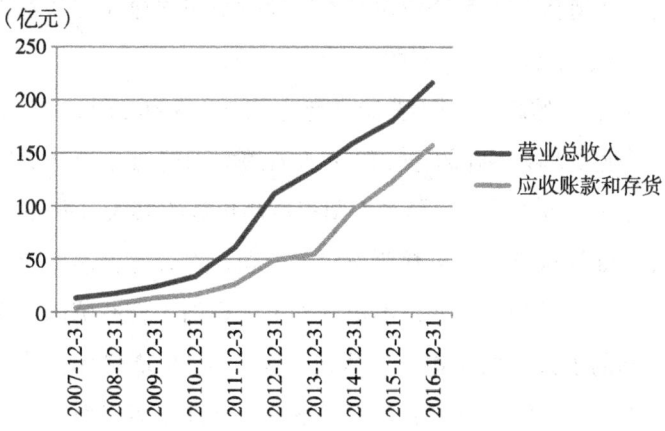

图 2-4 康美药业营业收入和应收账款和存货走势图

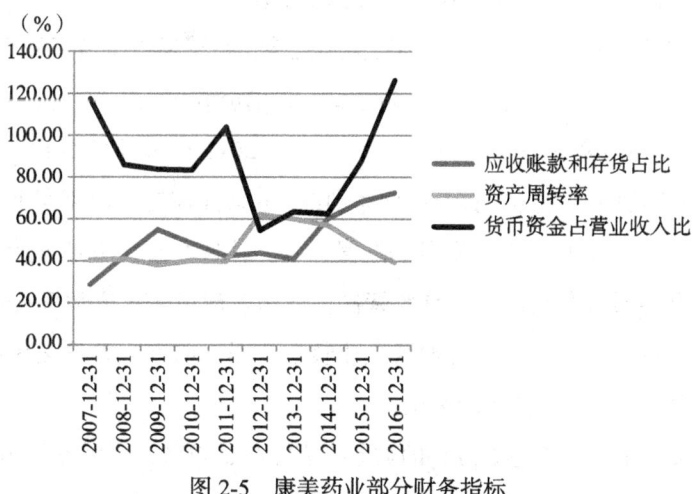

图 2-5 康美药业部分财务指标

2.2.2 分析财务报表的三谨慎

（1）谨防偷梁换柱。上市公司经常在年报中偷换概念，更改数据口径，使之没有比较价值，对于这类数据要充分考虑其非合理性。

比如中兴通讯，我们在计算应收账款周转率时发现，其2012年年底应收账款只有220.68亿元，应收账款周转率为3.82，好于同业的烽火通信，但是我们发现中兴通讯的应收账款实际上不止这些。中兴通讯在存货下面放了一个应收工程合约款，是中兴通讯工程项目的应收款，足足有133.66亿元，这显然是偷换了应收账款的概念，缩小了应收账款的范围。

（2）谨防一手遮天。上市公司在财务估计时采用法律允许却不符合实际的会计方法，使得财务报表失去了真实性。

2010年，刚上市的超日太阳继2011年亏损5 478.88万元后，2012年又亏损了13.76亿元，业绩大幅下降的原因除了所处的太阳能行业内外交困外，公司采用的会计处理方法也极不寻常。超日太阳把产品出售给其通过海外平台Sky Solar Holdings Co., Ltd等自己占有多数股份的子公司，在合并报表中应该抵消，但是公司却以不实际控制子公司为名，不把海外子公司纳入合并范围，而超日公司对这些非实际控制的子公司的销售已经达到了惊人的16.52亿元。其实明眼人都知道，虽然自称不实际控制，可以名正言顺不纳入合并报表，但是通过在海外设立子公司，然后左手倒右手实现"销售"的事实却不能瞒天过海，持股70%以上而不纳入合并报表是管理层对会计准则的肆意歪曲。

（3）谨防颠倒黑白。上市公司利用信息优势，在普通投资者不知情的情况下，肆意捏造财务数据，投资者要练就火眼金睛，识别虚假报表。

万福生科2013年3月2日公告称，2008～2011年累计虚增收入7.4亿元左右，虚增营业利润1.8亿元左右，虚增净利润1.6亿元左右，而事实上，万福生科2011年刚上市，也就是说万福生科是造假上市，发现此事的不是审计师，不是保荐人，也不是券商研究员，更不是监管机构，而是记者通过实地调查加上对财务报表的比较，从而得出万福生科地区主业收入数据、前五大客户交易数据、在建工程投入数据等均被夸张甚至随意调整。

现在，你是不是急着想看万科的财务报表？我也想看，因为万科2010～2013年的股价低位徘徊后，2015年和2016年被资本大鳄们爆买成为资本市场一颗明星，我们普通投资者能否搭上这辆顺风车。同时，如果我们能够弄清资本大鳄们的爆买逻辑，在它们下次出手时能够提前布局，将会获得更大的投资收益。所以，我们很想知道这个价位的万科股票，是不是仍然有投资价值，是否还有可能被爆买，是否值得我们投资者买入。

2017年3月27日，万科公布了其2016年年度报告，翌日开盘，万科股价高开低走，收盘价下跌1.35%，与2012年年报公布当天大幅上涨6.01%差异明显，显然，万科2016年年报对当下万科的股价没有明显刺激作用。不过，万科是否有投资价值，未来能否给投资者带来回报，还需要我们对万科的财务报表进行详细分析，以确定万科能否给投资者带来长期收益。

第3章

万科的利润表分析

从上一章的分析我们知道，投资一只股票，要看这家公司的盈利能力，所以我们先来分析万科的利润表。利润表，就是核算公司亏损或者盈利多少的财务报表。现在，我们来看看万科的盈利情况如何。万科2015年和2016年合并利润表如表3-1所示。

表3-1 万科2015年和2016年合并利润表 （单位：亿元）

项　　目	2016年	2015年
一、营业总收入	2 404.77	1 955.49
二、营业总成本	2 064.67	1 659.88
其中：营业成本	1 697.42	1 381.51
营业税金及附加	219.79	179.80
销售费用	51.61	41.38
管理费用	68.01	47.45
财务费用	15.92	4.78
资产减值损失	11.93	4.96
加：投资收益	50.14	35.62
其中：对联营企业和合营企业的投资收益	49.31	23.93
三、营业利润	390.24	331.23
加：营业外收入	3.98	8.55
减：营业外支出	1.68	1.76
四、利润总额	392.54	338.03
减：所得税费用	109.03	78.53
加：未确认的投资损失	0.00	0.00
五、净利润	283.50	259.49

(续)

项　　目	2016年	2015年
归属于母公司所有者的净利润	210.23	181.19
少数股东损益	73.28	78.30
六、每股收益		
（一）基本每股收益（元）	1.90	1.64
（二）稀释每股收益（元）	1.90	1.64
七、其他综合收益的税后净额	-0.39	-1.05
归属于母公司股东的其他综合收益的税后净额	-0.54	-1.11
归属于少数股东的其他综合收益的税后净额	0.15	0.06
八、综合收益总额	283.11	258.45
减：归属于少数股东的综合收益总额	73.43	78.36
归属于母公司普通股东综合收益总额	209.68	180.09

3.1 从哪入手

我们看到，好大一个表，这么多数字，太复杂了，看什么好呢？

净利润，前文已经告诉了我们万科的每股净利润和股价有正向关系，我们迫切想知道净利润，因为可以预测股价的走势。我们看到万科 2016 年净利润是 283.50 亿元，还有 2015 年的是 259.49 亿元。慢着，现在是 2017 年了，为什么没有 2017 年的净利润呢？这是万科最新的年度报告吗？

答案是肯定的，这是万科最新的年度报告，至于为什么没有 2017 年的数据，那就是会计的问题了。会计不可能在年度没有结束的时候就把当年的账做出来，因为会计做的是汇总的工作，未来计算机软件成熟了，可能会计这个行业也就消亡了。言归正传，我们只能看见以前年度或者是已经过去时间的报表，一般季报在季度结束后一个月，半年报在半年度结束后两个月，年报在年度结束后四个月刊出（要是能提前知道，那就有做假账的嫌疑了），具体的时间如图 3-1 所示。

我们发现本年度第一季度季报和上一年的年度报告有重合的时间，是的，只不过上一年年报要早于或者和本年第一季度季报同时披露。

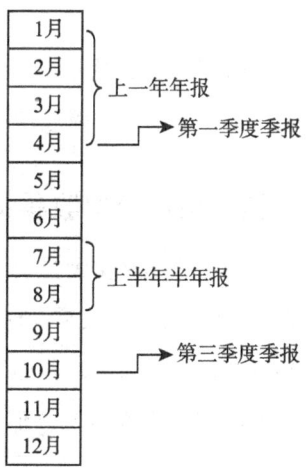

图 3-1 报表披露时间

下面我们来看万科 2016 年的合并利润表,细心的你也许发现这里多了"合并"二字。你可能会想:这个作者太粗心了。不过这不是我发明的,万科年报里就是这么写的,这说明这张报表是万科旗下控制的所有机构和法人的统一报表。

 小贴士:合并财务报表

  合并财务报表,是指反映母公司和其全部子公司形成的企业集团整体财务状况、经营成果与现金流量的财务报表。其中,母公司是指有一个或一个以上子公司的企业,子公司是指被母公司控制的企业。2016 年,万科旗下纳入合并报表的子公司有 1 400 家,主要是房地产开发公司、物业管理公司以及其他非主要经营公司。

  万科为什么会有这么多下属公司?

  原因一是房地产开发企业往往设立项目公司开发项目,这样便于对单个项目进行核算和考核,同时仅用注册资金对项目负有限责任,也控制了风险。

  原因二是便于管理,万科及下属公司成立专业公司,对业主提供特色服务。

  原因三是便于资本运作,成立境内外资本运作为中心的壳公司。

  万科的子公司给我们一点提示,万科的核心竞争力有可能就是项目、管理和资本运作。

  我们需要知道的是万科是一家大集团,我们平常所接触到的万科的产品和服务一般都是万科下属公司提供的,现在,我们分析的是万科集团这个整体。

  转了一圈,估计你都要晕了。这些都是分析财务报表必备的小常识,看看就明白了,为的是不要混淆,知道我们现在看到的报表来源。

投资房地产公司股票值得吗?

  万科确实是家大公司,并且成长速度仍然较快,2016 年的净利润就有 283.50 亿元,2015 年还只有 259.49 亿元,2016 年比 2015 年多赚了 24 亿元或者是 9.25%。万科 2012 年的净利润只有 156.63 亿元,短短 4 年时间,万科的净利润已经增长了 81%。

  我们先不说 81%,那是一个历史数字,我们看看 2016 年最新的 9.25% 意味着什么。

我国 2016 年全年 GDP 为 744 127 亿元，2015 年为 689 052 亿元，按可比价格计算，比上年增长了 6.7%，名义增长率为 7.99%，这说明万科 2016 年的净利润增幅略快于 GDP 增幅。在 2012 年，万科净利润增长的速度是 GDP 增长速度的 3.24 倍，是老百姓可支配收入增长速度的 2.53 倍。从这一点来看，万科的增长速度有所放缓。

 小贴士：净利润增长多快最好？

一般而言，一家公司的净利润年增长在 10%～20% 属于稳健增长，增幅达到 30% 已经是很优秀了，如果达到 50% 绝对是非常优秀，属于高速发展，而关键在于增长的持续性，即连续多年都能维持这样的增长速度。即使保持 15% 的年增长，那么 10 年之后也会翻两番。

按国家统计局的数据，2016 年 12 月北京房价同比上涨了 25.9%，如此看来，万科 2016 年净利润的增长显著低于房价上涨的幅度，这说明房价上涨并没有立刻增厚万科的业绩。

2012～2016 年，万科净利润涨幅高达 81%，是万科 4 年的累计净利润增幅，这绝对是一个令人兴奋的数字。如果万科现在的市盈率和 3 年前一样，那么这 3 年万科股价就应该上涨 81%，我们持有万科的股票就能够轻松地跑赢几乎所有的投资品种，很幸运的是，从 2012 年年底到 2016 年年底，万科股价涨幅达到 134.44%，远超过万科利润涨幅。

 小贴士：通货膨胀对上市公司盈利的影响

通货膨胀来临时，产品成本和价格同步上涨，如果涨幅相同，上市公司保持原有的盈利能力，那么上市公司的净利润将会同步上涨，在没有技术革新和成本控制的情况下，上市公司获得了更多的净利润。现实生活中，在通货膨胀情况下，出售涨价前的存货可以获得更多的利润，房地产开发企业往往通过囤地捂盘，在房价上涨后再销售以获得超额利润，这种利润不是上市公司核心竞争力的体现，从长期来看，多数不能持续。

万科净利润从2007年的53.18亿元增长到2016年的283.50亿元，过去10年的复合增长率是18.22%，最近4年净利润增长率分别是16.82%、5.41%、34.54%和9.25%，持续高速增长说明万科快速增长的外在和内在动因仍然存在，不过已经有较大的波动性。

外在动因是，房地产是我国重要的产业支柱，是国民经济的重要组成部分，住房市场产销两旺，价格持续上涨，产品价格上涨增加销售毛利率。

内在动因是，万科较好的品牌效应和较多的管理水平提高了公司的盈利能力，万科是国内最好的房地产品牌之一，万科管理层住宅产业化的战略，不囤地、不捂盘、不当地王的战术保证了公司同业较高的利润水平。

然而，究竟万科这些年的表现怎么样，因为随着房价上涨，只要能在房地产业不懈深耕，拿到土地可能就有不错的收益。万科干得好不好，需要和同行进行比较。本书选择国内有代表性的另外三家深耕住宅市场的房地产上市公司来做比较，这些公司和万科一同被称为A股上市房地产公司四大金刚——"招保万金"，是A股市场老牌的四家房地产公司（恒大地产等港股房地产公司也很优秀，不过港股财务报表和A股公司报表有所不同，绿地集团等A股也很优秀，不过有大量非房地产业务，本书为入门级财务报表分析，故不采纳行业其他标杆企业报表）。

找出其他三家公司的财务报表，把其中的净利润摘出来，我们编成了表3-2。比较结果一目了然，从规模上看，万科无疑是行业"老大"。2016年的净利润超过保利地产（简称保利）66%，更是在其他两家公司的一倍或两倍以上，从增长速度上看，虽然2016年增速低于招商蛇口和金地集团，高于保利地产，但是增速仍然稳健，看来万科是做了"老大"好多年，这个"老大"不是自夸的。

同时，我们看到，虽然2016年万科净利润增幅较低，但具有较强的持续性，近5年，万科的累计增幅仍然较高，而金地集团虽然2016年增幅明显高于其他三家，但是累计增幅差异较小，可以看出之前年度增幅较低，所以我们看一家公司的财务数据，不能仅看某一年是否有较快的增长速度，还要通过拉长时间看这样的增长速度是某年突然为之还是有持久的增长能力。

近 5 年增幅最高的是招商蛇口，原因是招商蛇口 2015 年 12 月 30 日完成换股吸收合并招商蛇口，2015 年度利润数据系本公司换股吸收合并招商地产前的数据。

目前万科是 A 股盈利最多的房地产公司，但是从长期来看，万科与其他同类企业的差距已经缩小，如果万科不能维持较快的发展速度，可能 A 股盈利最多的房地产公司就会被改写，而且，除了少数企业，多数企业的发展速度其实是相近的，一家企业如果要长期领跑行业，需要极高的经营管理艺术。

表 3-2 万科、保利地产、招商蛇口和金地集团的净利润比较

(单位：亿元)

公司	2016 年	2015 年	同比增幅 (%)	近 5 年增幅 (%)
万科	283.50	259.49	9.25	81.01
保利地产	170.73	168.28	1.46	71.10
招商蛇口	121.87	80.47	51.45	127.80
金地集团	85.76	48.43	77.08	79.92

万科虽然过去 5 年净利润增长速度较快，但是相对于近 10 年的增长速度已经有明显的下降，2004～2012 年的 9 年，万科录得 16 倍的增长，目前，万科已经从高速成长期转变为中速成熟发展期。

这些利润是怎么出来的呢？有多少是属于我们投资者的？有没有造假？未来还会不会继续大幅增长？要解决这些问题，请看下面的分析。

3.2 万科的营业收入分析

3.2.1 净利润的起点——营业收入

万科如此赚钱，那么这些钱是怎么赚的呢？要卖多少房子才能赚这么多的钱？其实这句话蕴含着一个简单但容易被人忽略的问题，就是认为万科赚钱主要是靠卖房子，而我们一些普通投资者甚至专业投资者只看净利润本身而忽略了这些利润来自何方，违背了财务分析的本质。

万科 2016 年的主营业务是房地产开发与经营，包括房地产销售和物业管理收入。2016 年，万科的营业总收入是 2 404.77 亿元，而 2015 年是 1 955.49 亿元，增

长了22.98%。然而，面对这些枯燥的数字，我们普通投资者很难一下子弄清楚是好还是坏。现在告诉你一种方法，就是多比较：横向比较，纵向比较。

 小贴士：比较法在财务分析中的作用

财务分析中，比较法是通过对同一家公司历史数据比较和不同公司同一时间数据比较以及计划和实际数据比较，发现其中的差异，然后对差异进行分析的方法。

横向比较，也就是和同业比较。在A股上市的房地产公司中最有名、规模最大的有万科、保利地产、招商蛇口和金地集团。注意，我们不仅要看到万科是房地产行业公司，而且还要看到万科的主要产品是住宅房地产，要不然以商业地产为主的金融街也可纳入比较对象。表3-3是"招保万金"四家公司的营业收入比较情况。

表3-3 万科、保利地产、金地集团和招商蛇口的营业收入比较　　（单位：亿元）

公司	2016年	2015年	同比增幅（%）	近5年增幅（%）
万科	2 404.77	1 955.49	22.98	133.21
保利地产	1 547.52	1 234.29	25.38	124.59
招商蛇口	635.73	492.22	29.15	129.90
金地集团	553.29	327.33	69.03	68.36

我们通过比较发现，万科2016年营业收入在A股房地产公司中是最大的，甚至超过了排名第二和第三的保利地产与招商蛇口的总和，不过差距有所缩小，原因是在四家公司中，万科的增长速度最低。但是，从近5年来看，万科营业收入的累计增幅却是最大的，万科、保利地产和招商蛇口增长幅度相近，金地集团则增幅较小，这说明万科2012～2016年5年的发展速度较快，而2016年则相对平稳，这也延续了万科增速下降的走势。

原因是近年来，国内的房地产市场出现了明显的分化，大城市住房需求旺盛造成供不应求，房价高涨，与此同时土地供应较少，地价高昂，风险较大，而中小城市住房供应量较大，需求不旺，价格持续下滑。大城市房价泡沫现象严重，使得诸如万科这样的一些房地产开发企业趋于稳健，当然也有一些企业敢于高价拿地，在冲击更高规模的同时可能也给自己未来经营埋下了一定的风险，按万科年报的说法"繁荣背后有隐忧，热点城市地价大幅上涨，'面粉贵过面包'屡见不鲜，正在透支行业长期增长潜力"。

我们再看万科董事会报告中公司经营情况的说明：2016年万科销售面积为2 765.4万平方米，销售金额为3 647.7亿元，2016年全国商品房销售总额为117 627亿元（见表3-4）。按销售金额口径计算，2016年万科全国市场占有率为3.10%，比2015年增加了0.11个百分点，万科市场占有率略有上涨的原因是万科销售面积大幅增加了33.80%，超过全国22.50%的增长幅度。

万科和保利地产2016年发展的步伐都与全国水平几乎持平，而招商蛇口较低，金地集团较高，这说明金地集团在2016年加快了扩张的步伐，作为龙头企业，万科和保利地产规模均已经较大，增长趋于平稳，而金地集团则一次性迈入销售金额超千亿的大型房产公司行列，这样的销售增速可能在未来一两年体现在营业收入中。从短期来看，万科扩张速度仍然快于行业均值，行业领先优势可能继续保持。

表3-4 万科、保利地产、金地集团、招商蛇口及全国市场的销售收入 （单位：亿元）

公　　司	2016年	2015年	增长率（%）
全国	117 627	87 260	34.80
万科	3 648	2 615	39.50
保利地产	2 101	1 545	36.00
招商蛇口	739	576	28.41
金地集团	1 006	617	63.00

目前，我国房地产市场风险增大，房地产企业差异化发展迅速，大型房企增速较快，而不少中小型房地产企业纷纷转型或者退出房地产市场，行业集中度正快速提高。就万科而言，2016年3.10%的市场占有率已经大幅高于2012年的2.19%，不过，万科如果要保持行业领先位置，还需要紧跟行业发展步伐。

恒大地产的进和SOHO中国的退

恒大地产2016年销售收入为3 733亿元，超过万科成为行业第一，而2012年仅为923.2亿元，远不及万科当年的1 412.3亿元，2012～2016年恒大地产的销售金额增长率达到304.35%，当然与此对应的是恒大地产高负债、高风险的运作模式。

SOHO中国2012年营业收入达到153亿元，净利润为106亿元，是叱咤风云的地产大佬之一，之后却从销售型企业发力转型为持有物业收租型企业，销售规模每日俱下，2016年营业收入仅为15.77亿元，已经退出房地产强势企业的争夺。

房地产企业为什么要追求越来越大的规模

我国房地产开发企业追求规模的动机非常明确：一是提高行业排名，能够获得更多的融资渠道和行业地位，房地产企业的融资能力是其核心竞争力之一；二是提高行业知名度，在获得土地资源时能够获得政府更为优惠的开发政策和更加低廉的土地成本；三是项目较多能够降低个别地区和个别项目的风险，同时在应对开发规模大、难度高的项目时更加游刃有余。

比如2016年销售金额排名第一的恒大地产，通过资金和规模优势，强势推出海南海花岛项目，2015年和2016年该项目销售金额均达到100亿元左右。

过去的5年，万科行业领先位置已经被挑战，未来能不能维持它的市场领先地位需要时间来验证，不过我们现在需要弄明白的是收入和利润之间的关系，也就是2016年万科如何创造出283.50亿元的净利润。

3.2.2 销售金额为什么不等于营业收入

注意这里说的是销售金额，不是营业收入，这是怎么回事呢？这主要是由期房预售制度也就是常说的期房销售造成的。

小贴士：期房预售制度

期房预售更通俗的说法叫作卖期房、卖楼花。就是消费者所购买的只是图纸上的房屋，能看到的可能只是一片光秃秃的土地。期房是指开发商从取得商品房预售许可证开始至取得房地产权证大产证为止，在这一期间的商品房，消费者在这一阶段购买商品房时应签预售合同。

我们常说的销售通常是一手交钱一手交货，但是期房预售，造成开发商已经收到了房款，而房子还没有交付甚至还没有开始盖。所以开发商只能等到房子盖好并交付了以后再确认为营业收入，这是造成万科销售和收入不同的原因。

住房预售的初衷是解决房地产公司的资金需求，但是其存在的市场原因是房地产商品供不应求。和很多商品一样，如果产品大量供应，购买者完全可以在对商品的品质进行仔细考察后再购买，但是如果市场供不应求，购买者往往为了获得优先购买权利或者较低的购买价格预先支付货款。

如今，随着房地产行业的不断发展，房地产开发商的资金实力不断增强，预售制度存在的最初需求已经降低，而预售制度本身的缺陷不断暴露，比如开发商言行不一，交付的房子和预售时的宣传有相当大的差异，加上房价上涨，对购房人权利保护不够，换言之，开发商没有盖好房卖好价的动力，甚至可能有卷款潜逃的行为。

目前，政府加大了对预售制度的管理，其一是提高获得预售证的门槛，要求开发商完成一定的工程比例，如果要求较高，那么会推迟公司回款的时间，而未来甚至可能会取消预售制度；其二是对预售资金的使用有了更严格的限制，规定预售资金只能用于本项目的建设，从而使得开发商预售失去了一定的意义。

所以，销售金额不等于营业收入的原因是，房地产公司所说的销售收入是指签订的销售合同的金额，但是事实上房屋并没有交割（因为还没有盖完）。虽然购房者已经支付了全部房款，但是购房人还没有验收房屋的质量、签字收房协议，在此之前房屋仍然是开发商的，购房人可能退房，如果房屋发生诸如"楼脆脆"之类的质量问题也由房地产公司承担，只有在交房了以后房地产公司才能确认营业收入。

 小贴士：营业收入确认的原则

销售商品的收入，应当在下列条件均能满足时予以确认：①企业已将商品所有权上的主要风险和报酬转移给购货方；②企业既没有保留通常与所有权相联系的继续管理权，也没有对已售出的商品实施控制；③与交易相关的经济利益能够流入企业；④相关的收入和成本能够可靠地计量。

信威集团营业收入确认问题

据信威集团披露，信威集团与柬埔寨信威等海外客户的交易模式为北京信威与柬埔寨信威等客户采取买方信贷担保的形式进行交易，即海外客户从银行取得贷款作为支付北京信威的货款，北京信威再将收到对应的全部货款以存单的形式质押给贷款银行作为反担保。在此种交易结构中,虽然北京信威表面上拿到了货款,但这些货款要全额质押在银行作为客户贷款的担保。如果客户不能如期偿还贷款,则公司只能代为偿还。

根据会计准则,收入确认的原则之一是绝大部分风险和收益已经转移,而根据信威集团的交易结构,也就是信威集团虽然已经收到货款,但是与出售商品相关的风险并没有转移。信威集团表面上完成了销售,实际上仍然承担风险的作为实际上是打了会计准则和监管机构的擦边球。

据信威集团2016年年度报告,截至2016年12月31日,集团货币资金112.21亿元,比2015年年末增加35.58亿元,但现金及现金等价物只有6.39亿元,比2015年年末减少8.31亿元。原因是公司共计质押存单和保证金104.40亿元用于对柬埔寨信威等海外客户提供担保。如果未来客户经营不善或者其他原因不能及时偿还相应贷款,信威集团将会有巨额损失。

3.2.3 销售金额的构成

现在我们来解决刚开始那个问题:万科这么多的销售收入,得卖多少套房子?

我们知道,销售金额由销售数量和销售单价决定,对于房地产公司而言这两个因素就是销售面积和销售单价。2016年,全国大中城市房地产价格攀升明显,特别是以北京、上海为代表的一线城市价格上涨较快,根据国家统计局公布的《2016年全国房地产开发和销售情况》,2016年全国平均房价为7 475.55元/平方米(见表3-5),比2015年上涨了10.04%。

表3-5 万科、保利地产、金地集团、招商蛇口及全国市场的销售单价(单位:元/平方米)

公 司	2016年	2015年	增长率(%)
全国	7 475.55	6 793.43	10.04
万科	13 190	12 652	4.26
保利地产	13 100	12 600	3.97
招商蛇口	15 697	16 571	−5.27
金地集团	15 289	13 882	10.14

万科2016年的销售面积为2 765.4万平方米,销售金额为3 647.7亿元,同比分别增长了33.80%和39.50%,销售价格为13 190元/平方米,比2015年上涨了约539元/平方米,上涨了4.26%。可以看到万科的平均房价远超过全国平均

水平，是全国平均水平的 1.76 倍，但是这个比例与 2012 年的 1.88 倍和 2009 年的 2.13 倍相比已经有了较大幅度的下降，原因是全国房价在往上涨，而万科的平均售价涨幅略小。

这主要是因为，虽然万科深耕一二线城市的战略没有改变，但是万科越来越少地在核心地段获得项目。这也是万科在房价存在泡沫的情况下，为了降低风险所做的一些努力。同时，地价较低，同样的建设面积占用的地款更少，可以增加万科的资产周转速度，而万科品牌在非核心地段可以取得更好的溢价。虽然核心地段的豪宅可能会有更高的毛利率，但是会降低万科的资产周转率，从而降低万科的净资产收益率。

小贴士：豪宅

豪宅是指比高档住宅在质量、档次和售价等方面都更高的住宅。其主要表现在占有特定的资源、装修豪华等，可以说是房地产中的奢侈品。豪宅和奢侈品一样一般都是精雕细琢，追求稀缺性，价格高、利润高，但是生产和销售速度较慢。

合生霄云路 8 号项目和合生创展

北京标杆豪宅之一，项目总面积 718 875 平方米，地理位置优越，单套面积均为 450～520 平方米的大户型，物业费高达 8 元 / 月 / 平方米。该项目 2008 年就取得第一批房源预售公告，2009 年以 4 万元 / 平方米均价开盘，而当年北京新房均价仅为 1 万元 / 平方米左右，2011 年均价达到 8 万～11 万元 / 平方米。至今，该项目仍然尚未售完，但均价涨至 13 万元 / 平方米，而根据开发商合生创展集团 2015 年年报，该项目截至 2015 年年底仍有 494 969 平方米未建设完工。

豪宅项目虽然给合生创展集团带来了较高的利润，但是公司发展速度在我国房地产发展浪潮中已经明显滞后，2015 年，该公司营业收入为 162.56 亿港元，仅比 2009 年的 112.25 亿港元增长 44.82%，掉出房地产开发企业第一梯队，而同期万科的营业收入从 488.8 亿元增长到 1 956 亿元，增长幅度达到 300%，更不要说恒大集团等更加快速发展的公司。

万科的平均销售房价虽然很高，但是相比金地集团和招商蛇口的平均销售房价则明显较低，这两家公司的平均销售房价比万科明显要高，只有保利地产的房价与万科基本持平。从这一点来看,招商蛇口和金地集团在获得土地资源时更加注重的可能是是否能够开发成价格较高的住宅,而万科和保利地产则可能更想依靠自身品牌价值提高产品溢价。

从销售面积上来看,万科的领先优势已经大幅缩小(见表3-6)。2016年,全国销售面积增长了22.5%,"招保万金"的增长率都在30%以上,其中金地集团的增幅高达48%,万科增幅也有33.80%,保利地产、招商蛇口的增幅分别为30.81%和35.56%,值得一提的是,前文说的恒大地产2016年销售面积达到4 469万平方米,大幅超越万科等主流房地产企业。

表3-6 万科、保利地产、金地集团、招商蛇口及全国市场的销售面积

(单位:万平方米)

公 司	2016 年	2015 年	增长率(%)
全国	157 349	128 448	22.50
万科	2 765	2 067	33.80
保利地产	1 604	1 226	30.81
招商蛇口	471	347	35.56
金地集团	658	445	48.00

小贴士:王石的拐点论和泡沫危险论

房地产拐点论是指2007年12月13日,在万科资助的"海螺行动Ⅱ——中英解决城市低收入人群住房问题比较研究大会"上,王石接受记者采访时提出的论点。此论点一提出便给房市带来了很大的波动。在随后的市场中,万科带头降价销售,在2008年,市场份额增加了50%。

2013年3月3日,在美国CBS news著名栏目《60分钟》中关于中国房地产价格和泡沫的节目中,万科董事长王石和SOHO中国联席总裁张欣在节目中对房价态度悲观,认为中国住宅地产投资快走到终点了。在节目中,主持人问王石,中国目前的房价是不是太高了?王石就回答了两个字"是的"。

言归正传,上面都在说销售收入,但事实上,我们要研究的是营业收入,营业收入才是利润表里的科目。任何企业都需要销售部门,因为没有销售部门,再好的产品也不能获得收入,更不用说发展壮大了。一般的行业和公司往往货款两

清，在完成销售时就能确定营业收入，但是万科不同，我们从上文可以看到，万科的营业收入要小于销售收入，这是因为期房销售后要等工程全部完工、交房、业主签字后才能真正确认营业收入。

从 2012～2016 年的数据来看（见图 3-2），万科的营业收入均比销售收入低，其实，房地产企业营业收入比销售收入变化有一定的滞后性，比如 2010 年销售收入大涨 70.55%，但是营业收入只增长了 3.75%，原因是部分预售项目不能在当年确认，但是在 2011 年和 2012 年，万科销售收入增速下降，营业收入仍然能够保持较快增长。

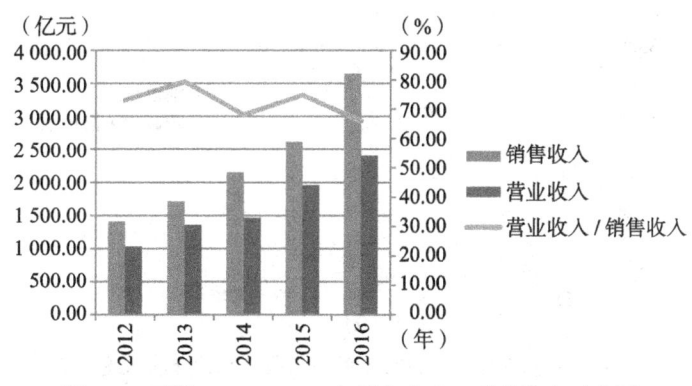

图 3-2　万科 2012～2016 年销售收入、营业收入对比图

随着销售收入稳健增长，万科的营业收入/销售收入基本维持在 70%～80% 之间，未来还有一定的释放空间，预售收入增加给房地产公司带来了大量现金流，导致房地产公司往往账面持有大量货币资金，这也在一定程度上减轻了房地产公司的资金压力。

万科 2012～2016 年的销售收入增长率逐级提高，而营业收入增长则高位回落，源于上一个房地产销售高峰在 2010 年，可以预见 2017 年和 2018 年，万科的营业收入增速应该会有所加快。未来，如果房地产市场转弱，万科的销售收入增速下降，则营业收入增长的速度也将下降。万科 2012～2016 年的销售收入和营业收入增长率如图 3-3 所示。

正常情况下，一家公司会千方百计地增加销售金额，重要方法就是让客户增加杠杆，比如国家为了鼓励房地产的销售，允许按揭贷款，购房人只要支付 20%～30% 的首付款就可以购买自己心仪的住房，另外的 70%～80% 则由银行给予贷款,当然前提是你要能让银行相信,你能够偿还这些贷款。这成了房地产调控的一种重要手段,2009年,国家为了抵御金融危机带来的经济下滑,出台4万亿刺激政策的同时,鼓励银行对购房按揭最低按七折收取利息,大大刺激了住房的购买,这是万科2010年销售收入大幅上涨70%的主要原因。自2016年以来,鉴于部分城市房地产市场过热,房价过快上涨,为了抑制炒房和房地产投资,这些城市大幅提高了首付比例和贷款利率,限制了投资房地产的购买力和收益率。

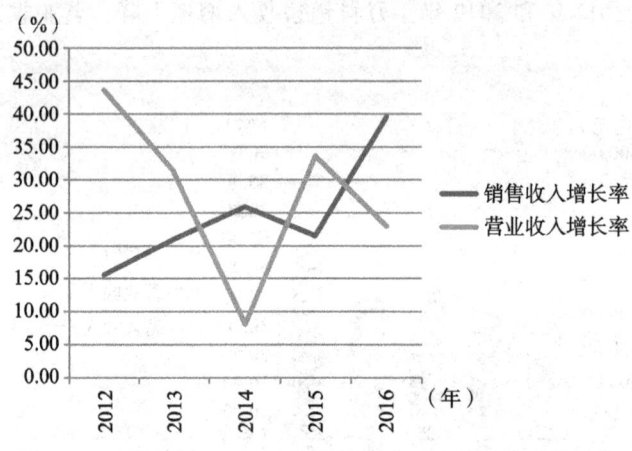

图3-3 万科2012~2016年的销售收入和营业收入增长率

在制造业和商业领域,企业为了增加销售,也会借助金融手段。如三一重工,一家以销售工程机械为主的公司,为了促进销售,它和银行以及融资租赁公司合作,客户只需现付总价款20%左右的资金就可以买下机械。根据三一重工2012年年报,按工程机械行业经营惯例,承购人以所购买的工程机械作为抵押,向银行办理按揭,按揭合同规定单个承购人贷款的金额为所购工程机械款的70%~80%,期限通常为2~4年。按公司与按揭贷款银行的约定,如承购人未按期归还贷款,公司负有回购义务。

三一重工利用这种销售模式提高了客户的购买力,也扩大了自己的销售规模,如果客户赚到支付按揭款的资金并按期支付,则形成良性循环;如果客户毁约,三一重工则需要回购机器。在一定程度上讲,三一重工的这种销售模式开拓了市场,但是市场是有限的,如果过度开发,当经济滑坡时,资金面将会有较大的压力,盈利情况也将急剧恶化。2016年,三一重工利润总额才只有1.64亿元,而资产减值损失达到9.48亿元,资产减值损失严重侵蚀了公司利润。

3.2.4 营业收入是如何增长的

我们投资上市公司，希望上市公司有成长性，当然最终是要求净利润有稳定较快的增长，但是首先是营业收入能够稳定增长，对此我们在后面会有详细的讲解。

先看万科2016年是如何成长的，2016年，万科实现结算面积2 053.29万平方米，结算收入2 341.40亿元，同比分别增长了20.5%和23.1%，而结算均价为11 403元/平方米，较2015年提高了2.16%。也就是说，万科2016年结算收入的提高主要是因为比2015年盖了更多的房子，并加上少量的平均房价提高，如果平均房价涨幅达到如前文所说的全国房价涨幅的话，万科会取得更快的增长速度。

从这里可以知道，万科的营业收入主要取决于结算面积和平均房价的变化，回头看自2012年以来这两个因素对万科营业收入的影响，我们发现万科的结算收入和结算面积持续增长，而结算单价则在11 000元左右徘徊（见图3-4）。

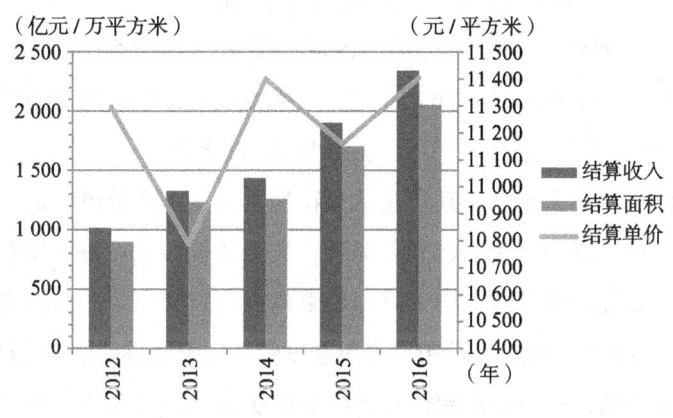

图3-4　万科2012～2016年结算量和结算单价

从图3-5中可以看出，如果以2012年为基数，那么自2012年以来，万科平均结算单价波动较小，对结算收入的影响较小，而结算面积在2016年达到了2012年的2.3倍。显而易见，从这5年来看，结算面积对万科营业收入的增加都有正向的贡献，而对结算单价影响很小。2012～2016年，全国房价特别是万科重点开发的大中城市房价有不小的涨幅，但是万科的结算单价保持稳定，这说明万科开发的项目位置比之前已经更加靠近郊区和更加下沉至低房价区域。

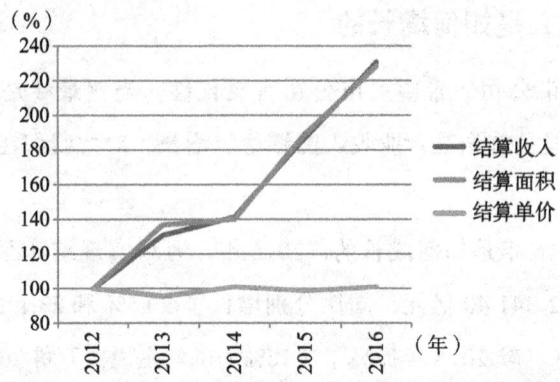

图 3-5 万科 2012～2016 年销售量、结算单价累计增长

3.2.5 涨价的威力

由以上分析，我们可以得出一般结论，公司营业收入的成长需要量和价格的配合，如果销售数量上涨但是价格跌幅更大，就没有成长，反之即使销售数量有所下降，但是价格涨幅够大，企业可能还会有不错的成长。

例如，贵州茅台，2012 年公司销售成品酒 25 715.75 吨，比 2011 年增加了 21.12%，但是营业收入达到了 264.55 亿元，增加了 43.76%，增幅远高于销售量的增加，其原因是茅台酒（简称"茅台"）的价格不断上涨。

不过中国只有一家茅台，其产品的独特性使得在一定范围内能够在涨价的同时不影响销售量，但是对于多数企业而言，产品属于大众品种，没有非常特别之处，如果贸然提价，销量会急剧下降，如果是行业因素导致产品价格突然上涨并且有超额利润的话，会吸引大批跟风者跟进投资，从而使得价格下跌到合理水平。

即使是茅台酒，也不能不顾市场情况随意涨价，2012 年下半年，在中央严控三公消费之后，茅台销量下滑，终端价格大幅下跌，最大跌幅超过 50%，这也意味着，虽然茅台严控批发价，但是未来继续涨价的空间已经很小，茅台的短期利润增长空间大幅下降。2012～2015 年，茅台营业收入分别为 264.55 亿元、310.71 亿元、322.17 亿元和 334.47 亿元，增长速度明显下降，直到 2016 年，茅台酒价格才得以回升，并带动营业收入达到 401.55 亿元，增幅达到 20%。

另一个广为熟知的案例就是草甘膦，2007 年，随着需求的增长以及国外供给的减少，一时间草甘膦供不应求，价格大幅上涨，从 2006 年的 2.8 万元/吨上涨到 2008 年年底的 5.8 万元 / 吨，涨幅超过 100%，到 2008 年最高峰时达到 12 万元 / 吨，但是到 2009 年一季度价格就暴跌到 1.9 万元 / 吨，跌幅接近 85%，原因是，行业进入门槛较低，价格上涨随即引来大量厂家跟风，供给增加加上金融危机造成了需求下降。

所以，企业如果想靠产品价格的上涨带动营业收入的长期增长，需要产品有一定的稀缺性，进入门槛较高（垄断、创新），并且市场的需求较为旺盛（长期成长）或者保持相当的稳定。

价格的突然上涨会促使企业在某一时间具有很高的成长性，但是需要对这种成长性进行甄别，如果没有进入门槛或者品牌技术等核心能力，多数是不能长久的。

3.2.6 多数公司还是靠量

从上文可知，提高价格需要天时、地利、人和，实践上有相当大的难度和不确定性，所以多数企业的成长需要从数量上下功夫，这里说的数量不仅仅是简单的相同产品的数量增加，而且包括企业新增加的产品。

首先，这些公司想到的是增加现有的产能，比如之前提到的钢铁行业的公司在钢铁价格上涨空间有限的情况下，为了获得成长性，不断扩大产能，然而几乎所有的钢铁企业都在扩大产能，造成产能过剩，钢铁行业成为盈利能力最差的行业之一。

成功的案例有云南白药，毋庸置疑，白药是国内最好的止血药物，但是毕竟市场容量有限，如果仅在白药上做文章，要想获得持续高增长是非常困难的。不过近年来，云南白药采取"稳中心、突两翼"的产品战略，以云南白药牙膏为代表的日化产品取得了突破性发展。2012 年，公司的营业收入达到了 136.87 亿元，增长了 20.99%，其中原来仅有的核心产品药品事业部营业收入为 36.92 亿元，增长了 19.6%，而后设的健康事业部实现了营业收入 17.61 亿元，增长了 45.61%，净利润更是大幅增长了 66.12%，远超药品事业部 32.77% 的增长幅度。目前，云南白药牙膏已经成为成熟产品，公司营业收入增速逐年下降，2012～2016 年，公司营业收入增速从 20.99% 一路下降到 8.06%，公司仍要开发新产品，这样公司的产品就形成了梯队，总有新产品拉动公司的增长，公司成长才能够持久。

企业靠增量博得成长也是有风险的，如果仅仅扩张现有产品的产能可能会造成产品供过于求，使得价格下跌，最终得不偿失；如果是通过增加新产品获得成长，很有可能新产品成本过高，甚至开发失败，或者市场推广困难，盈利低于预期。所以，企业靠增量获得的发展也需要我们甄别，如果是核心产品的产业链延伸或者拥有核心竞争力，那么这样的成长就是有效、持久的；如果是简单的数字扩张，又不能带来效益的话，这种扩张就是无效、不能持续的。

乐普医疗——高科技并不代表高增长

乐普（北京）医疗器械股份有限公司（以下简称乐普医疗）成立于1999年，是由中国船舶重工集团公司第七二五研究所和美国WP公司共同出资组建的。公司主要从事冠状动脉介入医疗器械的研发、生产和销售，是国内高端医疗器械领域能够与国外产品形成强有力竞争的为数不多的企业之一。自成立以来，公司相继完成了支架、导管等多项介入医疗核心产品的研制开发和产业化工作，在业内第一个获得国家药监局颁发的"冠状动脉支架输送系统"产品注册证（Ⅲ类）、第一个研发并试制成功抗感染"药物中心静脉导管"。

2009年，乐普医疗的营业收入已经达到5.65亿元，净利润达到2.9亿元，并顺利成为创业板开板第一批股票，高技术含量和高毛利率使得乐普医疗成为这批公司的骄子，上市第一天，股价最高达到86元/股，总市值高达349亿元，市盈率高达120倍，充分体现了市场对高科技企业的乐观估值。

乐普医疗2009年和2010年确实给市场提交了两份漂亮的年报，净利润分别增长了45.11%和40.47%，延续了高科技高增长的传奇。虽然公司持续有大量的研发投入，但是新产品创新能力有所下降，新产品相对于其原有的心脏支架系统规模较小，不能抵消心脏支架系统因为市场需求下降、产品降价造成的损失，致使乐普医疗2011年净利润增速大幅下滑，只有15.26%，而2012年净利润则下降了14.76%。

创新力不足、创新产品没有弥补老产品利润下降的缺口，使得乐普医疗成长性大幅下降，虽然2009～2012年净利润增长了30%以上，但是，不能支撑市场建立在对乐普医疗高增长基础上的高估值，所以，乐普医疗的股价一路下跌，到2012年股价只有9.15元/股，总市值只有74.3亿元，市盈率只有18.41倍。不过随后，公司通过挖掘医疗行业潜力，增加药品研发，获得了新的增长动力，然后这种增长已经不是刚上市时投资者对其核心产品增长的期待。

3.2.7 万科的成长思路

通过前文的分析，我们已经得出，自 2012 年以来，万科的成长主要是通过数量增长而非价格上涨取得的。虽然自 2012 年以来全国房价平均水平从 5 790.99 元/平方米上涨到 7 475.55 元/平方米，上涨明显，但是万科的平均房价几乎持平。与此对应的是，万科的平均房价虽然仍然比全国平均房价贵，但是已由 2012 年全国平均房价的 1.95 倍下降到 2016 年的 1.76 倍，这和万科全国最大房地产开发商、关注一二级市场的定位显然"不相称"。原因是万科虽然还是集中在一二线城市，但是在一线城市，万科的开发项目已经不在市中心核心位置，比如在北京，万科的项目已经基本撤出了四环，在上海，万科在售的项目多数也已经在中环以外，而随着万科在全国跑马圈地，其在一线城市的业务占全部业务的比重也有所下降。

这并不能说明万科就没有价格上的优势了，万科作为全国知名房地产公司，其品牌、设计能力、建造能力以及管理能力肯定超过行业平均水平，体现在房价上，就是万科的房子比同地段其他公司的产品要贵。

我们从中可以归纳出万科的成长思路：利用万科的品牌优势，尽量提高产品的增加值；在房地产价格泡沫日渐明显的情况下，为了控制风险、增加收益，万科选择了在相对偏远地区获得更多的项目、生产更多产品的策略，并且尽快地变现。

可以得到的结论是，如果未来房价继续上涨，万科因为有大量的产品开发，能够获得房价上涨的收益，如果房价下跌，万科可以尽快降低产品价格，在回笼资金后重新购买存货，损失相对较小，不过，在市场没有明显的变化之前，万科将尽可能多地获得项目。

3.2.8 除了卖房，万科还干了什么

我们都知道万科是有名的房地产开发商，主要开发的是住宅。那么是不是万科就不干其他事情了呢？当然不是，它还有万科物业呢。

我们看一下万科 2016 年的营业收入构成，在会计报表附注七第 34 条和董事会报告里对营业收入都有分析（见表 3-7）。表中显示营业收入分为主营业务和其

他业务,主营业务就是一家公司最核心、占比最大的业务。万科的主营业务分为两部分:一部分是房地产,收入达到2 341.40亿元,另一部分是物业管理,收入达到42.60亿元,主营业务收入合计占到了营业总收入的99.14%。

表3-7 万科2016年的营业收入构成 (单位:亿元)

行业	营业收入		营业成本		营业利润率	
	金额	增减(%)	金额	增减(%)	数值(%)	增减
1.主营业务	2 384.01	23.41	1 694.94	22.99	19.73	0.30个百分点
其中:房地产	2 341.40	23.09	1 661.75	22.61	19.77	0.32个百分点
物业服务	42.60	43.42	33.19	45.35	17.22	-0.17个百分点
2.其他业务	20.77	-12.22	2.49	-26.18	83.14	3.12个百分点
合计	2 404.77	22.98	1 697.42	22.87	20.27	0.11个百分点

注:表中的营业利润率数据已扣除主营业务税金及附加。

由表3-7可以看出,万科是不折不扣的房地产公司,然而,万科为什么还要保持占比很小的物业管理?这其中自有奥妙。

 小贴士:建外SOHO物业事件——"物业门"

潘石屹:北京已经提前进入冬季,天气预报说未来4天将连续降雪降温,但是我们的建外SOHO却因为两家物业公司长达一年的纠纷,拖欠了供电局和热力公司高达1 500万元的费用,使社区目前停暖、停热水,又接到要拉闸停电的通知。所以下一步,我们会在物业管理方面加强,成立我们自己的物业管理公司来管理自己开发的物业。原来,我们的设想就是把我们所有的工作社会化,即施工社会化、设计社会化,物业管理社会化。结果在社会化的过程中,我们回顾过去10年时间,各个行业都在进步,可是物业管理方面却不尽如人意,两家物业管理公司打起架来,互相指责。

由此可见,万科通过自有物业公司的管理,相当于给客户提供了产品的售后服务,提高了产品的管理水平,提升了客户的体验感,也提高了万科产品的价值,从而增加了万科的品牌价值,而这些最后会直接体现在万科产品的价格上。

如果更换到一般企业,企业除了产品质量要过关外,还需要提供相应的售后服务。如果产品质量相同,或者稍差的情况下,则通过提供较好的售后服务,也能够使客户认可公司的产品和服务；如果产品质量较高，且客户服务又好，则可以卖出一个较高的价格。

好公司一般都会专注于主营业务，主营业务是公司最有竞争力的、盈利能力最强的部分，也是公司可持续盈利的来源。主营业务收入占营业总收入的比重较高，说明公司营业收入的持续性较强，否则，如果主营业务收入较少而且较分散，则说明公司主营业务低迷而且散乱。

一家公司的主营业务并不是一成不变的，如果主营业务增长陷入停滞或者萎缩的状态，则需要开辟其他业务来重新获得增长，在新产品达到一定规模之后归于主营业务。比如乐凯胶片，在传统胶片产业陷入萎缩时，投产了太阳能电池背膜，从而增加了新的主营业务。

 小贴士：商业银行的营业收入

一般的企业都会以实际收入数额作为营业收入，但是商业银行的利息收入是用净利息收入作为主营业务收入的，净利息收入是指银行的贷款等资产的利息收入减去银行吸收的存款利息支出。比如工商银行 2016 年的利息收入是 7 914.80 亿元，利息支出是 3 196.34 亿元，计入营业收入的净利息收入是 4 718.46 亿元。

我们接着看表 3-7，表中除了显示出全年的营业收入外，同时还会列示相对于上一年的增减情况，我们看到万科 2016 年的营业总收入比上年增加了 22.98%，其中占营业总收入 97.36% 的房地产开发收入增长了 23.09%。注意这句话中有两个数字：一个是 97.36%，另一个是 23.09%。前者说明公司的主要业务高度集中，是一家典型的房地产公司，公司未来走势和我国房地产行业走势会基本一致，而且公司规模很大，在我国房地产行业发展中会有规模优势；后一个数字说明公司去年营业收入的增长幅度，从单个数字来看，公司取得了较快的增长，毕竟 23.09% 的增长速度已经远超过我国经济增长率和行业增速，从长期来看肯定不能持续，但是短期还要看这个数字的含金量以及行业和同业公司的情况。

我们还是选择保利地产、招商蛇口和金地集团进行比较，如表 3-8 所示。我们发现万科 2016 年房地产业务营业收入增长速度和主要竞争对手相比并不算低，并且绝对增长金额也是最高的，行业龙头的位置并没有动摇。

表 3-8　万科、保利地产、招商蛇口和金地集团的房地产开发业务收入比较 （单位：亿元）

公司	2016年	2015年	增长率（%）	增长金额
万科	2 341.40	1 902.13	23.09	439.27
保利地产	1 469.57	1 186.23	23.89	283.34
招商蛇口	561.39	419.26	33.90	142.13
金地集团	522.93	305.30	71.28	217.63

其他业务是指公司兼营项目收入，万科旗下有从事投资咨询业务的子公司，但是这些业务万科不可能做得很大，它们仅仅是依托现有平台延伸的一种业务。对于公司来讲可有可无，不会投入太大的精力，如果放到市场充分竞争，可能竞争力也不会很强，但在一些情况下会给公司带来一些利润或者会辅助主营业务的发展。万科在2016年的其他业务收入为20.77亿元，虽然相对于主营业务收入非常小，但是毛利率高达83.14%，如此高的毛利率肯定不是一般业务。

果然，公司报表附注中说明"其他业务收入主要包括租金收入和向合营联营企业收取的合并抵消后运营管理费总额578 106 878.10元"。也就是说，2016年，万科收到的租金收入是14.99亿元，向合营联营企业收取的管理费扣除成本后是5.78亿元，前者为万科转型计划的一部分，下文会进一步解释；后者则是万科输出管理的重要体现，公司通过输出管理获得的管理费利润就有5.78亿元，这充分体现了公司品牌价值和管理水平得到了业界认可，此外还能说明一点，房地产行业如果只有钱并不一定能够做好，好的管理团队也是非常重要的。

可以看出，万科的其他业务收入和主业有极强的关系，并不是不少企业在主业之外开辟的投机性的业务。

小贴士：央企的地产业务——非主营业务

目前在约100家央企中，有70%左右涉足房地产，其中只有十几家的经营主业是房地产，其他央企的主业均与房地产无关，但也竭力通过旗下房地产公司进入到该领域。在主营业务效益欠佳、扩张乏力的时候，利用资金成本较低的优势，进入资金密集型、进入门槛不高的房地产业，提高了集团的营业收入和净利润。

一般而言，一家公司的主营业务应该比较集中，这样有利于公司把有限的资源集中在一起，做大做强，2013年，《财富》世界500强企业多数是把业务集中在少数领域，从而成为世界领先企业，甚至直接把业务内容标在公司名称上，比如壳牌石油、通用汽车、美国银行等；我们耳熟能详且非常成功的一些新兴公司，如微软、苹果、IBM等也都是非常专一的，甚至像Facebook这样的公司也只有一个产品平台，即使是苹果，一度是世界最大市值的公司，主要产品苹果手机就那么几款。

这些公司都非常执着而且苛刻地把每个产品做好，使得它们的产品成为行业最好的产品，它们自身也成为行业最好的公司，从而获得了最大的利润。

当然也有一些例外，比如三星公司的产品，从厕所里的地面砖到手机、保险甚至还有航空，几乎无所不有。这有利于集团规避行业风险，同时可更加有效地利用公司平台的各项资源，但是这样做的风险非常大，因为很可能主业多处开花多处不结果，导致全盘皆输。

3.2.9 成也萧何、败也萧何——沉浮雅戈尔

雅戈尔创建于1979年，是我国最早的品牌服装企业，1998年上市，到2000年，雅戈尔的西服和衬衣市场占有率均在10%以上，服装产品的销售收入已经达到了14.38亿元。1999年，雅戈尔出资3.2亿元参股发起设立中信证券股份有限公司，其后，2002年，收购了雅戈尔置业进入房地产行业。

2009年，雅戈尔的营业收入为122.79亿元，其中，服装55.27亿元，纺织19.73亿元，房地产51.75亿元；净利润34.94亿元，其中投资收益19.79亿元，雅戈尔跨业经营、全面开花，市值最高达到了769.35亿元。

紧接着，房地产调控降临，股市也不景气，2010～2012年，雅戈尔净利润连续下滑，2012年的净利润只有16.57亿元，其主业——服装行业的收入只有40.83亿元，2012年年底的总市值也只有176.17亿元。

2016年，雅戈尔营业收入148.95亿元，其中服装收入42.74亿元，实现净利润36.87亿元，2016年年底总市值为357.38亿元，雅戈尔服装收入仅为海澜之家165.22亿元服装收入的25.87%，虽然净利润高于后者，但是总市值只有后者的77.28%。

3.3 万科的支出分析

3.3.1 有进必有出

俗话说，"有进必有出""天下没有免费的午餐"。神兽貔貅有嘴无肛，能吞

万物而从不泻,可招财聚宝,只进不出,神通特异。但是普通人如果也只进不出,要不了三日,肯定会出问题。

公司也一样,只要开办一天,就会有各种各样的支出,如果不买材料,工厂将无米下锅;如果不纳税,政府将查扣公司;如果不发工资,员工将不会为公司服务……

分析房地产公司的成本还能帮助我们知道老百姓的购房款到底有多少进了开发商的腰包?

和任何公司一样,万科的成本包括产品成本、人工成本、纳税成本等。但是房地产企业在中国有一点很特殊,就是公司最重要的资产——土地只能向政府购买,这就形成了我国特有的现象——土地财政。

3.3.2 股民的万科还是政府的万科

都说地方政府是土地财政,那么地方政府到底拿走了开发商多少钱?

从万科公司来看,一方面要支付给政府大量资金购买土地以供开发,另一方面还要交纳营业税、土地增值税、所得税等,可以说直接或间接向政府输送的利益非常可观。

1. 土地出让金

据统计,2016年,万科直接从政府购买的土地项目181个,规划建筑面积约为2 159万平方米,合计金额1 287.03亿元。不过这还不是万科为获得土地的全部成本,根据公司年报,"鉴于土地市场竞争激烈,本集团持续探索多元化的土地获取模式,通过合作、股权收购、代建等方式确保以合理价格获取土地资源",也就是万科获得土地的途径不限于自己直接从政府购买,2016年万科59.5%的新增项目为通过合作方式获取,所以万科获得土地的成本要比1 287.03亿元要多得多。截至2016年12月31日,万科还有315亿元土地出让金没有支付。

万科2016年直接购地的支出达到了营业收入的53.52%,比2015年的43.91%有所提高,在房地产发展高峰时期,万科这个指标曾在2007年达到115.13%,然而,因为万科不少项目均为合作而来,所以真实水平要比此数字高。

从同业来看,四大公司2016年购买土地的金额都大幅上升,其中招商蛇口增幅最大,达到186.90%,最低的保利地产增幅只有27.94%,原因是保利地产以其央企身份能够获得较低成本的资金和其他资源,更多的是通过合作方式获得土地,其 2016 年获得土地的总成本约 1 214 亿元,同比分别增长 85%,但是其中通过合作、并购方式获取的土地资源面积占比达到 75%,土地储备是房地产公司未来获得销售的必要准备,招商蛇口大力获得土地有意在未来获得较高的增长(见表 3-9)。

表 3-9 万科、保利地产、招商蛇口和金地集团购买土地金额　　（单位:亿元）

公　　司	2016 年	2015 年	增幅(%)
万科	1 287.03	858.74	49.87
保利地产	696.12	544.12	27.94
招商蛇口	467.73	163.03	186.90
金地集团	399	297	34.34

从买地金额占营业收入的比重上看,万科和保利地产因为品牌资金实力较强,更多采用合作方式获得土地,比例较低,而金地集团和招商蛇口仍然处在规模扩张过程中,拿地资金占比较高,这意味着未来几年两家公司的销售收入增幅可能会更高,如果增幅不高,在当前房地产市场泡沫较大的情况下,可能也意味着较高的风险(见表 3-10)。

表 3-10 万科、保利地产、招商蛇口和金地集团购买土地金额占营业收入比 (%)

公　　司	2016 年	2015 年	变化
万科	54.97	45.15	9.82
保利地产	47.37	45.87	1.50
金地集团	76.30	97.28	-20.98
招商蛇口	83.32	38.89	44.43

也就是说,在中等扩张速度时,房地产公司有近半的收入都不得不用来购买土地以维持经营,一个重要的原因就是高房价带来了高地价,万科为了维持其自身的经营不得不花高价购进土地。万科虽然号称不拿地王,但是在行业亢奋中也不能独善其身,仍然付出了很高的代价。

小贴士:房地产公司是否希望房价快速上涨

房价上涨造就了房地产公司的高额利润,但是房价上涨也促进了地价的大幅上涨。持续经营的房地产公司需要高价购买土地,如果地价上涨过快,甚至超过房价,那么房地产公司用所有卖房的钱也买不回原来的土地,保持原有经营规模已属不易,何谈成长。

房价快速上涨给房地产公司带来了高额利润，但是房价上涨也带动了地价的大幅上涨，并且一度出现面粉贵过面包的情况，房地产公司不得不支付高昂的购地款。因此，不少中小型房地产公司因为跟不上地价上涨的步伐，不得不转向其他行业发展。

例如，在房价快速上涨的2007年，各大房地产公司为了争夺土地储备不惜大打出手，加上金融市场对房地产公司的支持，土地价格被迅速抬高。从万科来看，当年万科获得土地的楼面价达到3 582.72元/平方米，而当年万科销售的房价才8 531.86元/平方米，地价高达当年房价的41.99%，甚至出现了面粉贵于面包的现象，这也造成了2008年万科大幅计提存货跌价准备。所以2009年房地产再次火爆的时候，万科已经趋向理性，没有再获得高价地块。

表3-11是2009年房价高涨时期全国出现的一些地王，可见土地价格的高昂使得多数开发商无力拿地，2009年以后，随着房地产的调整以及国家对房地产市场的调控，为了防止高价地的出现，政府逐步减少了市中心大块土地的出让，总价地王现象逐步减少。但是在核心城市，因为粥少僧多，在竞价买地模式下，往往单位地价被炒得很高，甚至高于周边在售新房的房价，成为单位地王，如果未来房价不能持续增加，这些地块开发商有可能亏损。

表3-11 2009年地王一览

城市	地王	成交总价（亿元）	竞得方	成交日期
广州	番禺区亚运城项目用地	255	富力、碧桂园、雅居乐	2009年12月22
上海	徐汇区斜土街道107街坊龙华路1960号地块	72.45	绿地	2009年9月30日
珠海	十字门商务区马骝洲及北山咀地块	70.18	华发	2009年11月5日
上海	长风6B（B6）、7C地块	70.06	中海	2009年9月10日
北京	顺义区后沙峪镇地块	50.50	大龙	2009年11月20日
北京	大兴区亦庄镇	48.30	远东新地置业（远洋）	2009年12月4日
广州	科学城KXC-F8-1-1地块	43.41	雅居乐	2009年10月29日
重庆	江北嘴CBD江北体育公园地块	41.00	中海和九龙仓	2009年10月28日
北京	朝阳区广渠路15号	40.60	中化方兴	2009年6月30日
佛山	桂城街道61、62街区地段	38.20	中海	2009年10月28日

地价的高涨有可能造成了房地产企业名义上的利润和资产在扩大，但是实际经营规模扩大并不明显，反而如果踏不准节奏，许多小地产公司售楼所得的现金

还不够支付下一次购地款，只能做一单买卖。但是大的房地产公司，特别是上市公司，则可以借助资本市场运作扩大了市场占有率。房价高涨给上市公司创造了超额的利润，提高了公司的股价，上市公司则通过在资本市场融资给公司补充了持续经营的子弹，形成了圈地-融资的循环。2007年房价高涨时，主要房地产公司均巨额再融资补充资金。而房地产调控后，A股市场关闭了房地产公司融资的大门，各房地产公司只能依靠大量借债，提高资产负债率来获得资金。

在2007年房地产市场和资本市场同时亢奋时，房地产公司曾大规模拿地和增发融资并举，成为资本市场的一道奇观（见表3-12）。

表3-12　万科、保利地产、招商蛇口和金地集团2007年以来的再融资情况

（单位：亿元）

公司	2007年	2009年	2010年拟融资
万科	100.00	拟不超过总股份的8%	
保利地产	68.15	80.00	拟增发不超过7亿A股，发行价格不低于17.92元/股
金地集团	45.00	42.36	拟增发40 000万股（含40 000万股），发行价不低于12.40元/股
招商蛇口	23.00	57.77（2008年12月）	无

小贴士：房地产调控与土地出让金

土地出让金是指政府土地管理部门向土地使用者征收的土地使用费，是地方政府的重要财政收入来源。房地产公司往往分期支付土地出让金，而支付时间的长短成为我国调控房地产市场的重要手段。2010年3月，国土资源部出台的调控房地产市场的手段之一就是提高首付比率到不低于20%，首付的提高和支付时间的缩短，大大增加了房地产公司的资金压力。

2016年，万科获得的土地平均价格达到5 961元/平方米，达到当年结算平均价的45.19%。

2008～2012年，万科土地成本占售价的22%～26%，平均约24%，2013～2016年，万科土地成本逐年上升，到2016年已经上升到50%以上，也就是说，如果未来万科结算价格不能大幅上升，那么万科的盈利能力将会下降。因为房地产开发从拿地到销售往往需要一两年时间，所以真实比例会比这个数字略低。

获得土地价格上升也说明，房地产行业作为比较充分竞争行业，如果房价不持续大幅上升，未来房地产开发行业毛利率下降是可预期的，房地产企业除非有低价获得土地高价销售的能力，否则业绩将会沦为平庸。

前车可鉴的是2007年，因为房价大幅上涨，房地产企业对未来持乐观预期，同时万科增发获得融资，资金充裕，万科当年获得土地的总价为409亿元，占当年销售收入的78.11%，获得的土地楼面价是3 582.72元/平方米，当年楼面价/销售单价达到41.99%，楼面价太高给2008年计提大量存货跌价准备埋下了伏笔。万科2012～2016年的销售均价、购地单价如图3-6所示。

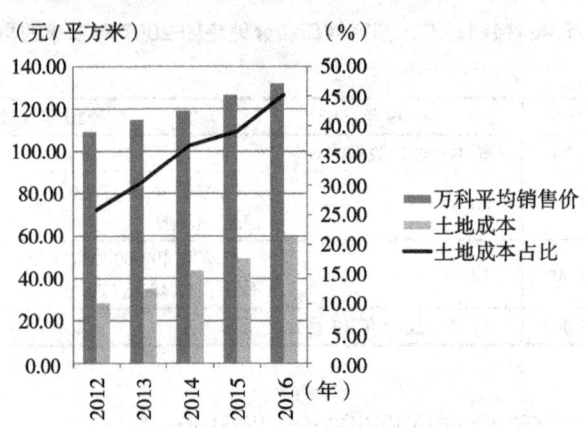

图 3-6　万科 2012～2016 年销售均价、购地单价比较

2. 税收支出

除了土地出让金以外，政府还向房地产开发企业收取各项税费。一般工业企业主要交纳增值税、所得税，而房地产公司主要交纳营业税、土地增值税和企业所得税。

 小贴士：增值税和土地增值税

增值税是对销售货物或者提供加工、修理修配劳务以及进口货物的单位和个人就其实现的增值额征收的一个税种，在计算营业收入时，增值税不计入营业收入，是一种价外税；土地增值税是对土地使用权转让及出售建筑物时所产生的价格增值量征收的税种，在计算营业收入时，土地增值税和营业税一样计入营业收入，是一种价内税。

万科2016年交纳的税金主要包括两部分：一部分是营业税金及附加，金额是219.79亿元，包括增值税、土地增值税及各种附加；另一部分是企业所得税109.03亿元，合计328.82亿元（见表3-13）。

表3-13　万科税项　　　　　　　　　　　　　（单位：亿元）

项　　目	2016年	2015年	增长率（%）
营业税	99.17	97.79	1.41
城市维护建设税	8.13	6.26	29.87
教育费附加	5.88	4.27	37.70
土地增值税	102.36	67.49	51.67
所得税	109.03	78.53	38.84
其他	4.25	3.99	6.52
合计	328.82	258.33	27.29

2016年的纳税总额比2015年有明显的增加，增加幅度高于营业收入，远高于净利润增幅，纳税总额占营业收入的比重也从2015年的13.21%增加到13.67%，不过比2012年的16.57%已经有明显下降，下降的主要原因是营业税占比和所得税占比下降。

2016年，万科税收增加的主要原因是土地增值税和所得税较2015年有较大幅度提高，土地增值税的纳税基数是项目增加值，且增值率越高，税率越高，而所得税增加则是因为万科应纳税所得额增加。

如表3-2所示，万科2016年净利润增速只有9.25%，为什么交纳的与盈利有关的土地增值税和所得税会大幅增加，这个需要从万科的盈利结构说起，下文我们会详细展开。

虽然万科2016年营业收入有明显增加，营业税却几乎保持不变，原因是根据房地产行业营改增，从2016年5月1日以后，房地产企业取消原5%的营业税，改按11%交纳增值税，不过因为原营业税为全额征收，而增值税为差额征收，房地产企业有大量建筑成本支出，如果毛利率较低，则会降低实际税负。

2016年税负比例提高主要是因为占比最高的土地增值税和所得税增速快于营业收入，我们知道2015年和2016年，国内大中城市房价涨幅较大，万科大部分项目均在大中城市，获益较大，项目利润率较高，所以交纳的土地增值税和所得税也较高。

2016年年底，万科仍然有95.53亿元各项应付税费。

同业来看，万科所支付的土地增值税和纳税总额也是最高的，而金地集团的税费则是最低的（见表 3-14 和表 3-15）。

表 3-14　万科、保利地产、招商蛇口和金地集团的土地增值税数额　（单位：亿元）

公司	2016 年	2015 年	增长率（%）
万科	102.36	67.49	51.67
保利地产	72.90	47.78	52.56
招商蛇口	32.16	25.40	26.58
金地集团	26.99	11.12	142.72

表 3-15　万科、保利地产、招商蛇口和金地集团的纳税总额　（单位：亿元）

公司	2016 年	2015 年	增长率（%）
万科	328.82	258.33	27.29
保利地产	212.73	182.30	16.69
招商蛇口	104.64	75.68	38.27
金地集团	76.28	44.15	72.77

相对而言，万科的土地增值税占营业收入的比重较低，而招商蛇口的比重较高，因为土地增值税的高低由销售利润率决定，利润率越高，增值税越高，这说明万科项目的平均利润率要低于招商蛇口。保利地产虽然平均利润率略低于万科，但是土地增值税占营业收入的比重较高，这说明保利地产的部分项目有很高的增值率，而万科项目的盈利水平较为平均（见表 3-16）。

表 3-16　2016 年万科、保利地产、招商蛇口和金地集团的纳税占收入比　（%）

公司	土地增值税占营业收入比重	纳税总额占营业收入比重
万科	4.26	13.67
保利地产	4.71	13.74
招商蛇口	5.06	16.46
金地集团	4.86	13.74

万科 2016 年的营业收入是 2 404.77 亿元，但是购买土地的费用达到了 1 287.03 亿元，需要支付的各项税费达到了 328.82 亿元。公司给股东贡献的净利润只有 283.50 亿元，归属于上市公司股东的净利润只有 210.23 亿元，而 2012 年，这两个数据才分别是 4.12 倍和 5.14 倍。

从万科核算成本的角度看，如果按照结算土地成本滞后购地时间两三年计算，目前万科的土地成本约占营业收入的 40%，税务成本约占 13.5%，合计约占 53.5%。

3.3.3 盖房子：土地、钢材、水泥的成本

土地是房地产公司的面粉，有了面粉才能做面包。获得土地是房地产开发公司最重要的生存手段，也许这就是房地产公司不惜高价购地的原因。

除去地价，房地产公司的主要成本是设计和建安成本，建安成本包括房屋的建筑和安装成本，房地产开发公司的价值应该在这里体现。一般情况下，房地产公司会把建筑和安装出包给专业的建筑公司。

万科2016年年末已签订的正在履行或准备履行的建安合同金额达到了1 328.8亿元，如果未来一年这些合同都执行完毕的话，万科将支付约1 328.8亿元给建筑公司（可能部分已经履行），而2015年年底，这个数字是756.84亿元，增加75.57%，远高于我国房地产开发投资增速，说明未来万科市场份额仍然有提升的可能。

随着万科开发规模的扩大，万科的建安总额将会持续上涨，在中央不能拖欠建筑工人工资的政策之下，万科很难拖欠这些建安费用。如果房地产销售陷入困境，那么支付这些建安费用将非常棘手。

知道了合同总额，同时能找到2016年万科实现新开工面积为3 136.7万平方米，我们简单计算万科的单位建安成本约为4 236.30元/平方米。然而，我们不能确定这些合同是否和新开工的面积相对应，未执行的合同也可能是2017年预计开工的面积。所以，不能这样算出单位面积的建安成本，而对建安成本的估算，本书将在后面继续探索。

3.3.4 借债有利息，风险请自负

公司最重要的目标就是给股东创造利润，但是股东投入的资金必然有限，所以管理层往往会通过负债来扩大企业经营，以获取更大的利润。特别是在公司资产收益率较高时，企业以较低的成本筹集资金能够给股东创造价值。

 小贴士：财务杠杆

古希腊科学家阿基米德有这样一句流传千古的名言："给我一个支点，我就能撬动地球！"企业如果能有效地使用财务杠杆，可以大幅提高股东报酬率。

如果一家公司的总资产收益率为10%，负债利率为6%，公司所有的资产都是投资者投入的，股东投资回报率就是10%，但是如果公司向银行借入同样多的贷款，股东的回报率就达到14%，算法是（总资产收益率－资产负债率×负债利率）/（1－资产负债率）。也就是说，只要公司的总资产收益率高于负债成本（一般是银行贷款利率），企业就有很强的借款意愿。如图3-7所示，从理论上讲，如果企业的资产收益率高于负债成本，增加债务就可以增加公司利润，股东的报酬率就越高，如果有条件借到足够多的债务，那么公司的净资产收益率理论上可以达到无限高。

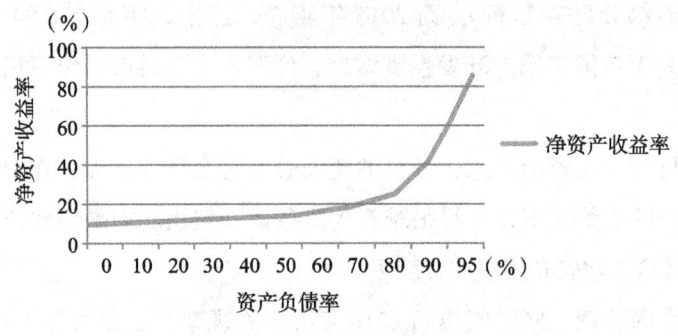

图3-7　净资产收益率曲线（1）

在实际操作中，企业的资产负债率不可能无限升高，因为资产负债率越高，债权人的风险就会越大，随着资产负债率的提高，企业借款将会越来越困难。实际上，一般公司的资产负债率在50%左右较好，而超过70%，债权人就开始谨慎，达到90%，一般就停止发放贷款。

如果一家公司总资产收益率为10%，负债利率为12%，公司向银行借入同样多的贷款，股东的回报率就达到（10%-12%×50%）/（1-50%）= 8%。也就是说，如果公司的总资产收益率低于银行贷款利率，企业借款就会得不偿失，甚至沦为给银行打工的情况。如图3-8所示，理论上，如果公司不小心借了足够多的债务，甚至有可能只要一年就倾家荡产。

为了计算总资产收益率，必须算出扣除利息支出外的实际收益，这个就是息前税后收益，是公司在没有财务负担的情况下创造出的真实收益，可以更好地计算出公司创造的价值。

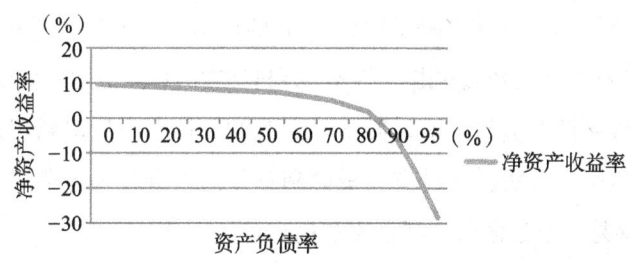

图 3-8　净资产收益率曲线（2）

小贴士：息前税后利润

息前税后利润是公司给包括股东和债权人在内的所有投资者创造的价值，是公司价值的体现，通常用来衡量公司价值，简单的计算方法是：

息前税后利润 = 净利润 + 财务费用 × （1 - 所得税税率）

我们通过万科的利润表可以算出，万科 2016 年息前税后利润为 295.44 亿元，2016 年年底总资产为 8 306.74 亿元，总资产收益率为 3.55%，这个收益率远低于正常的银行贷款利率。然而，万科的综合债务成本更低，15.92 亿元的财务费用，按万科 2016 年实际所得税率计算，税后成本才 11.50 亿元，6 689.98 亿元债务的综合债务利率只有 0.171 9%。由此看来，万科极其低廉的资金成本使得万科渴望大量融资，尽可能做高资产负债率，从而获得更好的收益率。

2016 年年底，万科的资产负债率是 80.54%，现在可以套用前文的公式：

净资产收益率 =（总资产 × 总资产收益率 - 总负债 × 债务成本）/ 净资产

　　　　　　 =（总资产收益率 - 债务成本 × 资产负债率）/（1 - 资产负债率）

　　　　　　 =（3.55% - 0.171 9% × 80.54%）/（1 - 80.54%）

　　　　　　 = 17.54%

注：总资产收益率 =（净利润 + 税后财务费用）/ 总资产。

简单地看，万科通过债务杠杆，使得公司净资产收益率从 3.55% 提高到 17.54%，使得股东获得了 4.94 倍的收益。不过万科总资产收益率相比于 2012 年的 4.29% 已经有明显下降，虽然财务杠杆有所增加，但是净资产收益率仍然有所下降。

然而，万科超低的负债成本远低于我们对债务成本的认识，万科 2016 年的财务费用是15.92亿元，但是年底有6 689.98亿元的负债，其中借款就有997亿元，无论如何不可能只有这么点利息支出。那么，万科把它的财务费用隐藏到哪里了呢？

首先，万科有很多负债是不需要支付利息的，这个我们留到资产负债表分析的时候再详细阐述。其次，万科有大量的利息支出没有计入当期财务费用，而是计入了存货，这是一个新概念：利息资本化。

小贴士：利息资本化

利息资本化的意思是将借款利息支出确认为一项资产，而不是确认为当期费用，包括构建固定资产、需要相当长时间才能达到可销售状态的存货（如飞机、轮船、房地产等）等所发生的借款利息支出，是利息资本化的范围。也就是说，"房奴"不光买了开发商的房子，还支付了开发商的银行借款利息。

万科2016年资本化利息金额为32.28亿元，比2015年的30.74亿元增加了5%，其中绝大部分是存货。如此看来，加上财务费用，万科的债务成本合计为48.20亿元。万科的实际利息支出有55.38亿元，只不过同时有14.84亿元的利息收入，万科为何既有大笔存款又有大笔贷款？本书将在资产负债表分析部分详细分析这个问题。

3.3.5 倒挤出的成本分摊

要做正常财务分析的话，现在就应该分析万科的财务负担和财务风险，不过，本书在此需要先回到前文，计算万科的成本问题。万科2016年计入存货的资本化利息占营业收入的1.34%，而最近5年平均占营业收入的2.84%，从2015年开始，金融市场放开房地产企业发债，加上金融市场资金宽裕，实际利率持续下降，以万科为代表的大型房地产企业融资成本大幅下降，但是，房地产结算相对于存货建设有一定的滞后期，所以，可以估算，万科资本化利息约占营业收入的2%。2017年以来，金融市场利率提升，监管部门又加强了对房地产企业融资的管理，万科未来融资成本可能会上升。万科2012～2016年的资本化利息如图3-9所示。

通过前文的分析，万科的产品成本已经清楚，主要是土地成本、建安成本和资本化的财务成本。2016年，万科的房地产开发营业成本率是80.2%，扣除上文已经计算出的，土地成本约占40%，债务成本约占2%，剩下的主要是设计、建设费用，约占总房价的38.2%。如此算来，按万科2016年平均结算房价11 403元/平方米计算，万科每平方米设计建设成本约4 356元和前文计算的万科单位建安成本约为4 236.30元/平方米，所以，我们可以得出结论，万科的建安成本约为4 300元/平方米。

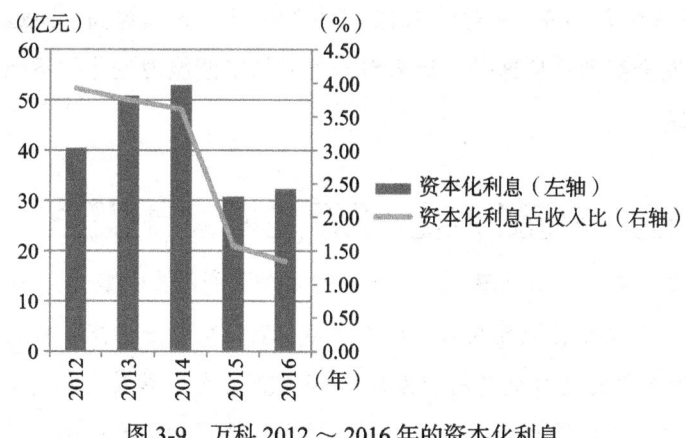

图3-9　万科2012～2016年的资本化利息

本节计算万科的成本是为了对其进行成本分析，这样我们也可以成为一个小的行业专家，如果了解哪一地块以多少楼面价成交，那就能够估算出这一地块未来的最低保本销售价格，如果这一保本价格已经超过了当地目前新房价格，那么开发商就是在赌未来房价上涨。还有，如果你买的房子是装修房或者你正在装修，特别是买万科的精装房，请不要轻易相信所谓的装修标准是5 000元/平方米甚至10 000元/平方米，因为，万科整体建安成本才有4 300元/平方米。

3.3.6　判断房地产企业是否缺钱要素之一：财务费用是否不可承担

我们继续说财务费用的问题，我们知道，没钱的人才会借钱，越是缺钱就越得高额举债。房地产公司缺钱了也会借钱，当然借钱是有代价的，借多了就会债台高筑，利息负担也会很重，要是所赚的利润很多都用来还利息了，这个时候想获得新的贷款就困难了。

一般的企业分析财务压力，都是看财务报表的财务费用。万科2016年财务费用是15.92亿元，比2015年增加了233.26%，表面上看，说明万科2016年资金压力明显增加，不过15.92亿元的财务费用相对于万科上千亿的营业收入和百亿元的净利润几乎可以忽略。

通过前文的分析我们知道，万科大部分的利息支出都被资本化，所以加上资本化的利息支出，万科2016年真实的利息支出总额是55.38亿元，比2015年上涨了14.12%，不过2016年万科利息支出尚不及2012年的金额。2016年，万科税前利润大幅增长了16.13%，衡量偿债能力的重要指标——利息保障倍数变化不大，仅从6.97提高到了7.09，相对于2012年的3.78已经大幅提高，而这个指标一般高于2就是安全范围。从这一指标来看，万科的偿债能力变化并不明显，属于非常安全的范围。

小贴士：偿债能力指标系列之利息保障倍数

利息保障倍数，又称已获利息倍数（就是企业利息支付能力），是指企业生产经营所获得的息税前利润与利息支出的比率。它是衡量企业支付负债利息能力的指标（用以衡量偿付借款利息的能力）。企业生产经营所获得的息税前利润与所有的利息支出相比，倍数越大，说明企业支付利息费用的能力越强。因此，债权人要分析利息保障倍数指标，以此来衡量债权的安全程度。

小贴士：恒大地产为什么敢于发行高息债券？

2010年1月22日，恒大地产公告称发行了7.5亿美元一次性还款的担保优先票据，年利率为13%，期限为5年。

很显然，恒大地产的总资产收益率没有13%，恒大地产疯了吗？

按照25%的所得税税率，13%的利率相当于9.75%的税后负债成本，事实上，恒大地产通过获得的7.5亿美元担保优先票据可以撬动更大的低成本债务，这7.5亿美元发挥的作用可以和股东权益媲美。所以，要使财务杠杆发挥正作用，只要恒大地产的净资产收益率超过9.75%。2008年和2009年，恒大地产净资产收益率分别达到了17.5%和19.5%，高于9.75%的借债成本，恒大地产目前仍然得利。只要恒大地产未来5年净资产收益率不大幅下降，恒大地产就是正确的，但是如果房地产市场景气度急剧恶化，恒大地产的净资产收益率低于9.75%，那么恒大地产将会被高息负债拖累，事实上，恒大地产2012年的净资产收益率仍然高达23.99%。

总的来说，因为万科的综合债务成本较低，万科增加债务能够增加收益，所以万科有动力尽可能地增加负债。然而，并不是所有的企业都是如此幸运。

中兴通讯 2010 年财务费用为 11.98 亿元，而当年的营业利润为 25.9 亿元，净利润为 32.5 亿元，显然在利润较高的情况下，一定的财务费用完全能够被中兴通讯消化。然而进入 2011 年，中兴通讯的主营业务利润率大幅下降，但是中兴通讯为了扩大经营规模，继续增加借款，财务费用增加至 23.56 亿元，当年营业收入增加了 23.37%，营业利润大幅下降到 4.29 亿元，虽然中兴通讯通过出售资产和投资收益仍然获得了 20.6 亿元的净利润，但是这种盈利显然不能持续。2012 年，主营业务利润率继续下降，不过好在公司明智地缩小了经营规模，营业收入小幅下降了 2.5%，财务费用也降到 23.31 亿元，但是营业利润大幅下降到 -50.02 亿元，净利润下降到 -28.41 亿元。

也就是说，2011 年和 2012 年中兴通讯通过增加财务费用的形式获得的扩张，其实损害了公司利益。

3.3.7 判断公司的管理水平：销售费用和管理费用

 小贴士："费可敌国"的工商银行

中国工商银行 2016 年的业务管理费用高达 1 751.56 亿元，号称可以敌国，按 2016 年 12 月 31 日人民币汇率 6.937 计算，约合 292.495 亿美元，超过世界 GDP 排名第 100 名的乌干达，而分给全国人民（按 14 亿算）的话，每人有 125.11 元。

中国工商银行家底雄厚，能够承担如此高的营业管理费用。万科如果也发生这么高的管理费用，哪怕是一半也肯定早就破产了。

万科 2016 年销售费用和管理费用的总额是 119.62 亿元（见表 3-17），比 2015 年增长了 34.65%，增长幅度明显高于营业收入和净利润的增长幅度。这说明，万科 2016 年单位营业收入消耗的管理成本更高。其中，销售费用 51.61 亿元，增加了 24.71%，原因是销售收入上涨；管理费用 68.01 亿元，增加了 43.31%，原因是经营规模增长，人工费用增加，其中人工费用增加了 20.24 亿元，不知道管理费用的增长是不是因为 2016 年的管理权之争或是其他原因。销售费用主要是万科促销产生的费用，比如广告、雇用第三方销售公司的佣金等；管理费用则是万科的资产折旧、人工费用等。

表3-17 万科在2015～2016年的期间费用 （单位：亿元）

项　　目	2016年	2015年	增幅（%）
销售费用	51.61	41.38	24.71
管理费用	68.01	47.45	43.31
财务费用	15.92	4.78	233.25
合计	135.54	93.61	44.78

3.3.8 房地产行业的薪水到底有多高：人工成本

房地产公司职工高收入是人所共知的，那么万科的员工收入到底有多高？作为投资者，我们并不希望他们的工资太高或者太低。太高了，那都是股东的钱啊；太低了又不能激励他们积极工作，毕竟拿一份薪水出一份力。

利润表里并没有有关薪水直接的披露，在这里我把资产负债表里的应付职工薪酬科目提前拿来分析。

2016年万科计提的薪酬合计78.86亿元，万科2016年年末有员工58 280人，简单计算，万科人均年收入有13.53万元，比2015年的13.85万元下降了2.3%，当然这并不代表万科降薪了。恰恰相反，考虑到在万科的员工中，房地产开发系统的员工只有6 437人，物业管理系统的员工有48 784人，商业酒店及其他合计3 059人，而大多数物业系统的员工工资较低，如果物业系统、商业酒店及其他人均年工资为6万元的话，那么房地产业务部的员工人均年收入将是74.19万元，远超社会平均工资，由此可见，房地产从业人员的工资是非常高的。

3.3.9 员工和老板薪酬的差距

上市公司年报会披露高管薪酬，万科2016年披露的万科薪酬最高的5位人士的薪酬合计为5 701.7万元，占万科职工总薪酬的0.72%，平均每人是1 140万元，是万科职工平均工资的84.26倍，其中排名第四的王石还在股东或其他关联方领取薪酬，不过，万科没有公布第一至第三名高薪人士姓名，不过万科董事长只能排第四，总裁排第五。显然在万科的发展过程中，高管分享到的要比普通员工多得多，当然收入差距也就由此形成。

另外，万科2011年4月25日起实行股票期权计划，万科董事会获授权酌情授予本公司高级管理人员及其他职工以行权价格为 8.89 元的每股对价获得股票期权认购本公司股份，经过分红调整，目前行权价格是 8.66 元。其中关键管理人员共获得股票期权 3 300 万份，所以，我们看到，截至 2016 年年底，万科的高管多数都拥有公司的股份，直接持有 2 100.19 万股，市值 4.31 亿元，其中董事会主席王石拥有 761.72 万股，市值 15 653 万元，另外万科管理层还通过国信金鹏分级集合资产管理计划和德赢专项资产管理计划累计投入数十亿元在二级市场购买万科 A 股，合计买入 8.6 亿股，按 2016 年年底股价计算，市值达到 176.73 亿元。

值得注意的是，万科 2016 年利润拟分配方案为每 10 股派 7.9 元，万科管理层通过直接持股和资产管理计划可以获得 6.96 亿元。

3.3.10　万科的管理水平高吗

仅仅分析万科的费用变化，只能反映万科管理能力的变化情况，并不能说明万科管理能力的高低。在不能从财务报表里获得所有支出明细的情况下，通过同业比较能够分析出万科期间费用支出的合理性，如表 3-18 所示。

表 3-18　2016 年万科、保利地产、招商蛇口和金地集团的期间费用比较　（单位：亿元）

公　　司	销售费用	管理费用	财务费用	合　　计
万科	51.61	68.01	15.92	135.54
保利地产	35.45	22.67	22.34	80.46
招商蛇口	11.60	10.66	14.18	36.44
金地集团	11.77	15.91	-1.36	26.32

从表 3-18 中可以看出，万科的各项费用（除财务费用外）均最多，并且远高于其他公司。特别是管理费用，万科高达 68.01 亿元，甚至高于其他三家公司管理费用的总和，这也是万科高管高工资的直接反映。

保利地产的财务费用稍高于万科，说明保利地产的资金使用效率更高，当然也就更加紧张，这和其央企背景以及快速扩张有关系，央企更容易获得银行信贷支持，如果公司资金短期周转不灵，可以很快从银行获得资金，所以保利地产可以把资金预算做得更细，从而提高资金使用效率。不过，各家公司财务费用均较低，原因是前文提到的，多数利息支出已经资本化计入存货成本中，2016 年，金地集团的财务费用甚至是负数，原因是大部分利息资本化，同时公司货币资金较多，获得利息收入大于费用化的利息支出。

从表 3-18 中,我们通过绝对值的比较并不能得出万科的期间费用控制比其他几家公司好,因为万科的规模显然要大得多。不过一般公司费用是和公司的业务密切相关的,营业收入较高,自然公司管理成本较高、期间费用较大。所以横向比较一家公司的管理水平,需要比较公司期间费用占营业收入的比重,如表 3-19 所示。

表 3-19　2016 年万科、保利地产、招商蛇口和金地集团期间费用占营业收入的比例比较(%)

公司	销售费用	管理费用	财务费用	合计
万科	2.15	2.83	0.66	5.64
保利地产	2.29	1.46	1.44	5.19
招商蛇口	1.82	1.68	2.23	5.73
金地集团	2.13	2.88	−0.25	4.76

通过对各项费用占营业收入的比重得出,万科的期间费用占营业收入的比重属于较高水平,其中 2012 年销售费用在几家公司中还属于较高水平,但是到 2016 年已经属于平均水平了。不过 4 家公司销售费用率均有所下降,这说明在 2016 年,房地产市场为卖方市场,开发商不需要做过多的宣传等。万科和金地集团的管理费用比例明显高于保利地产与招商蛇口,巧合的是万科和金地集团的股东都较为分散,几乎是职业经理人控制公司,而保利地产和招商蛇口均为央企绝对控股,万科的财务费用比例也是较低水平。

因为房地产企业营业收入的特殊性,特别是营业收入和销售收入的不同步,我们还要比较期间费用和公司当期的业务数量即销售金额的比例,如表 3-20 所示。

表 3-20　2016 年万科、保利地产、招商蛇口和金地集团期间费用占销售金额的比例比较(%)

公司	销售费用	管理费用	财务费用	合计
万科	1.41	1.86	0.44	3.71
保利地产	1.69	1.08	1.06	3.83
招商蛇口	1.57	1.44	1.92	4.93
金地集团	1.17	1.58	−0.14	2.61

从这个数据中我们能看出,万科销售费用占比较低,管理费用占销售金额的比例是最高的,整体费用率处于中等偏上水平。

通过对万科期间费用的分析,我们得出结论,万科的管理成本明显高于其他公司,而财务成本和销售成本处于中等偏上水平,也就是说,万科的管理水平可能较优秀，但是付出了更高的代价，从销售成本和财务成本来看，万科可能对扩张的潜力有所保留。

3.4 资产价值变化

3.4.1 房地产能升值吗

当前买房保值、买房养老成了很多中国人投资的方向，这一方面推高了房价，另一方面也使房地产市场面临泡沫的威胁。那么对于房地产公司，他们更熟悉这个市场，他们的资产又是如何保值增值的呢？

资产增值在报表中主要体现在资产减值损失、公允价值变动净收益和投资收益三项。

在香港上市的中国海外发展有限公司，2016年营业收入为1 640.69亿港元，合人民币1 467.6亿元，净利润383.91亿港元，合人民币343.41亿元，虽然营业收入大幅低于万科，但是净利润却大幅高于万科，其中重要的原因之一就是中国海外发展有限公司2016年有77.23亿港元（约合69.08亿元人民币）的投资物业公允价值增加。A股上市的金融街2016年利润总额为42.51亿元，净利润为28.16亿元，其中公允价值变动损益就有21.61亿元，占利润总额的51.27%，当然，这是其持有的254.02亿元投资性房地产的升值收益。

万科主要是住宅开发，产品多数都出售，不过，随着万科转型，持有和收购一些商业物业，截至2016年年底，万科的投资性房地产账面价值已经达到218.74亿元，不过，万科的投资性房地产按成本计量，不根据市场价格变化调整账面价值，也就没有公允价值变动损益。如果万科持有的投资性房地产公允价值增加，那么万科在一定程度上低估了其利润水平，当然如果未来房地产价格下跌，也降低了其利润波动水平。

发展商业地产因为有稳定的现金流，能够获得物业升值的好处，这吸引了很多住宅开发商加大对商业地产的投入。但是，商业地产现金回笼缓慢，需要完善的融资渠道，对需要快速发展的住宅开发商而言这是一个重大的考验。关于这一点，本书第4.4节也有阐述。

*ST宁通B靠卖学区房保壳还未如愿房价再涨50%

*ST宁通B2014年和2015年净利润分别为-852.46万元和-478.77万元,连续两年亏损,股票已从2016年3月30日起被实施退市风险警示。根据《深圳证券交易所股票上市规则》第14.1.1条的规定,若公司2016年度经审计的净利润仍为负数,深圳证券交易所可能暂停公司股票上市。2016年上半年,公司亏损1 721.24万元,全年继续亏损的可能性较大,为了不被暂停上市,2016年9月21日,公司公告,拟出售两套北京学区房,两套房产购于2004年,购入成本为214.71万元,截至2016年7月底,已计提折旧84.97万元,账面净值总计129.74万元,2016年9月,该两套房产估值为2 272.62万元,增值率达到1 651.68%,据此测算,出售这两套房产能够给公司带来2 142.88万元营业利润,全年利润有望转正,从而摆脱暂停上市的命运。

不过,根据*ST宁通B2017年5月3日公告,截至2016年12月31日,公司尚未出售上述两套房产,然而,随着2016年下半年至2017年第一季度的北京学区房的价格暴动,上述两套房产又增值50%。

*ST宁通B2016年净利润为788万元,暂时躲过了暂停上市,并且并未依靠出售此两套房产,但是不断升值的房产给处于困境中的上市公司额外提供了一条暂时脱困的路径。

3.4.2 成也地王、败也地王:土地价格对万科的影响

国内房地产开发商在多年经营后迅速完成了资本的原始积累,同时多数大型企业已经和境内外资本市场打通,资金较为充沛,然而,国内核心城市的土地供应处于垄断状态,在看涨房价的情况下,开发商积极获得土地,从而催生了一个接一个的地王。

高地价一方面推高了房价,使房价远远超过了老百姓的购买能力,造成了社会不稳定因素;另一方面也给房地产公司积累了巨大的风险,如果房价下跌,房地产开发公司大量土地储备和没有出售的项目则势必大幅贬值,形成大量的资产减值准备。

万科在2008年就初尝了资产减值的苦果,2008年资产减值损失达到了12.68亿元,占当年万科净利润的27.33%,虽然在2009年以后房价上涨更快,但是万科

已经从中吸取了相当大的教训,所以2009年以后万科在土地获得上相对谨慎,号称不拿地王。其后数年,随着房地产市场转暖,万科的资产减值损失较低,不过到2016年,万科又计提了11.93亿元资产减值损失,其中存货减值新增计提8.06亿元,考虑递延所得税因素后,影响本报告期税后净利润6.7亿元,影响归属于母公司股东的净利润5.4亿元,具体如表3-21所示。

表3-21 2016年年底万科存货减值余额　　　　（单位:万元）

序号	城市	项目	年初跌价准备余额	年末跌价准备余额
1	烟台	海云台	30 573.37	30 573.37
2	乌鲁木齐	南山郡	13 587.64	13 587.64
3	乌鲁木齐	金域缇香	929.27	696.2
4	唐山	红郡	5 898.68	1 940.61
5	温州	龙湾花园	17 612.70	6 839.15
6	芜湖	万科城	3 559.38	
7	营口	海港城	3 249.57	6 772.04
8	镇江	蓝山花园		16 890.19
9	宁波	万科城		8 698.87
10	抚顺	金域蓝湾		11 047.98
11	大连	海港城		11 482.80
12	南充	金润华府		27 063.34
13	南通	金域蓝湾		1 914.87
		合计	75 410.61	137 507.06

万科2016年的资产减值损失主要为存货减值,其次为其他应收款和预付账款,如表3-22所示。

表3-22 万科资产减值损失　　　　（单位:万元）

项目	2016年	2015年
应收账款	19.62	1 981.79
其他应收款	21 333.13	3 590.80
预付账款	8 353.95	—
存货	83 870.09	44 022.02
投资性房地产	5 702.23	—
合计	11 927.02	49 594.61

资产减值损失——让公司一次亏个够

部分上市公司因为经营不善长期徘徊在亏损边缘,或者因为行业低迷,连续数年勉强盈利,但是实际上企业经营困难。为避免连续亏损,被戴上退市警告的帽子或者暂停上市,不得已在某一年度通过计提各种减值,把虽然在账面上长期留存,但是实际上已经没有多少经济价值的资产从账面上消除或者大幅降低,把历史负担卸掉,来年轻装上阵,因为固定成本降低或者在产品变成较低的账面成本,可能在来年获得盈利,简称"财务洗大澡",具体操作本书后文将会有更多介绍。

有些上市公司,利用资产减值造成一次性巨额亏损

比如驰宏锌锗,随着公司主要产品铅锌价格持续下降,公司业绩惨淡,2014年和2015年分别盈利1.33亿元和0.69亿元,同时公司在建项目大幅超过最初预算,部分设备长期停产,给公司业绩造成了隐性压力。2016年下半年,公司主要产品价格迎来了久违的报复性反弹,不过,在公司主要产品价格大幅上涨的情况下,公司业绩反而亏损16.67亿元,亏损原因为当年计提资产减值损失19.43亿元,其中固定资产减值损失18.63亿元。公司资产减值损失是对呼伦贝尔驰宏冶炼厂计提资产减值准备,永久性关停澜沧铅矿冶炼厂、兴安云冶冶炼厂并计提资产减值准备所致,以上资产中呼伦贝尔驰宏冶炼厂实际投资金额大幅超过初始预算,澜沧铅矿冶炼厂早就停产,兴安云冶冶炼厂一直未投产。公司选择在2016年一次性计提减值损失,主要是看好2017年行业转暖,公司脱掉历史负担后能够在2017年取得更加漂亮的财务数据。2016年,如扣除巨额减值损失,驰宏锌锗则将有3亿元以上的利润总额,而公司甩包裹的效果也很明显,2017年第一季度,公司实现利润总额3.58亿元,净利润2.92亿元,单季净利润创2013年第二季度以来最好水平,万科投资资产收益情况如表3-23所示。

表3-23 万科投资资产收益情况 (单位:亿元)

项目	2016年	2015年	增减(%)
资产减值损失	11.93	4.96	140.51
加:公允价值变动净收益	0.00	0.00	—
投资净收益	50.14	35.62	40.76
其中:对联营企业和合营企业的投资收益	49.31	23.93	106.04

3.4.3 投资收益:此投资非彼投资

投资收益是公司资产管理水平的重要体现,好的资产配置和优良的资产价值能够使得公司业绩更加平稳、收益率更高。万科 2016 年的投资收益有 50.14 亿元，而 2015 年只有 35.62 亿元，增长了 40.76%，其中绝大部分为对联营企业和合营企业的投资收益，达到 49.31 亿元，这显示万科在投资方面有不小的斩获，那么万科也是购买了股票吗？还是投资了基金？联营公司又是什么？真相是什么？

我们看万科的投资收益明细（见表 3-24），万科没有公布具体明细，但是我们可以判断的是，这些是万科和其他公司合作的一些项目产生的投资收益，比如中粮万科、金隅万科等，在这些公司里，万科不能控制董事会，但是能有明显的影响力，有的则是共同控制。并且万科多数投资收益都来自房地产及相关行业公司，所以投资是万科继续布局房地产行业的一种策略，万科的投资收益和主业同方向变化，万科 2016 年投资收益大幅增加，特别是对联营企业和合营企业的投资收益大幅增加，这说明万科在 2016 年结算的合资项目中相对属于从属地位的增加较多。

表 3-24　万科投资收益明细　　　　　（单位：亿元）

项目	2016 年	2015 年	增减（%）
权益法核算的长期股权投资收益	49.31	23.93	106.04
处置长期股权投资的损失	-0.63	-1.72	-63.63
可供出售金融资产在持有期间的投资收益	0.06	0.04	71.33
处置可供出售金融资产的投资收益 /（损失）	0.02	0.00	—
丧失控制权后剩余股权按公允价值重新计量产生的利得	0.00	3.96	-100.00
取得控制权时原持有股权按公允价值重新计量产生的利得	1.38	9.42	-85.38
合计	50.14	35.63	40.76

 小贴士：投资收益的所得税

根据新《中华人民共和国企业所得税法》，公司获得的股息、红利等权益性投资收益免税，所以股权投资收益相对于其他收益分量更重。

这里需要注意的是，上市公司投资收益更多的是来自对行业外企业的投资，或者证券投资，我们要区分其是否具有持续性。有的公司主业经营不善，通过投资获得了短期收益，如果公司不具有长期投资能力，那么事件性的投资收益释放后，公司将再次陷入低谷。如两面针和哈投股份，两者都通过投资金融原始股在流通后大幅获利，但是主业步履艰难，很难持久。

有的公司因为投资获利丰厚，主业发展反而居于次要地位，如吉林敖东，原本是一家制药公司，但是投资广发证券带来了丰厚的收益，来自广发证券的投资收益大大超过制药获得的利润，所以公司的净利润被广发证券"绑架"了，而主业医药制造则显得可有可无。

3.4.4 营业外收支：经常被忽视的因素

小公司的营业外收支有时会决定这家公司的生死存亡，但是在大公司里经常因为其占比重小并且大多不可预测而被忽视。

万科作为一家规模较大、经营规范的公司，2016年的营业外收入为3.98亿元，仅为营业收入的0.17%，数额很小，短期对营业成果没有太大的影响，如表3-25所示。

表 3-25 万科营业外收入明细 （单位：亿元）

项目	2016年	2015年	增减（%）
固定资产处置利得	0.02	0.02	−15.83
违约金和罚款收入	1.19	0.80	49.78
没收定金及违约金收入	0.79	0.59	33.22
其他[①]	1.98	7.15	−72.24
合计	3.98	8.56	−53.44

① 2015年"其他"收入主要由于部分项目初始投资成本小于取得投资时应享有被投资单位可辨认净资产公允价值的利得，也就是说，有联营公司其他股东愿意让万科以低于净资产的价格入股，我们得佩服万科的品牌溢价能力。

如表3-26所示，万科2016年营业外支出是1.68亿元，其中最大部分是1.21亿元的捐赠支出，2015年这个数字是0.82亿元，近些年来，万科对外捐赠支出逐年增加，不过仍然占总资产和总收入的比重较小，万科应该更加并且有能力更注重社会贡献。

表 3-26 万科营业外支出明细 （单位：亿元）

项目	2016年	2015年	增加（%）
固定资产处置损失	0.04	0.02	92.60
对外捐赠	1.21	0.82	47.77
其他	0.44	0.92	−52.04
合计	1.69	1.76	−4.05

小贴士：非经常性损益项目

营业外收入和营业外支出相对应的是非经常性损益项目，非经常性损益是指公司发生的与经营业务无直接关系，以及虽与经营业务相关，但由于其性质、金额或发生频率，影响真实、公允地反映公司正常盈利能力的各项收入、支出。一般营业外收入和支出都是非经常性损益。

对于一些独特的上市公司而言，非经常性收入有时能够主宰它们的生死存亡，所以非经常损益也成了上市公司保壳的救命稻草。不过特殊的除外，比如有明文规定的连续的固定增值税返还，一般要进行说明。

非经常性损益项目包括营业外收入和支出，2016年万科非经常性损益数额较小，也没有明显的收益来源（见表3-27）。

表3-27 2016年万科非经常性损益项目　　　　　　　（单位：万元）

项　　目	金　　额
非流动资产处置损失	-199
除同公司正常经营业务相关的有效套期保值业务外，持有及处置可供出售金融资产取得的投资收益	815
除上述各项之外的其他营业外净收入	23 183
出售、处理部门或投资单位收益	-6 273
所得税影响额	-5 728
少数股东权益影响额（税后）	-2 464
合计	9 334

在这一点上，万科比较正常，但是很多公司，特别是濒临退市或者管理不善的公司，非经常性损益就相当扑朔迷离。

比如ST国药，2012年非经常性损益达到1.26亿元，借此公司一举扭亏为盈，而当年公司营业收入才4 918.9万元，主要是公司出售了一块土地，另外当地政府把政府应得的分成补贴给了公司，显然这样的收益是"非经常性"的。

3.5　净利润及分红

在通过大篇幅地分析万科的收入和支出，知道了投资公司的财务收支状况之后，我们又回到了开始的问题，也是我们最关心的问题：到底有多少资金是属于投资者的？

最基本的会计等式：

$$净利润 = 收入 - 支出$$

有了这个公式，我们如获至宝，知道净利润是怎么来的了，以后就应更加关注万科收入有没有变化，支出是不是合理。时刻关心它的变化，关心地产调控，也关心公司管理层策略的改变。

3.5.1 净利润：计算属于你的那一份

万科2016年的净利润是283.50亿元，就是万科所有的收入（包括营业收入、资产增值）扣除所有的支出（包括各项支出、资产贬值）后的金额（见表3-28）。但是聪明的你一定发现了，这283.50亿元并不是上市公司投资者独占的，其中还有少数股东损益73.28亿元，这是怎么回事呢？

表3-28 万科的净利润 （单位：亿元）

项　　目	2016年	2015年	增幅（%）
净利润	283.50	259.49	9.25
减：少数股东损益	73.28	78.30	-6.41
归属于母公司所有者的净利润	210.22	181.19	16.03
每股收益			
（一）基本每股收益（元）	1.90	1.64	15.85
（二）稀释每股收益（元）	1.90	1.64	15.85

小贴士：少数股东损益

上市公司对子公司不是100%控股的，在合并会计报表计算净利润时把子公司所有的净利润都囊括了，但是事实上子公司的其他非控股股东也享有他们出资部分的损益，不属于上市公司，这就是少数股东损益，需要在利润表中予以扣除。

是兄弟无私还是账务处理——乐视网少数股东损益

乐视网2016年合并净利润为-2.21亿元，但是归上市公司母公司的净利润却大赚5.55亿元，原因是少数股东损益为-7.76亿元，意思是乐视网2016年经营亏了2.21亿，不过少数股东勇于承担了7.76亿元亏损，导致上市公司股东反而净赚5.55亿，不禁感慨，少数股东真是"慷慨无私"。

公司少数股东无私主要体现在以下几方面：①公司持股58.55%的乐视致新

电子科技（天津）有限公司净利润为 −6.35 亿元，持股 41.45% 的少数股东损益为 −2.63 亿元，截至 2016 年年底，该公司净资产为 −8 亿元，归属少数股东的权益为 −3.31 亿元。②乐视网持股 30.00% 的乐视电子商务（北京）有限公司净利润为 −7.37 亿元，持股 70% 的少数股东的权益为 −5.16 亿元，2015 年年底，该公司也已经资不抵债，2016 年年底净资产约为 −7.38 亿元。

乐视致新和乐视电子商务均已资不抵债，理论上应该已经破产，不破产的原因是其控股股东乐视网通过往来款和货款对其输血，仍让其承担重要的经营角色。

2016 年年底，乐视电子商务（北京）有限公司欠乐视网往来款 4.31 亿元，货款 3.59 亿元，接下来，乐视电子商务如果破产，则所欠乐视网往来款和货款合计 7.9 亿元血本无归，如果继续经营，则乐视网仍然要不断输血。

鉴于少数股东权益已经为大额负数，老股东已经亏无可亏，继续输血已经不符合基本常识，乐视网启动了对乐视致新的大规模引资，据乐视网年报，2017 年 1～4 月，累计引入投资者增资 32.5 亿元，其中部分新增股东为乐视致新供应商，因所欠货款无法收回不得已而转股，可以庆幸的是，乐视少数股东又有了继续担当亏损大任的新鲜血液……

万科 2016 年 283.50 亿元的净利润中有 73.28 亿元是属于"小兄弟"——少数股东的损益，真正属于上市公司投资者的净利润只有 210.23 亿元。但是分到股东户头的有多少呢？那就要看每股的净利润了，每股净利润就是每一股份对应的净利润。万科 2016 年年末总股本是 110.39 亿股，在 A 股市场，除了两家公司以外，所有的公司总股本都是这家公司的注册资金。㊀

$$万科每股净利润 = 归属于母公司所有者的净利润 / 总股本$$

$$= 210.23/110.39$$

$$= 1.90（元/股）$$

$$属于某位投资者的收益 = 每股净利润 × 你持有的股份数量$$

小贴士：基本每股收益和稀释每股收益

基本每股收益是用净利润除以发行在外普通股加权平均数，稀释每股收益是

㊀ 紫金矿业每股对应的注册资金是 0.1 元，洛阳钼业每股对应的注册资金是 0.2 元。

净利润除以年末股份数量以及潜在的股份数量(比如认股权证行权、可转债转股)。一般都用基本每股收益,如果有年中增发、配股、转股等增加股份的资本运作则用净利润除以年末股份数的方法计算年末每股净利润,因为分红只按年末股份分红。

3.5.2 不算利润,其实也是你的

我们通过万科的利润表可以发现,在算出净利润和每股利润以后还有一项,其他综合收益(见表3-29),也就是说,这一项的变化和净利润是不相关的,即直接计入所有者权益。

表3-29 万科其他综合收益 (单位:亿元)

项目	2016年	2015年	增幅(%)
其他综合收益	-0.39	-1.05	-62.81
综合收益总额	283.11	258.45	9.54
归属于少数股东的综合收益总额	73.43	78.36	-6.30
归属于母公司普通股东综合收益总额	209.68	180.08	16.44

涉及其他综合收益的事项主要包括可供出售金融资产公允价值变动、外币报表折算差额以及现金流量套期工具利得或损失。其他综合收益会影响投资者权益,但是不影响当期利润,而是在这些事项正式处理时再计入利润。

如表3-30所示,万科2016年其他综合收益是-3 894.42万元,2015年是-10 472.17万元,主要是境外经营外币折算差额。由此可见,不管在境外的业务如何盈利,但是汇率变化已经给万科造成了一定的损失。

表3-30 万科其他综合收益 (单位:万元)

项目	2016年	2015年	增幅(%)
归属于母公司股东的其他综合收益的税后净额	-5 432.59	-11 117.98	-51.14
其中:1.权益法下在被投资单位以后将重分类进损益的其他综合收益中享有的份额	0.00	0.00	—
2.可供出售金融资产公允价值变动损益	3 350.17	5 289.09	-36.66
3.现金流量套期损益的有效部分	22 038.24	-3 328.99	-762.01
4.外币财务报表折算差额	-30 821.00	-13 078.07	135.67
归属于少数股东的其他综合收益的税后净额	1 538.17	645.80	138.18
其他综合收益的税后净额	-3 894.42	-10 472.17	-62.81

对于一些金融企业和证券投资占净资产比重较大的企业而言，其他综合收益影响深远。

南京高科 2009 年每股净利润只有 0.743 元，但是年末每股净资产比年初增加了 8.28 元，主要是其持有的南京银行、中信证券、栖霞建设等上市公司股价大幅上升，直接计入所有者权益的可供出售金融资产产生的利得大幅增加所致。

雅戈尔在 2008 年通过减持中信证券把股票增值转化成利润，当年净利润达到 15.83 亿元，但是公司所有者权益却大幅减少了 67.24 亿元，其实就是兑现了部分利润，但是整体上净资产比上一年大幅缩水。

以投资作为业绩主要来源的中国人寿，其净利润和净资产更是不相匹配的，公司 2016 年 1～4 季度每股净利润分别为 0.18 元、0.18 元、0.11 元、0.19 元，但是每股净资产的变化是 -0.56 元、-0.41 元（其中每股现金分红减少 0.42 元）、0.22 元、0.08 元。

3.5.3 现金牛还是铁公鸡：上市公司的价值标杆

 小贴士：现金牛、铁公鸡

现金牛是指分红大方慷慨并且持续不断的上市公司，铁公鸡是指在回报股民时像铁公鸡一样一毛不拔的上市公司。一般投资者都喜欢现金牛，不喜欢铁公鸡。

现金牛的企业首先得有充沛的现金流量和净利润，而高比例现金分红也说明公司对未来经营信心很高，舍得给股东现金回报，股东也能在持有上市公司股票时从公司获得实惠。以工商银行为代表的大型银行、贵州茅台等业绩稳定、经营活动现金流好的公司就是 A 股市场上的现金牛，如表 3-31 所示。

表 3-31 贵州茅台 2014～2016 年分红情况

年　份	每股净利润（元）	每股现金红利（元）	现金分红比例（%）	分红总额（亿元）
2014 年	12.22	4.374	35.79	49.95
2015 年	12.34	6.171	50.01	77.52
2016 年	13.31	6.787	50.99	85.26

贵州茅台在 2001 年上市时共募集资金 19.98 亿元，如今一次现金分红就有数十亿元，给股东创造了巨大的价值，并且给予了资本市场真金白银的回报。

铁公鸡则是一些上市公司有可能因为先天不足、经营不善，根本就没有给股东创造价值，更别说分红了；另外一些企业则没有摆好股东当前利益和长远利益的关系，虽然有利润但是分红极为吝啬。当然一些高成长性的公司，股东对其期望是高成长而不是高分红，就另当别论了，比如美国公司亚马逊，自1997年上市以来从未分红，但却是对投资者最好的回报，因为亚马逊的股票上市以来上涨了数百倍，如果现金分红，股东除非立刻购买亚马逊股票，否则不能获得最大收益。如果上市公司因为分红而造成现金紧张，增发股票融资，则稀释了原有股东股权比例，从而损坏了投资者利益。

3.5.4 万科是不是欺骗投资者的"黑心狼"

我们看万科近年来的分红情况（见表3-32），近3年来，万科累计现金分红已经达到了221.95亿元，非常慷慨。从分红比例看，万科近3年40%以上的分红比例也比较大方。

表 3-32 万科 2012～2016 年分红情况

年　份	每股净利润（元）	每股现金红利（元）	现金分红比例（%）	分红总额（亿元）
2012 年	1.14	0.18	15.79	19.83
2013 年	1.37	0.41	29.93	45.25
2014 年	1.43	0.50	34.97	55.26
2015 年	1.64	0.72	43.90	79.48
2016 年	1.90	0.79	41.58	87.21

我们看万科上市以来的现金分红记录（见图3-10），自1992年以来万科保持着每年都分红的良好记录，这充分说明了万科是A股的常青树，不但每年都能盈利，更有现金分红，从这一点看万科的投资者是非常幸运的。通过比较发现，万科在2007年之前的分红比例都在30%左右，之后现金分红比例大幅下降，只有15%左右，直到2013年才提高，2015年和2016年分红比例都达到40%以上。

万科提高分红比例的原因可能有：①万科对未来房地产市场前景转淡，预判公司成长性降低，提高分红比例让股东落袋为安；②响应证监会号召，积极提高分红比例，引导我国资本市场更加健康发展；③万科管理层通过期权行权直接持有以及通过结构化产品买入股票，存在较大的利息偿付压力，通过提高现金分红偿还利息可以不出售股票，保持持股比例。

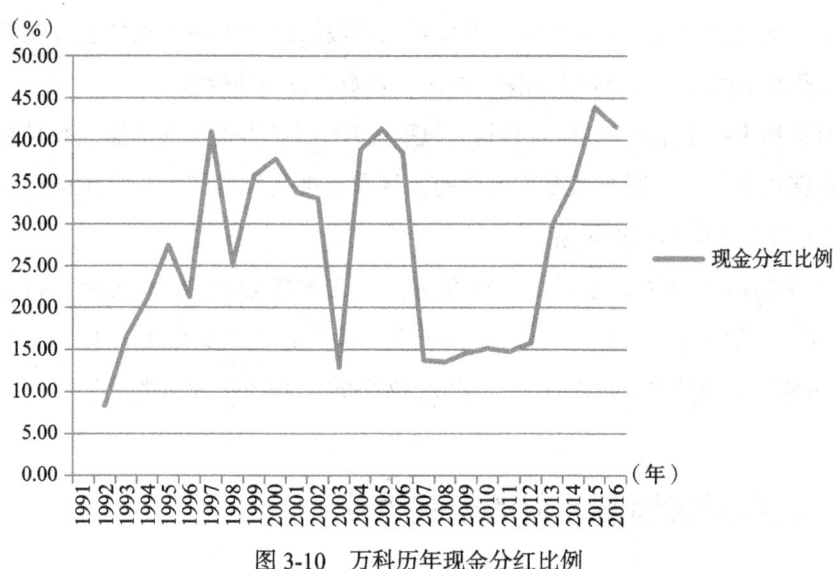

图 3-10 万科历年现金分红比例

无论哪种理由，万科提高分红使得长期持有万科股份变得更加有利，于是宝能集团等敢于大规模购买万科股份。以 2016 年每股分红 0.79 元计算，宝能集团及其关联方能够获得 22.14 亿元现金分红，而万科管理层及其持股账户能获得 6.96 亿元。

3.5.5 "实物分红"第一股：南方食品

公司分红的形式有现金股利、股票股利和实物股利，其中最多的是现金股利，不少公司的送红股就是股票股利，实物股利使用最少。

南方食品（现名黑芝麻）自 1997 年上市至 2012 年，仅在 2001 年每股分配过 5 分钱的现金股利，这主要是因为南方食品盈少亏多，至 2012 年年底，未分配利润是负数，没有利润，自然就无从分配，所以所谓实物分配也是名不副实。公司 2013 年 4 月 8 日公告称，向股东免费发放产品是营销活动，费用计入 2013 年销售费用，由此可见，此次所谓实物分红其实是公司精心策划的一次营销活动。不过，南方食品因此取得了一定的营销成果，2013 年，公司营业收入、净利润均增长 100% 以上。

3.5.6 企业综合价值：万科创造的增加值

社会的每个成员都通过自身劳动给社会创造了新的价值。企业给社会创造的价值包括支付的税金、员工工资以及债权人和股票投资者的收益加上公益事业投入。这些都是通过企业经营给国家、员工、投资者带来的价值。

万科作为一个生产单位，利用其管理和技术创造了一定的价值，并且通过多种途径回流到社会。所有从万科流出的经济利益都是万科在这个特定的时间、特定的环境创造出来的经济价值。

万科2016年纳税总额是328.82亿元，职工薪酬合计78.86亿元，利息支出55.38亿元，综合收益283.11亿元，另外有社会公益事业支出1.21亿元，所以万科2016年综合价值是747.38亿元，比2012年的421.71亿元增加了77.23%。

3.6 从利润表预测万科的未来收益

我们投资一家公司不仅要看公司现在的净利润情况，还要看未来的盈利前景。所以我们看一家公司的财务报告，不仅要看这一年的盈利情况，还要预测公司的未来盈利前景。首先，我们要弄清公司目前的盈利能力如何？

3.6.1 营业收入的盈利能力

上市公司营业收入的盈利能力决定了公司的净利润水平，这也是公司产品竞争力的体现。同样的商品，盈利水平高有两种可能：一是公司质量和品牌过硬，售价较高，消费者愿意付更高的价格；二是公司成本控制有优势，成本较低。盈利能力强的产品抗风险能力也强，在市场不景气的情况下，有品牌优势或者价格优势的产品更能得到消费者的青睐。

盈利能力有毛利率和净利润率两个指标。

毛利率 = 毛利润 / 营业收入 = （营业收入 − 营业成本）/ 营业收入

毛利率就是每1元营业收入能够带来多少的毛利润，毛利润是营业收入扣除营业成本和营业税金后的剩余部分，是公司用来支付除生产成本外的各项费用和损失的经济来源。一家公司如果毛利润较多，就会有较多的经济资源投入研发、品牌推广等来提高公司产品的竞争力。反之如果毛利润较低则公司只能勒紧腰带，尽量缩衣节食，以节约开支，遇到市场风吹草动，就可能陷入亏损。毛利率是公司营业收入创造毛利润的能力，如果毛利率较高，则说明公司营业收入创造毛利润的能力较强，公司产品竞争力较强。

$$净利润率 = 净利润 / 营业收入$$

净利润率就是每 1 元营业收入能够带来多少的净利润，净利润是营业收入减去营业成本、期间费用、各项净损失和所得税后的经济价值。毛利率往往较高，是因为公司投入了较多的研发费用和营销费用（如广告费），这些费用不计入产品成本，提高了毛利率。这些费用计入期间费用，减少了净利润，所以毛利率高的公司净利润水平并不一定很高，但是对同一个行业、同一家公司而言，高毛利率代表了高竞争力，一般净利润率也会较高。

小贴士：毛利率和净利润率多少为较高

行业性质决定了行业毛利率和净利润率的大小，传统行业（如钢铁、石化等行业）因为收入金额较大，研发投入相对较少，有 15% 的毛利率或者 5% 的净利润水平就算较高了；资本型、技术人才型行业（如医药行业、软件、服务行业）因为物质成本较低，而研发成本、人力成本较高，可能会有 50%～80% 甚至更高的毛利率，净利润率也有 20%。

3.6.2 房地产的暴利，万科的盈利能力

万科公司的营业成本主要是公司房地产的开发成本，万科的毛利率取决于万科房价的高低和房屋的开发成本。万科的房价由于万科品牌的效用，一般高于同地段的其他项目，毛利润较高，不过万科标准化住宅和精装修的方案增加了万科的建筑成本，而且万科崇尚快速开发，开发成本的重要组成部分——土地都是近期购进的，土地价格较高，也挤压了万科的毛利润，所以万科的毛利率并不是行业最高的。另外，近年来，万科规模扩张过快，产品质量控制难度加大，同时从全国范围来看，特别是大中城市，土地市场竞争激烈，地价甚至高于周边房价，如果购地后房价不能有较大幅度上涨，都会挤压盈利空间。

房价上涨速度下降，造成万科近 3 年毛利率有所下降，但是从 1995 年以来的数据看，万科目前的毛利率处于较高水平，主要原因还是万科在相对非核心地段建设质量较高产品获得品牌溢价的策略。

如表 3-7 所示，万科 2016 年的营业利润率是 20.27%，比 2015 年增加 0.11%，其中房地产营业利润率是 19.77%，比 2015 年增加 0.32%。

2016 年，万科毛利率略有增加，远小于我们对房地产行业的了解，我们知道 2016 年，我国大中城市房地产行业火爆，销量大增的同时，房价大幅走高，而万科的主战场就是在大中城市，按理应该能够取得远高于往年的利润率。其原因在于，万科销售的产品大部分为期房，按照目前万科销售期房的结算速度，2016 年的销售金额大部分并不在当年营业收入中体现，这个问题将在后面继续探讨。

万科的毛利率从上市以来看，最近 10 年一直处于较高水平，不过从最近几年看，万科的毛利率在 2016 年处于较低水平，并且自 2010 年达到 40.70% 的顶峰以来，一直处于滑坡状态，2014～2016 年均低于 30%，而与此相对的是，2014 年开始我国房地产行业在政府调控之下，涨幅稳定，逐渐平稳，房地产超额收益有所下降。从长期来看，万科的毛利率水平和房价涨幅有一定的关系，未来如果房价下跌，万科也将不能独善其身，毛利率将不可避免地大幅下降。未来随着房价涨幅下降以及经营规模的不断扩大，万科的毛利率仍然有可能下滑到 25% 以下，但是除非房价大幅下降，万科的毛利率应该会高于 20%。万科 1992～2016 年的毛利率如图 3-11 所示。

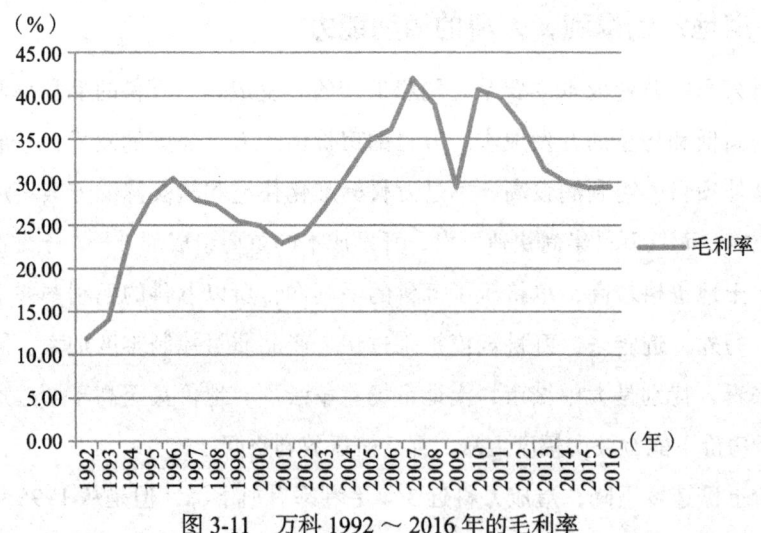

图 3-11　万科 1992～2016 年的毛利率

需要指出的是，营改增以后，一般企业营业税金及附加金额占营业收入比重较小，但是房地产企业因为要交纳按土地增值额和增值率计算的土地增值税，这对于国内房地产企业是一个较大的数额，扣除营业税金及附加后的营业利润率可能更加能够反映房地产企业的盈利能力，万科在年度报告中也是采用营业利润率作为分析指标，详见表3-7。

从图3-12中可以看到，万科在2016年的营业利润率已经下降到2003年以来的最低点，低于近20年来的平均值。

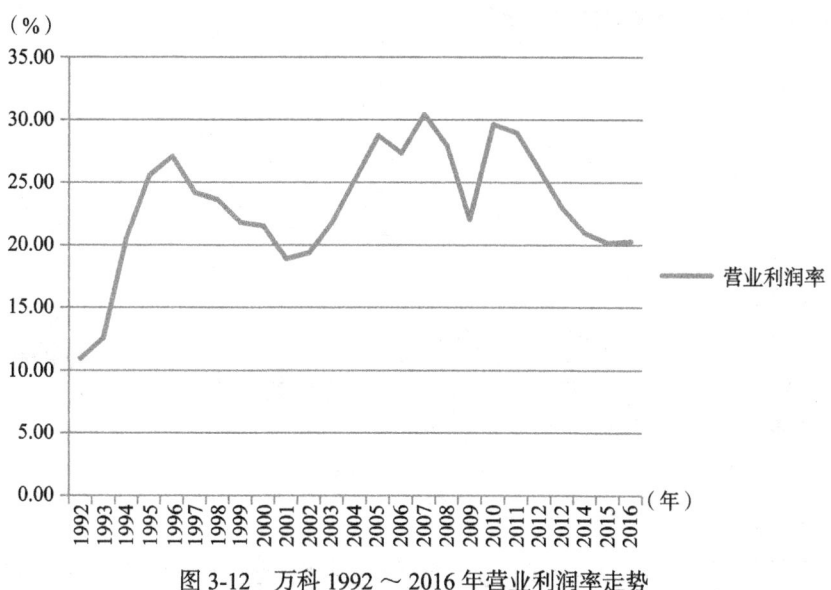

图3-12 万科1992～2016年营业利润率走势

3.6.3 万科的净利润率水平

如图3-13所示，万科2016年的净利润率为11.79%，比2015年下降了1.48%，明显下降。从历史数据来看，万科的净利润率处于2008年以来最低水平，2008年则是因为计提大幅减值损失所致，自1992年以来，万科净利润率几经波动，2010年达到17.43%的最高值后逐年下降。

一般而言，毛利率水平直接决定了净利润率水平的高低，企业的毛利率变化方向一般就决定了净利润率的变化方向。从图3-14可以清晰地看出，除个别年份外，万科毛利率和净利润率变化方向大致相同，特别是2012～2016年，随着房地产市场走势平稳，万科毛利率、营业利润率、净利润均呈下降走势，营业利润率几乎就是毛利率和净利润率的中间值。2016年，万科净利润率走势蹊跷，原因是管理费用大幅增加,2016年对万科及万科管理层而言是不平凡的一年,一方面,房地产市场高歌猛进,房价大涨,万科应该是市场最大的受益者之一,虽然没有在当年年报充分展现,但是在未来一两年财务报表中必然体现;另一方面,宝能集团强势举牌,一度要求万科所有管理层下岗,让万科的管理层有所触动,管理费用可能因此而增加。不过,这些小插曲不能掩盖净利润率是和毛利率一致的走势,万科未来的净利润率变化将会和毛利率高度一致,如维持目前状况,万科未来净利润率相对于毛利率仍然会有所下降。

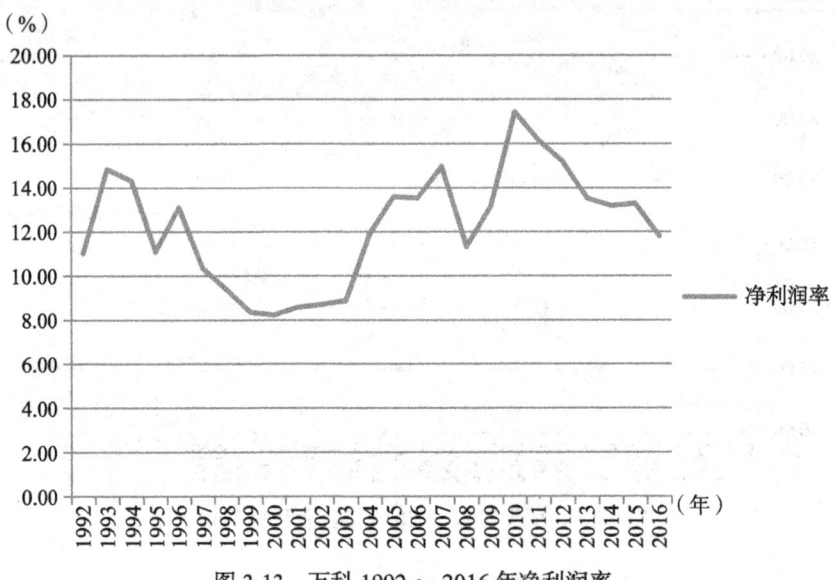

图3-13 万科1992～2016年净利润率

净利润率未来要优于毛利率需要万科有较强的管理能力,降低期间费用在营业收入中的比率。我们把利润表中的各项数据除以当年的营业收入,得到各项数据占营业收入的比重,如表3-33所示。

2016年,造成万科净利润率下降的最大原因是营业成本占营业收入的比重提高了3.22%,但是随着营业规模的扩大,期间费用率提高了0.85个百分点,所得税费用也提高了0.52个百分点,这使得净利润率在毛利率提高0.06个百分点的情况下减少1.48个百分点,短期冲高后,长期来看,万科的毛利率会大概率下降,不过期间费用可能也会下降。未来,而实际所得税税率达到了27.78%,有一定的下降空间。

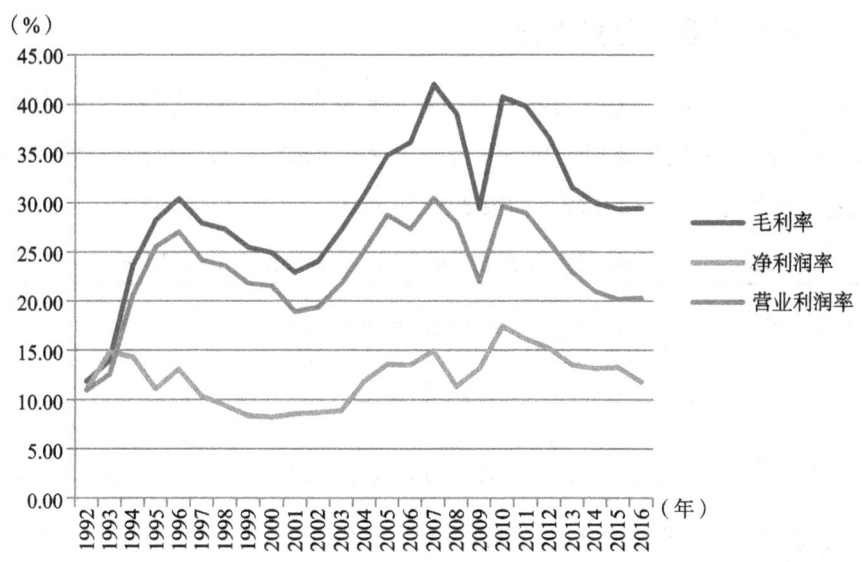

图 3-14　万科 1992～2016 年毛利率、净利润率比较

表 3-33　2016 年万科各项成本、费用占营业总收入的比重　　　（％）

项　　　目	2016 年	2015 年	变　化
一、营业总收入	100.00	100.00	0.00
二、营业总成本	85.86	84.88	0.97
其中：营业成本	70.59	70.65	−0.06
营业税金及附加	9.14	9.19	−0.06
销售费用	2.15	2.12	0.03
管理费用	2.83	2.43	0.40
财务费用	0.66	0.24	0.42
资产减值损失	0.50	0.25	0.24
加：投资收益投资净收益	2.08	1.82	0.26
其中：对联营企业和合营企业的投资收益	2.05	1.22	0.83
三、营业利润	16.23	16.94	−0.71
加：营业外收入	0.17	0.44	−0.27
其中：对联营企业和合营企业的投资收益	0.00	0.00	0.00
减：营业外支出	0.07	0.09	−0.02
其中：非流动资产处置净损失	0.00	0.00	0.00
四、利润总额	16.32	17.29	−0.96
减：所得税	4.53	4.02	0.52
五、净利润	11.79	13.27	−1.48
归属于母公司所有者的净利润	8.74	9.27	−0.52
少数股东损益	3.05	4.00	−0.96

3.6.4 对比同业，寻找差异

2016年，房地产市场火爆没有反应在当年财务报表里是合理的吗？净利润率下降是特例吗？我们需要通过和同业公司比较得出结论，我们仍然选择保利地产、招商蛇口和金地集团进行比较，如表3-34所示。

表3-34 万科、保利地产、招商蛇口和金地集团的毛利率比较 （%）

公司	2016年	2015年	变化
万科	29.41	29.35	0.06
保利地产	29.01	33.20	-4.19
招商蛇口	34.54	37.68	-3.14
金地集团	29.50	28.65	0.85

通过和同业公司的比较我们可以发现，万科的毛利率是比较高的，高于保利地产和金地集团，而招商蛇口的毛利率是最高的，这也和前文所提到的招商蛇口的土地增税税率大幅高于其他三家公司相对应。相同的是金地集团的毛利率最低，而万科整体毛利率高于保利地产但是土地增值税税率低于保利地产，这说明万科项目的利润率较为平衡，而保利地产可能由于少数项目的利润率较低拉低了毛利率。

通过对四家公司2016年年报数据的整理，我们还可以发现以下三点：

第一，四家公司毛利率都较高，都在29%以上，远高于国家统计局公布的规模以上工业企业5.975%的主营业务收入利润率。四家公司为我国房地产行业典型公司，其毛利率较高说明我国房地产行业整体利润率较高。

第二，2016年在四家公司中，保利地产和招商蛇口两家企业毛利率较2015年有明显下降，万科和金地集团毛利率有小幅增加，这再次说明2016年房地产的火爆暂未反映在当年财务报表中，2016年的财务数据更多的是反映了2014年和2015年房地产行业相对低迷，房价未大幅上涨期间销售的结算。根据国家统计局的数据，2014年，全国商品房平均销售单价为6 323.47元/平方米，比2013年仅上涨了1.41%，而2012年和2013年涨幅均在7%以上，房价涨幅的回落使得房地产公司销售毛利率下降，2015年和2016年全国平均房价涨幅回升，但是，这种涨幅更多的仍是体现在大中城市，相对全国范围内房价涨幅较高的2009年和2010年10%以上甚至20%以上的增速已经大幅放缓，所以可以预计2017年全国性的房地产公司毛利率应该略有回升，其中一线城市占比较大的企业回升会较为明显。2012～2016年全国平均单价以及涨幅如图3-15所示。

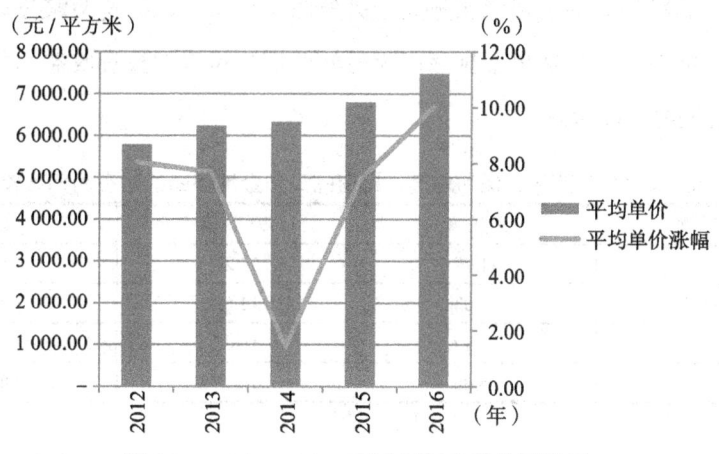

图 3-15　2012～2016年全国平均单价及涨幅

第三,四家公司2016年的毛利率走势分化，其中，万科和金地集团毛利率略有上涨，而这两家公司在2015年毛利率较低，结合2015年和2016年房价涨幅回升分析，毛利率较高的项目可能结算周期较长，原因可能是对于产品质量要求较高，而建造时间相对更长，万科和金地集团因为项目利润较低，结算更快，所以在2016年结算中房价恢复期销售的产品更多。所以可以推测，周转率较高的企业毛利率较低，而未来可能应对市场变化的能力更强。

我们看表3-35，万科的营业成本占营业收入比率大幅高于招商蛇口，但是和保利地产、金地集团相差不多，而营业税金占营业收入比率要明显低于招商蛇口，并且低于成本较高的保利地产。

表 3-35　2016年万科、保利地产、招商蛇口和金地集团的成本构成比较　（%）

公　司	营业成本占比	营业税金及附加占比	营业利润率
万科	70.59	9.14	20.27
保利地产	70.99	9.71	19.29
招商蛇口	65.46	9.71	24.83
金地集团	70.50	9.01	20.49

比较了毛利率，我们还要进一步比较净利润率（见表3-36和表3-37），因为净利润才是最终的经营成果。万科2016年净利润率高达11.79%，在四家公司中名列

倒数第二，仅略高于保利地产，并且较 2015 年的下降幅度也仅次于保利地产，另外两家公司竟然上涨。通过毛利率和净利润率的比较，我们得出，万科和保利地产从毛利率到净利润率的损耗明显大于另外两家公司，说明这两家公司期间费用以及税费可能较高，当然也不排除因为另外两家公司诸如投资收益、营业外收入等非经营性利润较高所致。

表 3-36　2016 年万科、保利地产、招商蛇口和金地集团的净利润率比较　（%）

公司	2016 年	2015 年	变化
万科	11.79	13.27	−1.48
保利地产	11.03	13.63	−2.60
招商蛇口	19.17	16.35	2.82
金地集团	15.45	14.78	0.67

表 3-37　2016 年万科、保利地产、招商蛇口和金地集团的毛利率和净利润率比较（%）

公司	毛利率	净利润率	差额
万科	29.41	11.79	17.63
保利地产	29.01	11.03	17.97
招商蛇口	34.54	19.17	15.37
金地集团	29.50	15.45	14.05

通过表 3-38，我们看各项费用占营业总收入的比例，万科在期间费用管理上并不占优势。2016 年万科期间费用合计占营业收入的比例达到 5.64%，远高于保利地产和金地集团的 5.20% 和 4.74%，特别是和金地集团相比费用明显较高。资产减值损失高于招商蛇口，但是低于保利地产和金地集团。在所得税税率上，万科 2016 年的实际所得税税率是 27.78%，高于 25% 的法定所得税税率，也明显高于其他三家公司的所得税税率，其中，金地集团的所得税税率仅为 23.47%，所以万科的所得税税率整体上有所偏高，这可能和公司报税政策较为保守有关。

表 3-38　2016 年万科、保利地产、招商蛇口和金地集团各项费用占营业总收入的比重（%）

项目	万科	保利地产	招商蛇口	金地集团
营业总收入	100.00	100.00	100.00	100.00
营业收入	100.00	99.99	100.00	99.68
利息收入	0.00	0.01	0.00	0.32
营业总成本	85.86	85.88	80.82	85.35

（续）

项　目	万科	保利地产	招商蛇口	金地集团
营业成本	70.59	70.99	65.46	70.50
营业税金及附加	9.14	9.71	9.71	9.01
销售费用	2.15	2.29	1.82	2.12
管理费用	2.83	1.46	1.68	2.87
财务费用	0.66	1.44	2.23	-0.25
公允价值变动净收益	0.00	-0.03	-0.08	1.10
其他经营收益	0.00	0.00	6.52	5.37
资产减值损失	0.50	0.82	-0.09	0.98
投资净收益	2.08	0.02	6.61	4.39
其中：对联营企业和合营企业的投资收益	2.05	0.81	0.00	2.65
营业利润	16.23	0.79	25.70	20.02
加：营业外收入	0.17	14.94	0.35	0.27
其中：非流动资产处置利得	0.00	0.20	0.00	0.00
减：营业外支出	0.07	0.08	0.12	0.10
其中：非流动资产处置净损失	0.00	0.00	0.00	0.00
利润总额	16.32	15.06	25.92	20.19
减：所得税	4.53	4.03	6.75	4.74
加：未确认的投资损失	0.00	0.00	0.00	0.00
净利润	11.79	11.03	19.17	15.45
减：少数股东损益	3.05	3.01	4.10	4.10
归属于母公司所有者的净利润	8.74	8.03	15.07	11.35
加：其他综合收益	-0.02	-0.01	0.31	0.10
综合收益总额	11.77	11.02	19.48	15.55
减：归属于少数股东的综合收益总额	3.05	3.01	4.11	3.99
归属于母公司普通股东综合收益总额	8.72	8.02	15.38	11.56

综合来看，万科的毛利率中等，各项期间费用中等偏高，会计和税务政策偏保守，不过收入结构相对较为合理，风险程度中等偏低。

3.6.5　万科未来盈利能力的预测

房地产行业经过多年的发展，房价已经处于相对高位，虽然一些一线城市的房价在 2016 年出现了较快上涨，并且带动了全国范围内大中城市房价明显上涨，但是房价持续快速上涨对经济伤害较大，并且可能造成重大金融影响，未来房价持续大幅度上涨的可能性较小，因此依靠房价大幅上涨带来暴利的历史性因素渐行渐远。

如果未来房价不再大幅上涨，房地产行业的毛利率可能会逐渐下降。不过，万科通过业务战术调整，在相对偏远的地区获得较为便宜的土地储备，通过万科品牌的运作，加上增加一定的销售推广，虽然付出了更多的管理和销售费用，但使得万科产品盈利水平更高，并且万科通过快速开发销售，一定程度上能够缓解房价波动对业绩的营销。

未来，在房地产整体需求仍然比较旺盛、房价维持小幅上涨的情况下，万科未来毛利率将维持在一定的高度，但是会随房价涨幅回落有小幅下降。未来在房价不大幅下降的情况下，万科的净利润率水平和毛利率息息相关，呈同方向波动；但是如果房价大幅下降，万科会发生存货减值损失，如果房价下跌严重，万科甚至可能会亏损。

第4章
万科的资产负债表分析

对利润表的分析让我们知道了什么是公司的价值、如何判断一家公司的价值。通过前文对万科利润表的分析,我们知道了万科的价值所在,也学会了如何分析利润表,并且已经潜移默化地成了一个不折不扣的价值型投资者。

作为价值投资者,你肯定不会在资本市场没有思路,你想发掘低估的股票,抛售高估的股票,通过对公司价值的评估成为资本市场的投资达人。

那么,你肯定很迫切地想知道,利润就是一切吗?为什么每股收益相同的两只股票价格却有天壤之别?

如果你看到这里也有同样的疑问,说明你已经脱离了概念价值主义,成为一名实用价值主义者,并且具有长远的眼光。

一家公司某年的利润,只能代表这一年的经营成果,但是我们说的公司价值,是公司一生的价值。这就需要我们根据公司自身情况,预测未来盈利情况,这是价值投资的高级阶段。

高级阶段的价值投资者,往往会分析上市公司的资产而不是某一年的盈利。杰出代表——沃伦·巴菲特在他的投资六法则⊖里就提出:要看未来。

未来要看什么?价值投资者不是无中生有、妄自猜测公司未来的盈利情况,而是在充分分析公司现有资产等资源的基础上,加上自己的判断得到准确的预测。

⊖ 巴菲特投资六法则:①赚钱而不是赔钱;②别被收益蒙骗;③要看未来;④坚持投资能对竞争者构成巨大"屏障"的公司;⑤要赌就赌大的;⑥要有耐心等待。

聪明的投资者在分析公司盈利之前往往会静下心来，认真分析上市公司的资产负债表，这也是为什么资产负债表排在利润表前进行分析的重要原因。万科2016年12月31日的资产负债表如表4-1所示。

表4-1　万科2016年12月31日的资产负债表　（单位：亿元）

资产	2016年12月31日	2015年12月31日	负债和所有者权益	2016年12月31日	2015年12月31日
流动资产：			**流动负债：**		
货币资金	870.32	531.80	短期借款	165.77	19.00
衍生金融资产	4.59	1.22	应付票据	36.04	167.45
应收账款	20.75	25.11	应付账款	1 380.48	914.46
预付款项	502.63	396.47	预收款项	2 746.46	2 126.26
其他应收款	1 054.35	754.86	应付职工薪酬	38.40	26.43
存货	4 673.61	3 681.22	应交税费	95.53	73.74
其他流动资产	86.71	79.57	应付利息	3.78	2.32
流动资产合计	7 212.96	5 470.25	其他应付款	1 065.80	623.50
非流动资产：			一年内到期的非流动负债	267.73	247.46
可供出售金融资产	13.28	11.39	**流动负债合计**	5 799.99	4 200.62
长期股权投资	617.02	335.03	**非流动负债：**		
投资性房地产	218.74	107.65	长期借款	564.06	338.29
固定资产	68.11	49.17	应付债券	291.08	190.16
在建工程	7.65	5.98	预计负债	1.19	1.43
无形资产	12.60	10.45	其他非流动负债	28.62	13.78
商誉	2.02	2.02	递延所得税负债	5.04	5.58
长期待摊费用	9.60	4.48	**非流动负债合计**	889.99	549.24
递延所得税资产	71.99	51.67	**负债合计**	6 689.98	4 749.86
其他非流动资产	72.77	64.87	**所有者权益：**		
非流动资产合计	1 093.78	642.71	实收资本（或股本）	110.39	110.52
资产总计	8 306.74	6 112.96	资本公积金	82.68	81.75
			减：库存股	0.00	1.60
			其他综合收益	3.96	4.51
			盈余公积金	325.41	280.69
			未分配利润	612.00	525.98
			归属于母公司所有者权益合计	1 134.44	1 001.85
			少数股东权益	482.32	361.26
			所有者权益合计	1 616.76	1 363.11
			负债和所有者权益总计	8 306.74	6 112.97

4.1 万科的资产结构

投资者把资金交给上市公司,希望通过上市公司职业经理人的管理运作给他们创造价值。与之相对的,上市公司管理层在吸收了投资者投资后,根据自己的专业知识对资产做出最佳配置。

小贴士:资产配置

狭义的资产配置是指在证券投资中根据投资需求将投资资金在不同资产类别之间进行分配,通常是将资产在低风险、低收益证券与高风险、高收益证券之间进行分配。

4.1.1 有得就有失:资产的一般特征

1. 高收益高风险

试想如果现在国债收益率都20%了,你还买股票干啥?炒股天天提心吊胆的,很可能会亏损,而买国债有国家信用保障,不用费任何心思,也没有任何风险,当然,如果你不幸购买了希腊国债,或者把钱存在了塞浦路斯,那就另当别论了。

炒股的风险最高吗

有人在股市发了大财,有人在股市倾家荡产。炒股的人都知道每天有涨跌停板,当天的收益和损失都在10%以内,如果不小心被套牢了,也不要紧,只要股票还可以,可能终有一天还会回来的,也就是常说的炒股炒成了股东。但是股票和期货、外汇相比,风险和收益又小得多,期货看好了行情一天可能就会翻番,当然也有可能会血本无归,并且这里没有套牢,只有离场,2008年期货市场传闻的某期货大户,从300万元赚到了1.15亿元,但是旋即又归零的经历。除了金融资产外,做实业风险也很高,2000年,施正荣带着技术和在澳大利亚两年的薪水40万美元,回国创办尚德太阳能电力有限公司,2006年,在《福布斯》杂志"全球富豪榜"上,施正荣以22亿美元排名第350位,然而到了2013年,尚德电力已经宣告破产。

高收益的资产必然注定高风险,反过来,高风险并不代表高收益,比如安然公司舞弊案曝光之后,你要是还赶着去买安然的股票,那不是找死又是什么。

2. 高收益率低流动性

拿存款来说,根据2015年10月24日以来的银行利息率(见表4-2),活期存款利息率只有0.35%,但是你随时可以支取,而定期存款的时间越长,利息率越高,注意表中的利息率是指一年的利息率。

表 4-2　2016 年存款利息率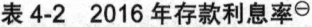　　　　　　　　(%)

期　限	利息率(年率)
活期	0.35
3 个月	2.6
半年	2.8
1 年	3
2 年	3.75
3 年	4.25
5 年	4.75

 小贴士:流动性

流动性是指资产能够以一个合理的价格顺利变现的能力,它是一种你所投资的时间尺度(卖出它所需多长时间)和价格尺度(与公平市场价格相比的折扣)之间的关系,也就是说,变现的时间和变现的价格变化。时间上,变现股票可能只要1天甚至5分钟,而变现固定资产、股权投资则需要几个月甚至几年的时间。价格上,变现1亿元的招商银行,股价只波动1%,而变现1亿元的八菱科技,股票可能早就跌停了。一般来说,股票的流动性优于房地产,大盘股的流动性优于小盘股。

同样,流动性低的并不一定收益高。上市公司资产流动性最差的就是商誉了,商誉只有在公司出售时才能够变现,但是不同的商誉带给公司不同的收益,臭名昭著的世通公司在破产之前,商誉高达500亿美元,但是最后证实,这仅仅是一个梦,已经一文不值。

我们所知道的高收益资产,比如风险投资、私募股权投资,它们有两个特点:

○ 来自中国人民银行网站 http://www.pbc.gov.cn。

第一,风险高;第二,流动性差,但是收益率往往较高。

4.1.2 老百姓的资产配置

日常生活中的资产配置是指我们的家庭资产在现金、活期存款、定期存款、理财产品、基金、股票、汽车、住房等方面的安排。

现金一般是消费购物使用的,没有任何收益,反而会有被抢劫的风险,所以人们一般都不会携带很多现金,也很少有人把家庭资产的大部分以现金的形式放在家里。

活期存款存取方便,但是利息有限,目前的银行存款利率仅有 0.35%,远不及通货膨胀率高,所以一般留足日常使用的金额,剩下的应用来投资或者存定期。

定期存款要存足约定的期限才有远高于活期存款的利息,如果提前支取只会有活期存款利息,目前各家银行为了吸引存款,定期存款利息率一般均高于中国人民银行基准利率。理财产品一般收益率会在 4%～10% 之间,亏损的概率较低,但是如果提前支取的话要支付高昂的手续费,一般在 5% 左右,而且一般理财产品都有一定的门槛,适合资金量较大、有中短期闲钱的投资者。

基金、股票一般不承诺保值,风险高、收益高,有可能暴富,也有可能血本无归,需要较高的投资能力。

汽车是消费品,一方面消耗了你的资产,另一方面也提高了你的生活质量。

住房是个大问题,对于只有一套住房并且不可能出售的投资者而言是消费品,房子在变旧,需要维护,离 70 年产权到期时间越来越近,并且因为不能出售,所以房价涨跌和你没有任何关系;而对于炒房客而言,房屋交易成本较高,变现周期较长,流动性较差,从国际经验来看,房屋价格变化较为平缓,但是我国房价到目前为止,涨多跌少,投资者都取得了丰厚的收益,但是万一房价大幅下跌,在低流动性的情况下,可能出现有价无市,投资者最终可能会损失惨重。

房子是用来住的,不是用来炒的

2016 年 12 月中旬,中央经济工作会议提出,要坚持"房子是用来住的,不是用来炒的"的定位,要求回归住房居住属性。2016 年 12 月 21 日下午,习近平总书记在中央财经领导小组第十四次会议上进一步指出,"要准确把握住房的居住属性"。

未来,如果能够出台进一步配套政策,堵住炒房的口子,消灭空置房、闲置房,引导居民理性消费房产,投资投机性购房下降,房地产市场将会趋于平稳。

老百姓都是在风险性、流动性和收益性之间衡量,确定最佳的资产配置方式。

如果没有专业知识和风险承担能力,则适宜保守的资产配置,就把资产存银行或者购买国债,这样起码保证了本金及基本收益,资本市场猛于虎,如果血本无归,再翻身就不容易了。如果有专业知识,可以根据自己的专业特长从事适当的投资,以获取高收益率,但是也要根据家庭经济情况适当投资,万一家里急需要现金,而家庭资产都在不动产或者其他长期理财产品上,则会陷入困境。

4.1.3 万科的资产怪圈:实际资产和账面资产之争

万科 2016 年年末的总资产高达 8 306.74 亿元,比年初增加了 2 193.79 亿元,增长率为 35.89%,事实上,万科在 2006 年总资产增长率达到最高值,其后,总资产增长率除个别年份外,多数年份持续下降,可以预见,未来万科的总资产增长率还将会下降。从图 4-1 可以看出,万科 2006 年和 2007 年总资产增长率都在 100% 左右,2008 年以后增长率逐步下降。结合表 4-19 可知,万科 2006 年和 2007 年分别在资本市场融资 42 亿元和 100 亿元,壮大了总资产规模。2008 年和 2009 年,房地产调控加上金融危机的冲击,万科总资产增速下降,但是随即而来的国内经济激励了房地产,万科总资产增长率又得到提高,不过因为资本市场对房地产公司的股权融资仍然关闭,万科的总资产增长率逐步下降,2015 年和 2016 年是新一轮房地产宽松政策,加上对房地产企业发债放开及债券市场整体宽松,房地产企业融资方便,不过随着国家对房地产以及金融领域的收紧,万科的融资渠道再次缩小,未来,万科总资产增长率将会逐步下降。

我们知道万科资产的增长一是因为万科开发项目的增多,二是因为价格的提高。如今万科为了规避房地产泡沫带来的风险,逐步向中低价位项目转型,资产的扩张更多地依靠项目数量的扩张。比如,在 2009 年,万科的总资产增长了 15.41%,而国土资源部公布的 2009 年全国房价涨幅数据是 25%,万科当年资产的增长率远小于房价的增长率,这意味着什么呢?万科的资产如果折成不变的房子,规模缩小了,万科的购买力相对于房价也下降了,如此万科的市场份额将下降。

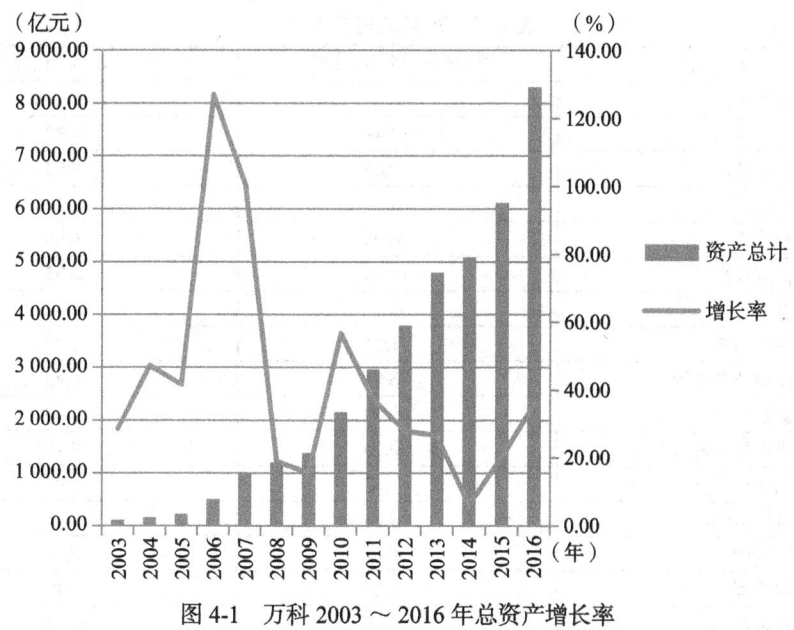

图 4-1 万科 2003～2016 年总资产增长率

4.1.4 万科的资产配置

公司和个人一样,也是通过资产配置达到收益性、流动性和风险的平衡。只不过公司有专业的管理人才和管理经验,并且有更多的资源,所以更倾向配置更多的高收益的资产。货币资金、短期投资、应收账款、存货、长期股权投资、固定资产、无形资产、商誉等都是公司配置的方向。

资产表是按照资产的流动性由高到低排列,要看公司资产配置合理与否,主要看公司的资产是不是主要配置在能给公司带来最大利润的资产上。一般制造业的公司,固定资产是盈利性最强的资产,是获利的保证,但是流动资金也是必需的。处于产业链强势的公司会占用上下游企业的资金,相反则会被上下游企业占用资金,造成公司资金紧张。

如表 4-3 所示,万科的流动资产占总资产的 86.83%,主要是货币资金、其他应收款和存货,分别占总资产的 10.48%、12.69% 和 56.26%,另外其他应收款、长期股权投资也相对较多,但是固定资产相对较少。

万科为什么会有这样的资产配置,这样的配置是否合理,能不能使得公司长远利益最大化? 这就需要我们进一步分析万科的资产了。

表 4-3 万科的资产配置 (%)

资产	2016 年 12 月 31 日	2015 年 12 月 31 日
流动资产：		
货币资金	10.48	8.70
衍生金融资产	0.06	0.02
应收账款	0.25	0.41
预付款项	6.05	6.49
其他应收款	12.69	12.35
存货	56.26	60.22
其他流动资产	1.04	1.30
流动资产合计	86.83	89.49
非流动资产：	0.00	0.00
可供出售金融资产	0.16	0.19
长期股权投资	7.43	5.48
投资性房地产	2.63	1.76
固定资产	0.82	0.80
在建工程	0.09	0.10
无形资产	0.15	0.17
商誉	0.02	0.03
长期待摊费用	0.12	0.07
递延所得税资产	0.87	0.85
其他非流动资产	0.88	1.06
非流动资产合计	13.17	10.51
资产总计	100.00	100.00

4.1.5 资产是不是越多越好：中国远洋的教训

一般而言，企业资产越多，就能给股东创造更多的价值，万科就是一个好例子。然而，并不是所有的企业都能做到。

中国远洋可能是把 A 股投资者的心伤到太平洋的股票之一，股价从 2007 年最高的 68.4 元 / 股下降到 2013 年 7 月 30 日最低的 2.68 元 / 股，最高跌幅高达 95% 以上。究其原因，一是公司所处的航运业是充分竞争的行业，没有明显的行业准入，只要有钱买船就可以进入行业；二是公司管理水平远低于国际先进公司，在行业高点大肆购船、高价位签订长期租船合同，而且不做对冲风险的设计；三是缺乏创新，基本上是靠天吃饭，而国际巨头马士基长期坚持创新，加强了技术的投入，坚持服务创新和技术创新，包括推出了天天马士基这样的服务和建造了 18 000 箱的集装箱船。

如图 4-2 所示，中国远洋 2007 年从港股回归 A 股，华丽登场，当年实现营业收入 938.8 亿元，实现净利润 208.54 亿元，一度成为 A 股最赚钱的上市公司之一，毛利率、净利润率分别达到 23.11% 和 22.21%，当年底资产负债率为 52.48%。2008 年虽然净利润率大幅下滑到 10.37%，但是毛利率上升到 23.93%，当年底资产负债率为 47.65%，如此高的利润率促使了公司大规模投资，2009 年年底的资产负债率就已经达到 61.48%。

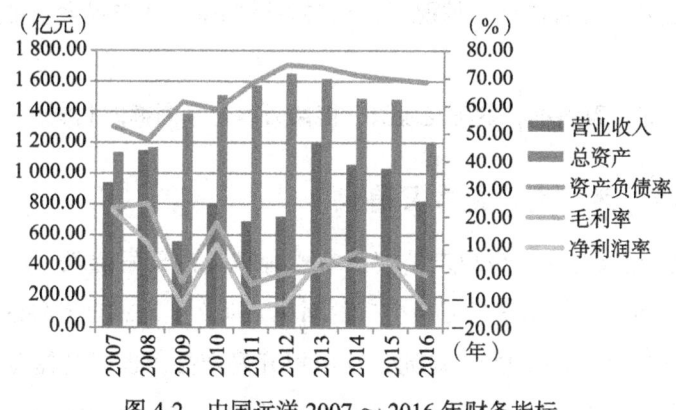

图 4-2　中国远洋 2007～2016 年财务指标

然而，历史证明，中国远洋在行业最景气时的盲目扩张是非常不明智的。公司 2009 年毛利率大幅下降到 -4.57%，净利润率更是下降到 -12.09%，毛利率为负数也就意味着收入越多，亏损越多。但是中国远洋并没有意识到行业的风向已经转变，高利润已经一去不复返，反而继续扩张，资产越做越大，资产负债率一路走高，到 2012 年年底总资产达到了 1 652.28 亿元，比 2007 年年底增加了 45.37%，资产负债率高达 74.76%，但是营业收入反而下降了 23.25%。

结果是，中国远洋的亏损金额越来越高，2009 年的亏损只有 67.37 亿元，而 2011 年和 2012 年的亏损金额分别达到 88.39 亿元和 81.37 亿元，2013 年以后，虽然公司调整思路，压缩资产和负债，连续 3 年盈利，但是历史包袱仍然较重，2016 年再次亏损 91.01 亿元，亏损额超过 2013～2015 年的盈利总额。

4.2　存货是金

2016 年年底，万科的存货占总资产的 56.26%，达到 4 673.61 亿元。对于一般工业企业而言，如此高的存货比例肯定是销售不畅的，接下来就会落得资金链断裂、破产重组的下场。但是对于万科而言，存货都是市场上炙手可热的土地和房屋。甚至有的虽然名义上还是万科的存货，但万科已经和客户签订了合同，按完工价格出售，2016年年底，万科合并报表范围内有2 279.7万平方米已售资源未竣工结算，合同金额合计约2 782.3亿元，需要注意的是这是合同价款，不是万科账面存货价值，因为其中大部分房子还没有盖完，而且合同价款是售价，而账面存货是成本。当然，在目前市场情况下，只要万科愿意，其中很大一部分可以迅速变现。

最重要的是，万科的存货都是宝贝，能给万科带来高额的利润。

4.2.1 土地之殇：土地是本又是火

巧妇难为无米之炊，房地产公司没有土地就无法开发建设，所以土地就是万科的立业之本，如果房子是万科生产的面包，那么土地就是万科的面粉。万科2016年年底存货高达4 673.61亿元，其中拟开发产品，也就是储备的土地价值为1 396.15亿元，占29.87%，与2015年相比提高1.75%，但是比上一个行业景气高点2009年的48%要低得多。这说明虽然万科的地在增加，但是相对而言，万科囤地的积极性比2009年下降不少，未来增长潜力已经比2009年有不少的下降。

截至2016年年底，万科规划中项目的建筑面积合计5 442.4万平方米，按2016年万科销售面积2 765.4万平方米计算，能够满足两年的开发需求，这个指标在2012年是2.53，万科的库存可能不足。而且，房地产开发周期一般是两三年，如果市场继续火爆，万科则可能面临无房可卖的尴尬局面，这说明，万科要么就是对未来市场抱谨慎态度，要么就需要大力获得项目补库存。

万科2016年一年获得的土地为2 159万平方米，现在的储备差不多是万科30个月的拿地数量，土地就这样被囤在了万科的账上。在房价、地价不断上涨的情况下，囤地的好处不言而喻。

大量的土地储备一方面使得万科有粮吃饭，另一方面又令其不得不背负巨大的包袱。大量储地支付的土地出让金就像黑洞一样贪婪地吮吸着房地产公司的现金，榨干了房地产公司的现金流。万科虽说是稳健的大户，但仍然深受其痛，如本书第3.2节所述，万科2016年获得的土地需要支付的土地出让金达到1 287.03

亿元，占结算收入的53.52%，大幅高于2015年的45.15%。历史上，房地产企业曾疯狂储备土地，保利地产和金地集团2009年获得的土地需要支付的土地出让金远超过当年营业收入，逼近销售总额。

小贴士：房地产调控与囤地

  房地产企业囤地，无疑是房地产公司获得超额利润的捷径，不过在房地产调控之下，这种不良行为可能会受到打压。2010年8月3日，国土资源部已将一份涉及全国1 457宗闲置土地的《有关房地产开发企业土地闲置情况表》交予银监会，银监会将根据这份"黑名单"做一次全面的风险排查，其中80%的闲置土地可能被收回。

  土地储备较多也存在较大的风险，一是公司拥有的土地过多，开发周期过长，资金占用成本会吞噬公司的利润，不能获得最高收益；二是在房地产调控不断加码的情况下，如果项目开发中的销售时点正好碰上调控，会销售不畅，资金回笼困难，到时再好的面粉也有可能变成烫手的山芋。

  2008年，房价下跌的警示历历在目，房价下跌造成万科部分项目潜在亏损，万科13个项目共计提了12.31亿元的存货跌价准备，占当年净利润的26.53%，占归属于上市公司股东利润的30.52%，2016年，万科再次计提11.93亿元资产减值损失，其中存货减值新增计提8.39亿元，如表4-4所示，不过，目前看来，少数项目计提部分减值损失并不意味着万科存货存在大幅减值，更多可能是万科出于谨慎性原则对部分盈利能力不好的项目预先做了一些会计处理。

  如今万科的资产规模和存货规模已经大幅增加，如果房价下跌，那么万科的资产减值损失将不可估量。

  然而，在发展和风险的权衡中，万科选择了发展，也许只有发展才是硬道理。

  很幸运的是，我国房地产行业发展至今，个别项目可能在获得项目的时候出现面粉贵于面包的现象，但是随着房价持续快速上涨，只要开发商囤地一段时间，面包的价格大幅上升之后再开盘销售，仍然能够获得足够的利润，这也是不少房地产企业敢于高价拿地的原因。未来，我国房价终会停止持续快速上涨的节奏，房地产企业如果还是不计成本购地，有可能造成开发就亏钱，不开发没钱的局面，不少房地产企业可能会因为成本控制不力,或者产品溢价能力不强而被被挤出这个市场。

表 4-4 万科 2016 年年末存货跌价准备情况　　　(单位：万元)

序号	城市	项目	年初跌价准备余额	年末跌价准备余额
1	烟台	海云台	30 573.37	30 573.37
2	乌鲁木齐	南山郡	13 587.64	13 587.64
3	乌鲁木齐	金域缇香	929.27	696.20
4	唐山	红郡	5 898.68	1 940.61
5	温州	龙湾花园	17 612.70	6 839.15
6	芜湖	万科城	3 559.38	
7	营口	海港城	3 249.57	6 772.04
8	镇江	蓝山花园		16 890.19
9	宁波	万科城		8 698.87
10	抚顺	金域蓝湾		11 047.98
11	大连	海港城		11 482.80
12	南充	金润华府		27 063.34
13	南通	金域蓝湾		1 914.87
	合计		75 410.61	137 507.06

4.2.2　生"金蛋"的鸡：住房

房地产企业的暴利来自于房屋是只生"金蛋"的鸡。房价节节上涨,一房难求使得房地产公司手中的存货价值步步攀升,房价的步步攀升给万科带来了超额利润,是万科利润的重要来源。

 小贴士：住房和"金蛋"的价值

一线城市一套 90 平方米的住房,单价 50 000 元 / 平方米,总价 450 万元。而一只鸡蛋大小的黄金质量大概是 1 500 克,按黄金价格 400 元 / 克计算,"金蛋"的价格只有 60 万元。一套房屋的价值已经远远超过了"金蛋"的价值。

4.2.3　万科的房子是不愁卖,还是捂盘惜售

除了没有开发的土地外,万科的存货还有正在开发的产品和已经完工的产品。2016 年年底,在公司各类存货中,已完工开发产品(现房)437.1 亿元,占比很少,只有 9.4%,因为现房销售和结算同时进行,所以期末现房存货都是未销售产品;

在建开发产品2 848.9亿元，占比61%。不过，万科的在建产品中有相当部分已经签订了销售合同，2 279.7万平方米已售资源未竣工结算，合同金额合计约2 782.3亿元，截至2016年年底，万科这些签订的合同已经收到的预收账款高达2746.46亿元。已出售的存货锁定了未来的销售和利润，除了出现大规模退房外，当前房地产市场调整并不会对这些产品有太大的影响。

房地产项目为什么要分期开发

我国房地产项目开发一般都是分若干期进行，而非一次性全部开盘，原因如下：一是可以在最先一、二期收回现金流供后期开发，二是在中后期开发中因为环境、配套完善得到更大的利润，三是分期开发可以减少供给，造成产品稀缺的表象，可以提高价格和促进销售。

 小贴士：已经卖出的产品为何还在公司账面上

房地产销售在房产完工并验收合格，达到了销售合同约定的交付条件，取得了买方按销售合同约定交付房产的付款证明（通常收到销售合同首期款及已确认余下房款的付款安排）确认销售收入的实现时。房地产公司将已收到但未达到收入确认条件的房款计入预收款项科目，待符合上述收入确认条件后转入营业收入科目。

已售出的产品也不是万无一失的，如果产品质量和销售时的宣传差距过大，或者产品质量不能达标，那么消费者均有退房的权利。不过，房价其实也是销售是否能够转化为收入的重要因素，如果房价上涨，那么消费者可能忍受部分产品的缺陷，反之，如果房价下跌，那么退房数量很可能大幅增加。

现房和未出售的在产品受短期市场影响较大，如果市场趋冷，那么万科将不得不降价出售。从开工面积和销售面积来看，2016年，万科新开工面积为3 136.7万平方米，实际销售面积为2 765.4万平方米（见图4-3），销售面积与开工面积之比为88.16%，虽然比2014年和2015年有所下降，不过比2010～2013年有明显提高，原因是2013年市场景气度下降后，万科曾经看空后市，开工面积下降，但是市场突然好转使得万科无货可卖，销售比例较高，由此可见，2016年，万科更多的是无地囤积，它其实在大力补库存。随着万科把快速销售发挥到极致，以及对市场未来的谨慎，万科未来捂盘惜售的可能性将大大降低，不过，又不能因为对市场谨慎而放弃市场，所以需要及时补充库存，这造成万科的土地获得成本可能会提高，未来毛利率会下降，但是如果市场景气度下降，万科"砸"在手上的货也将较少。

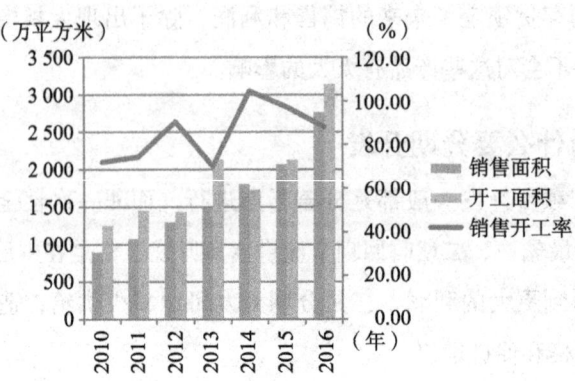

图 4-3　万科 2010～2016 年开工面积、销售面积

小贴士：空置房概念之争

我国的空置房是指房屋竣工一年之后没有实现销售的新房子，根据国家建设部、国家发改委、国家统计局发布的对商品房空置面积种类进行明确分类的通知，从 2003 年统计年报开始，将以商品房空置时间作为标准进行划分。但是目前国际上通用的空置房一般指实际空置一年以上的住房，包括存量和新建住房。

"金蛋"变"臭蛋"——北京商住房

商住项目，顾名思义，就是商业立项的住宅。一直以来，商住项目成为许多因为限购不能购买住宅的购房者的最佳选择之一，在北京市场，商住房价格也一路走高，不少开发商把商业立项的项目开发成可以居住的、有燃气、自来水等生活设施的、面积适中的商住房，供购房人居住使用，开发商手上的商住项目也成了购房者心中的香饽饽。

不过，2017 年 3 月，北京市建委一纸文件使得商住项目直接进入历史，根据《京建发〔2017〕第 112 号》，开发企业在建（含在售）商办类项目，销售对象应当是合法登记的企事业单位、社会组织，不得销售给个人；已销售的商办类项目再次上市交易时，可出售给企事业单位、社会组织，也可出售给个人，个人购买应当符合下列条件：

1. 名下在京无住房和商办类房产记录的。

2. 从申请购买之日起，在京已连续五年交纳社会保险或者连续五年交纳个人所得税。

同时，加强对房地产中介机构监管，不得挂牌商住项目，转瞬间，北京商住房市场冰冻，有价无市，未来商住房可能会退出历史舞台。

然而，万科个别项目也不幸中箭，旗下万科长阳天地项目总建筑面积20.83万平方米，预计总投资36.38亿元，截至2016年年底，预售比例为37%，预售单价从2015年的21 000元/平方米一路上涨到2016年年底的37 000元/平方米。然而，在此禁令下，该项目未销售部分将很难销售给个人购买者，而如果按要求销售给企事业单位，价格将大打折扣，如果项目已经按照商住设计开工，那么将可能会有较大的损失。

4.2.4 漏网之鱼：预付账款

 小贴士：预付账款

预付账款，顾名思义，就是公司在购置存货的过程中预先支付给对方的款项。必须记住，这是和业务有关的，一般是为了取得购买某种商品的优先权或者优惠，事先给卖家支付的定金，待交割时冲抵货款。

万科2016年年底的预付账款是502.63亿元，比2015年年底增加了26.78%。房地产公司主要交易对象就是政府和建筑商，预付账款未来会转变成土地储备和产品，所以预付账款就成了万科存货的漏网之鱼。

具体来看，万科的预付款项主要包括预付地价款、土地保证金、预交税费、建筑工程款及设计费等。但是事实上，万科一般不会提前支付建筑工程款，万科前五名预付款单位都是"地主"，有地的房地产公司，而更多的是财政局、国土资源局等，这些预付账款将在土地到手时转变成存货。万科2016年年底未公布主要预付账款，只公布总额为137.84亿元，然而根据万科报表附注，万科对预付账款的个别项目已经计提了8 354万元减值损失，可以推测，原因是上文提到的项目拿得太快，然后又要尽快开发，成本太高。

对于多数公司而言，预付账款都是为了提前确定原材料而支付的，如果某一公司在产业链中处于从属地位，竞争激烈，或者上游供应紧张，就需要支付大量的预付款，从而占用了公司的资金。更有甚者，如果支付不慎，那么将不能够按时收到原材料同时又不能收回本金，就需要计提减值准备。

当然，也有一些强势公司，为了扶持上游公司或者获得一定的优势，往往会支付一定的预付款供对方生产使用。但是这毕竟是少数，并且一般带有苛刻的条件，比如买断，一般都会把价格压到最低。

4.2.5 最高管理水平：零库存

存货占用了企业的资金，过多的库存会使企业资金周转困难，所以一般的企业会尽量减少库存数量，只存积维持正常生产一定时间的存货。从理论上讲，如果能够随时在市场上买到足量的原材料，企业可以做到零库存，这样可以最大限度地发挥资金效率。但实际上，大部分时候，企业从下订单到获得原材料需要一个周期，所以企业的最低库存就是这个周期内原材料的消耗量，比如，火力发电厂的煤炭库存一般维持在15天左右。

小贴士：零库存

"零库存"是一种特殊的库存概念，其对工业和商业企业来讲是非常重要的。零库存的含义是仓库储存某种或某些种物品的数量很少，甚至可以为"零"，即不保持库存。

4.2.6 存货是如何增值的

存货的增值是工业和商业企业最重要的核心竞争力，一般的工业企业是购买不同的原材料，在公司特有的平台上，通过一定的流程使之变成一种新产品，而新产品的价值要高于原材料。公司的这种平台包括固定资产、技术、员工、管理等一系列的组合，一般而言，这种平台包含的内容越多、越复杂，其增加值就越高。

从理论上讲，企业通过加工生产赋予存货的增加值越高，就越能获得更高的利润，但是事实上，正像我们投资的股票一样，很多产品在市场上的交易价格并不能完全反映其价值，有的虚高，也有的过低。

钢铁行业炼钢需要建设大型固定资产，并且需要一定的技术和管理水平，从传统意义上看，钢铁是工业的粮食，理应能够获得不错的利润。然而，根据工信部发布的《2012年钢铁工业运行情况分析和2013年运行展望》可知，2012年，80家重点大中型钢铁企业累计实现销售收入35 441亿元，实现利润15.8亿元，同比下降98.2%，销售利润率只有0.04%，净利润只有铁矿石供应商淡水河谷48.6亿美元净利润的5%左右。这是因为，上游铁矿石企业垄断造成铁矿石价格虚高，加上钢铁行业产能过剩，钢铁价格涨幅远小于铁矿石，多数钢铁企业陷入亏损。

相比之下，电信、石油、银行则成为我国最暴利的行业，长年获得高额利润，是全国甚至全球最赚钱的公司。之所以用暴利来形容，主要是因为它们提供的产品价格远高于其真实价格。比如2013年3月，中国移动在竞争激烈的香港市场最新推出的68港元套餐（约合55元人民币），实际上是80港元（约合64元人民币），可以不限流量3G上网，还包括1 700分钟的本地通话时间、10 000条本地短信。而同期在国内的88元通话套餐，只有600分钟的本地通话，另外有来电显示、10M国内移动数据流量、彩铃业务，香港与内地的价差之大可以看出这些公司为什么会获得暴利了。

4.2.7　是金子总会发光吗

"好女不愁嫁""酒香不怕巷子深"，这些都是用来形容产品好、不愁卖的俗语，然而实际上公司若想把产品按应有的价值卖出，还需要做必要的营销，比如广告、销售渠道等一系列策划。这也是为何即使是世界顶级品牌、顶级公司，仍然要不断做大量广告营销的重要原因。

近年来，国内不少消费品公司通过大量的广告投入和渠道建设，使得产品的价格大幅提高，公司有了爆发性的成长。比如酒鬼酒，酒还是那个酒，成本没有太大的变化，但是经过2011年1.41亿元、2012年1.44亿元的广告投入后就成了知名品牌，再招商布渠道，使得酒鬼酒的销售量价齐升，其中2011年年底一次性提价20%～25%。然而，塑化剂的危机暴露了酒鬼酒产品质量存在的问题，一下子刺穿了酒鬼酒的价格泡沫。

国内诸如服装、家纺、白酒等一些行业，进入门槛不高，有些企业原本是加工出口企业或者是平价商品生产企业，但是经过大量广告投入后，产品价格暴涨，而产品真实价值并没有发生太大的变化,价格已经远超过其真实的增加值,所以长期看,这种暴利终将不能持续。

4.2.8 乐视网的存货之谜

乐视网不是一家传统的公司,2012年营业收入11.67亿元,其中5.55亿元的收入来自版权分销收入,也就是通过独家购买版权然后再销售给其他网络公司。如此,从传统意义上看,它购进的版权就应该属于存货,在销售时转出。

然而,版权是一种无形资产,乐视网把它放在了公司的无形资产账面上,并按时间平均摊销,2012年,乐视网新购得版权11.51亿元,期末版权原值合计21.3亿元,2012年当年摊销版权3.72亿元,年底累计摊销4.95亿元,余额16.34亿元。乐视网2012年年报没有披露无形资产摊销年限,但是在2011年年报中披露的版权摊销方法是按照购入版权的授权期限摊销,若版权的授权期限为永久期限,其摊销年限为10年。从实际情况看,2012年实际摊销比例约24%,平均摊销年限为四五年,不过,我们知道影视剧的生命周期通常是前高后低,而且除了少数经典老剧外,其他的消亡得非常快,试问现在还有多少人会购买5年以前一个很普通的影视剧版权?

4.2.9 存货或毒药——七匹狼的存货

我国品牌服装公司在发展过程中采用的商业模式多数是,自己设计服装款式,委托上游加工企业生产后,通过公司品牌营销,再批发给下游专卖店或者加盟商,公司不需要建设生产基地和门店,只需要负责设计、品牌推广和物流。品牌公司一般一年有数次订货大会,加盟商提前预订下个季节的货品,然后品牌商发包给上游代工厂,这样品牌商自己就不承担库存风险。

然而,因为销售数量以及销售周期的不确定,很难匹配合适的生产数量,品牌厂商还是要保有一定的库存,加上加盟商未能按预期销售而可能退回的商品,给品牌商造成极大的影响,如果打折销售则会影响品牌形象,如果一直持有则会大幅减值,因为服装很少能够回炉再造。如国内品牌服装企业七匹狼2006~2012年营业收入高速增长(见图4-4),在此期间,我国服装品牌较少,产品销售良好,剩余存货较少,公司净利润快速增加。不过2012年以后,随着互联网兴起,品牌稀缺性下降，可选性商品明显增加，七匹狼存货快速增加，占收入比重逐年提高，然而品牌服饰，特别是时尚型服饰过季后贬值严重，公司不得不计提大量减值损失，2015 年和 2016 年减值损失达到营业收入的 10% 以上，净利润停滞不前。

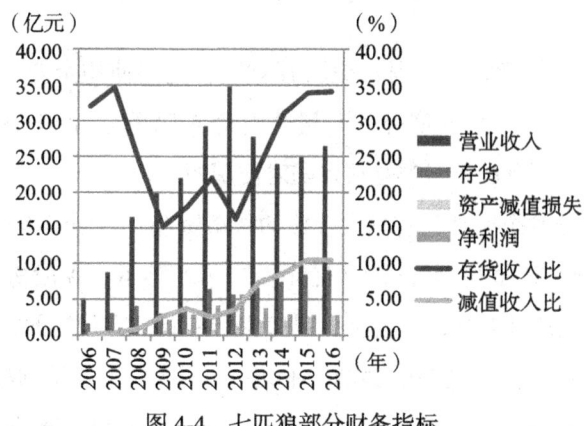

图 4-4　七匹狼部分财务指标

4.3　现金为王

4.3.1　万科真的不缺钱吗

房地产企业货币资金还能够消耗多长时间，这是在房地产调控过程中我们对房地产企业能扛多久的推测方法。房地产上市公司给我们的印象是钱很多、贷款很少，但是房地产公司总是一轮又一轮地增发融资、债券融资、信托融资。那么地产公司到底有多少钱，到底缺不缺钱？我们来看万科。

万科的货币资金有多少？2016 年年末，万科的货币资金高达 870.32 亿元，难怪万科不缺钱。不过要这么多现金干啥呢？货币资金是盈利性最差的资产，就只有一点可怜的利息。万科 2015 年和 2016 年的利息收入分别是 13.71 亿元、14.84 亿元，货币资金的收益率仅有 1.18% 和 1.06%，远低于公司 3.55% 的总资产收益率和 17.54% 的净资产收益率，也大幅低于银行贷款利率，甚至低于一年期固定存款利率。要知道只需要提高 1% 的收益率就会给公司增加 8 亿多元的税前利润。而 2015 年年末，万科的货币资金有 531.80 亿元，那么，是万科有什么难言之隐吗？为什么不把这部分资金的使用价值最大化？

要弄清楚这个问题，首先得看万科货币资金的会计报表附注。

小贴士：会计报表附注

会计报表附注是会计报表的重要组成部分，是对会计报表本身无法或难以充分表达的内容和项目所做的补充说明与详细解释。

会计报表附注显示，在万科的银行存款中，受限使用资金为75.42亿元，募集专项资金为0亿元，存放境外外币资金折合人民币共计116.35亿元。除了这191.77亿元以外，所有的资金都是可以随时使用的。

我国房地产开发企业都存有较大金额的货币资金，其中最典型的是中国恒大，2016年年底其货币资金达到1 984.2亿元。2016年年底，A股房地产行业126家公司货币资金总额达到8 190.83亿元，是除银行外最"有钱"的行业之一。

然而，房地产企业又是最缺钱的行业之一，原因是：①根据房地产预售款规定，预售款需要监管，优先用于本项目建设，只有在建设工程进度达到一定节点后才能提取；②根据现行金融管理制度，房地产企业贷款不能用来购买土地，房地产企业只能用自有资金支付购地款，而自有资金是需要企业留存的可以随时提取的销售款；③国内金融机构很忌讳企业借新还旧，需要企业用自有资金偿还到期借款；④我国外汇政策对资本项目项下外汇尚未完全自由兑换，房地产企业发行境外美元等他国货币债券，如果公司没有足够境外收入，需要预留部分外币货币资金。

房地产企业账面货币资金的多少和以下因素有关：①房地产开发企业销售进度，如果销售过快、销售金额大增则账面货币资金较多；②房地产开发企业对未来市场的进取意愿，如果公司想大幅扩大规模，积极获得土地，则需要公司保留大部分预收资金用来购买新的土地；③房地产开发企业融资渠道畅通情况，如果公司融资渠道通畅，能够在较短时间内获得所需资金，则可以降低货币资金存量；④管理层对预售资金的监管，如果政府加强预售资金监管，房地产开发企业动用预售资金的规模受限，会增加资金储备；⑤房地产开发企业现金管理水平，如果水平较高，比如集团内部资金调动能力很强，则可以降低现金储备；⑥房地产开发企业的到期债务情况，如果未来到期债务较多，则会保有较多的现金。

对于一般制造业企业，因为要保证生产的连续性，须保证在特殊情况下企业一两个月的资金需要，包括生产经营所需要的经营性活动现金流出、投资活动的现金流出和筹资活动的债务偿还现金流出。

万科和同业货币资金比较如表 4-5 所示。

表 4-5　万科和同业货币资金比较　　　　（单位：亿元）

公　司	2016 年	2015 年	增长率（%）
万科	870.32	531.80	63.66
保利地产	469.84	374.85	25.34
招商蛇口	456.03	406.44	12.20
金地集团	215.65	150.01	43.76

4.3.2　不缺钱的真相：房地产公司货币资金之困

高速扩张使得万科和它的同行收到的预售款越来越多，如表 4-5 所示，四家公司均保有大量的货币资金，并且增幅巨大，但是货币的不完全流通使得停留在公司账上的货币资金越来越多。根据规定，这些资金不能用于其他用途，这就造成了房地产公司扩张得越快，钱越多却越差钱的困境。

1. 万科货币资金的来源

万科的货币资金主要来自万科的预售款，根据现行商品房预售管理规定，预售款需要进入专门监管账户，根据工程进度到资金监管办公室办理核拨手续，一般是工程竣工办理大产权证后才全部退还。不过因为管理漏洞，监管不到位，对于未按规定使用预售款的，仅处以违法所得 3 倍以下但不超过 3 万元的罚款。所以快速发展的房地产公司多把预售款挪用于购买土地或者用于其他项目建设，如果房地产公司资金链断裂，甚至会形成烂尾楼，那么会严重损害购买期房客户的利益。

那么万科是否挪用了子公司预售款呢？

万科母公司自有货币资金 449.49 亿元，但是母公司应付内部子公司和联营公司分别有 731.28 亿元和 113.57 亿元，难道万科也挪用了预售款？

作为规范化管理的上市公司，万科子公司提供的这部分资金应该都是按规定能够提取的资金，因为子公司账面还有 420.83 亿元的货币资金，如果万科把这些资金全部归集，可动用的资金就高达 800 多亿元，能够较大幅度降低融资金额。

对于一些中小公司或者想快速发展的公司，挪用几乎是肯定的。毕竟，当母公司账面资金入不敷出时，子公司账面的现金是多么令人垂涎。

如果万科母公司对子公司及合营、联营公司应付款项 731.28 亿元已经榨干了子公司能够提取的货币资金，那么万科的现金仍然很紧张，毕竟万科有那么多借款,并且还要获得新的项目,但是,万科显然比不少房地产开发公司要宽裕得多。

2. 房地产调控与预售款管理

在房地产行业,挪用预售款一度成风,房地产公司依仗巨额预售款抵御房地产调控,捂盘惜售。但是如果出台政策严格控制预售款使用,那么房地产开发公司的资金链立刻就会紧张,房地产市场也将更加合理。

3. 绿城中国生死劫

从2011年年底至2012年年初,绿城中国遭遇了史上最大的一次生死劫难,股价从2011年年初的10元/股跌到年底的3元/股,跌幅高达70%,原因是绿城几乎不能按时偿还即将到期的银行贷款和信托计划。然而,从账面上看,2011年年底,绿城还有58.84亿元的货币资金,除了被抵押的银行存款外还有36.15亿元的无限制货币资金。一般偿债资金除了借新债还旧债外,主要来源是销售的回笼现金,而绿城中国这两方面都出现了问题。一方面,绿城中国之前拿地过多,扩张太快,截至2011年年底,资产负债率高达84.69%,在金融机构房地产信贷紧缩的情况下,绿城获得新借款的难度较大;另一方面,绿城的发展追求精品战略,开发速度较慢,现金回笼不易,2011年年底虽然有457.59亿元的预售款,但是大部分都被用来买地和支付工程款了;另外还有一个重要的原因,绿城彼时的控股股东是自然人,几乎不能给公司提供信用担保,也导致公司关键时刻不能获得金融资金支持,所以后来绿城选择了投靠中国交建。

可想而知,保持与经营规模和负债规模相应的现金存量是非常重要的,特别是对于没有背景的民营企业而言,融资渠道狭窄,银行授信额度也低于国有企业,在有财务风险时被救助的可能性低于国有企业,所以往往需要保持更多的货币资金和财务弹性。

4.3.3 资金之困:应收款项,被别人占用的资金

小贴士:应收账款和其他应收款

应收账款是公司为了扩大销售,允许客户在交易完成以后的若干天内再付款形成的收款权利,其核心与销售业务有关;其他应收款,顾名思义,就是除了销售业务以外形成的应收款项。

万科能够完全使用的资金是很紧张的，在这么紧张的情况下，万科还得把资金借给别人使用，形成应收款项。万科的应收款项是资产的重要组成部分，和一般企业不同的是，万科更多的是其他应收款。

一家公司的应收账款延缓了公司销售收入的回款，形成了对公司资金的占用，如果占用过多，就会使得公司正常的生产经营所需的资金要靠借贷来获得，公司就需要支付不菲的利息。如果不能如期收回这部分资金，那么公司就会有损失。

相对于万科 2 404.77 亿元的营业收入而言，20.75 亿元的应收账款数额很小，其中大部分是近一年新产生的，并且多数应该是售房款，如果收不回来则可以收回房产，所以风险相对较小。实际上，对万科而言，更重要的是其他应收款，2016 年年底，万科的其他应收款金额是 1 054.35 亿元，比 2015 年年底增加了 299.49 亿元，占总资产的 12.69%，比上年提高了 0.34%，不管是数额还是比例对万科而言都是重要的资产。其他应收款成了万科的又一出血口。

4.3.4 合作开发：风险共担，利益均享

2016 年年末，在万科的其他应收账款中，按持股比例投入联营公司、合营公司的项目开发款是 429.25 亿元，比上年增加了 158.75 亿元，增加了 36.98%，占其他应收款的 40.71%。

因并表原因，其他应收款中另一大部分为合作方经营往来款，达到 425.69 亿元，比上年增加了 120.08 亿元，增加了 28.21%。

如表 4-6 所示，在前五名其他应收款中，非关联方只有上海市国土规划和管理局，金额为 21.58 亿元，款项性质为土地保证金，可以看出，万科的多数其他应收款是对合营、联营公司以及子公司的少数股东的应收款。

表 4-6 万科 2016 年年底其他应收款前五名单位的情况　　　　（单位：亿元）

单位名称	款项性质	余额	账龄	占其他应收款比重
中航万科有限公司	合营企业往来	32.57	1～3 年	3.07
上海恺冠臻房地产开发有限公司	联营企业往来	28.10	1 年以内	2.65
上海市规划和国土资源管理局	土地保证金	21.58	1 年以内	2.03
北京绿城阳光投资有限公司	合营企业往来	21.52	1 年以内	2.03
南京荟宏置业有限公司	合营企业往来	20.11	1 年以内	1.90
合计		123.88		11.68

对合营公司和联营公司的应收款主要是万科对非合并报表范围合资项目公司的贷款,而对中粮地产公司的应收款则是因为中粮万科合资公司在万科合并报表范围内,但中粮公司从合资公司借得资金也成为万科合并报表的其他应收款,其实质就是在中粮万科结算分红之前从中粮万科拆借的预收款或者以中粮万科作为借款平台借得后再拆借给中粮地产的资金。

合营、联营公司是万科地产业务的延伸,不过投入资金总量增加,但是相对数减少,说明作为现有商业模式的补充,合营、联营规模随着万科规模的增加而增加,但是万科已经减小了对外合作力度。

小贴士:合营企业和联营企业

联营企业是指投资者对其有重大影响,但不是投资者的子公司或合营企业的企业。而合营者对投资企业的经营决策和财务决策具有控制权,虽然这种控制权是共同控制。当某一企业或个人拥有另一企业20%(含)~50%表决权资本时,通常被认为投资者对被投资企业具有重大影响,则该被投资企业可视为投资者的联营企业。

肥水不流外人田,地产行业这么高的利润,为什么要合作呢?

万科主要的合营公司和联营公司多为地方性的实力房地产公司,其中欠款最多的中航万科有限公司是万科和中国航空技术国际控股有限公司以及中航国际控股股份有限公司的合资公司,欠款32.57亿元。和其他房地产实力派的合作分散了万科的经营风险,减少了万科的资金支出,并且在一定程度上提高了万科在当地的品牌价值。

然而,在分析负债的时候,我们发现,万科对外合作其实还有另一个好处。万科2016年年底的其他应付款中应付合营/联营企业款和应付股权款及合作公司往来及其他,分别为427.54亿元和509.21亿元,合计高达936.75亿元,占万科总资产的11.28%。也就是说,万科有大量的收购款还没有支付,当然这其中可能有部分不是合作项目而是收购项目,而且,万科甚至还占用了合作公司的资金。所以我们如此推定:万科收购地产项目也能节约现金流。

万科对外合作,除了在现金、风险上得到好处外,最直接的好处还有万科优秀的管理水平直接带来管理费收入或者项目利润分成，2016年，万科向合营联营企业收取的管理费扣除成本后达到5.78亿元。

由此可见，万科对外合作从资金、风险、收益角度来看都存在着非常多的利益。

从图4-5中可以看出，2012～2016年，万科其他应收款绝对金额和占总资产的比例都在快速增大，说明万科有越来越多的项目是通过合作的方式开发的，从一定程度上看，万科对未来的风险意识比较高，同时，万科也充分发挥了品牌和管理的优势。

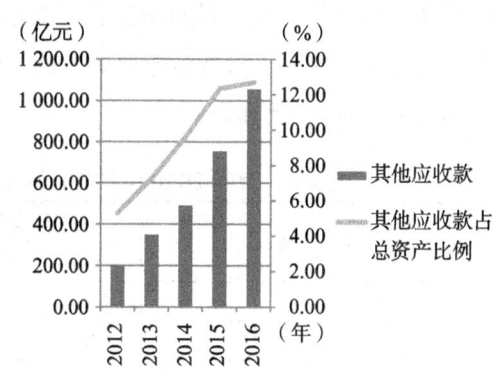

图4-5　2012～2016年万科其他应收款及占总资产比例

4.3.5　潜在的嗜血者

 小贴士：孔乙己的十九个钱

我们熟悉的鲁迅先生的《孔乙己》一文中有这么一段：到了年关，掌柜取下粉板说，"孔乙己还欠十九个钱呢！"到第二年的端午，又说"孔乙己还欠十九个钱呢！"到中秋可是没有说，再到年关也没有看见他。

这十九个钱就是酒店的应收账款，不过这不是优良资产，因为"大约孔乙己的确死了"，并且酒店已经在第二个中秋计提了坏账准备。

应收款项占用了公司大量的流动资金，使得公司资金周转困难。同时应收款项因为种种原因如果不能收回或者部分不能收回，就会成为坏账，得计提坏账准备，从而吞噬了利润，所以对应收款项的控制关系到公司的生死存亡。

一般而言，应收款项时间越长，收回的可能性越低。因为长期欠款可能是欠款人由于资金周转问题无力偿还，或者因为对业务不满，故意为难。一般客户都会在规定时间内归还，而企业也制定了一定的政策鼓励客户尽早偿还，比如在30天内偿还将会有1%的折扣等。如果欠款人财务恶化、信用不佳，也就增加了应收款项收回的难度。所以上市公司在年报中会按重要性和时间区间披露应收款项的坏账准备提取情况。

万科的应收账款质量较好，20.75 亿元的应收账款只计提了 5 274.70 万元的坏账准备，估计是物业公司的物业管理费有部分未能收回。事实上，万科较多的是其他应收款，然而，多数也是关联方的欠款，所以万科首先对其他应收款按风险类别分类，如表 4-7 所示。

表 4-7　万科 2016 年年底其他应收款风险类别列表　　　　（单位：亿元）

类别	账面余额		坏账准备		账面价值
	金额	比例（%）	金额	计提比例（%）	
组合一	1 016.62	95.84			1 016.62
组合二	30.34	2.86	2.11	6.97	28.23
单项金额重大并单独计提坏账准备的其他应收款	8.86	0.84	0.82	9.28	8.04
单项金额虽不重大但单独计提了坏账的其他应收款	4.86	0.46	3.44	70.74	1.42
合计	1 060.73	100	6.38		1 054.35

注：在组合一中包含已经单项测试未发生减值的其他应收款，万科将其包括在具有类似信用风险特征的其他应收款组合中再进行减值测试。

在组合二中，列出的是 2016 年年底按账龄分析法计提坏账准备的其他应收款。

一般的应收账款以及其他应收款，都有可能产生坏账，企业应该在每期末对其应收款项进行估计，单独估计比较重大的和明显产生坏账的可能并依此计提坏账损失，普通的则按账龄估计，一般期限越长的产生坏账的可能性越高，一般认为 5 年以上的应收款项收回的可能性就很低，如表 4-8 所示。

表 4-8　万科其他应收款账龄分析法部分　　　　（单位：亿元）

账龄	账面余额	坏账准备	计提比例（%）
1 年以内（含 1 年）	14.54	0.15	1
1～3 年（含 3 年）	11.09	0.55	5
3 年以上	4.71	1.41	30
合计	30.34	2.11	

万科其他应收款中金额重大的其他应收款，是指单项 3 000 万元以上的其他应收款，根据每项可收回性单独计提坏账准备，因为多数是项目开发款，在房地产市场高位徘徊时，不会形成大量的坏账，所以计提的坏账准备也较少。

单项金额不重大但按信用风险特征组合后该组合的风险较大的其他应收款，数量虽小，但是坏账计提很高，万科计提的比例是70.74%，一般公司都会说明提取较高比例坏账准备的原因。按往年经验这部分计提70.74%坏账准备的原因是实行酬金制的物业服务中心往来款，可收回性较小，全额计提坏账准备。

小贴士：酬金制

酬金制是指在预收的物业服务资金中按约定比例或者约定数额提取酬金，支付给物业管理企业，其余全部用于物业服务合同约定的支出，结余或者不足均由业主享有或者承担的物业服务计费方式。

其他不重大应收款，一般公司对此项都会按照账龄计提相应的坏账准备，时间越长计提越多，但是万科仍然是根据每项可收回性单独计提坏账准备，需要财务人员有更多的专业素养。

4.4 谁来管你的资产

4.4.1 借别人的力，赚自己的钱：投资

我们购买股票都是希望股票增值，给自己带来丰厚的回报，这样我们就成了投资者。普通投资者要做的就是发现价值被低估的证券，然后买入持有，等待证券价格回升，或者管理层通过经营给股东创造价值，再出售获利。在这个过程中，投资者只充当了一个价值发现者的角色，起到了社会资金资源配置的作用，真正创造价值的是企业的管理层和员工。

公司的对外股权投资，第一是为了提高资金使用效率，使利润最大化；第二是为了资产配置更合理，使经营风险最小化，如万科和招商蛇口合作的上海佘山珑原项目，2012年计提存货跌价准备206 493 032.19元，如果是万科单干，损失巨大，但是和招商蛇口合作，损失大幅下降，只有9 525.25万元；第三是为了借助被投资企业的平台，延伸企业的业务。万科2016年年底长期股权投资类别分析如表4-9所示。

表 4-9　万科 2016 年年底长期股权投资类别分析　　　（单位：亿元）

投资方式	期末余额	表决权比例（%）
对合营公司投资	319.25	50
对联营公司投资	297.77	15～40
合计	617.02	

万科的对外投资属于第二种目的，对外投资主要是合营公司形式，也就是说，对于被投资公司，万科和其他股东共同管理。万科在合营企业所占的股份比例虽然有多于也有少于 50% 的，但是表决权都占 50%。也就是说，万科的多数长期股权，不光是资金的输出，还有管理的输出。

不务正业的万科——投资徽商银行

2013 年 11 月，万科以基石投资者身份参与徽商银行 H 股首次公开发行，出资 24.99 亿元人民币获得徽商银行约 8.84 亿股，占徽商银行已发行总股本的 8%，截至 2016 年 12 月 31 日，该部分股份市值为 34.74 亿港元，约合 31.08 亿元人民币，万科对这部分股权采用权益法核算，截至 2016 年年底，按徽商银行每股净资产为 4.69 元人民币计算，目前这部分股权账面价值为 41.50 亿元，当年产生的投资收益达到 5.50 亿元，可以说，这笔投资，到目前为止是一次很好的投资。

不过，通过对万科全面的分析，我们可以如此分析，万科虽然仍然在追求房地产行业的规模，而且已经做得很出色，但目前房地产行业高位运行，存在一定的不确定性，万科通过跨行业投资部分降低风险，并且在这次投资中还有可能把自己掌握的资源和银行资源联合起来获得额外的收获。

 小贴士：股东表决权

股东表决权是指股东基于股东地位享有的，就股东会、股东大会的议案做出一定意愿表示的权利。一般情况下，股东是同股同权，但是有的公司章程规定某些公司或者某些股票拥有多于其股份的表决权。

617.02 亿元的股权投资在 2016 年给万科创造了 50.14 亿元的投资收益，投资收益率高达 8.13%，远超公司的资产收益率，但是，不要忘了，万科对合营、联营公司的输血不仅仅是股权投资，还有其他应收款中的大部分也是借给被投资的合营、联营公司的。万科在2016年年末借给合营、联营公司的资金达到了854.95亿元，综合来看，子公司占用的万科资金达到了1 471.97亿元，万科的投资收益率是3.41%，高于万科资产收益率但是低于净资产收益率，不过万科和合营、联营公司之间的资金往来有时也是需要支付利息的，真实收益率要高于此。

万科母公司利润表附注显示，万科母公司2016年利息收入高达31.07亿元，万科母公司未提坏账准备的其他应收款年初数是1 381.81亿元，年末数是1 513.88亿元，简单计算万科内部拆借利息率为2.15%，不过实际利率肯定远高于此，因为可能部分款项并不在报表里计算利息。

4.4.2 谁是万科的心肝外甥

把钱投出去了，就像是嫁出去的女儿，被投资公司就成了外甥，虽然是自己家亲戚，有一定的管理权，但是这个权力最多可能到50%。毕竟不是自己家的孩子，只能指导，不能全方面管教。

好的外甥才能得到舅舅的青睐，可以得到大笔资助，当然，外甥也要投我以桃、报之以李，努力赚钱回报舅舅。万科2016年投资收益是49.31亿元，分别占到了万科合并净利润和归属于上市公司股东净利润的17.39%和23.45%，较2015年的9.22%和13.21%大幅提高，而利润表中少数股东损益占净利润的比例由30.17%下降到25.85%，说明万科减少了对合作公司的并表，更多的合作公司被万科纳入长期股权投资。这也让万科的长期股权投资从2015年年底的335.03亿元猛涨至617.02亿元，其中持股20%～50%的联营企业投资从94.28亿元增加到297.77亿元。

不过，万科没有公布长期股权投资明细或者前几大长期股权投资名单。

 小贴士：成本法和权益法

成本法是指投出去就不管或者管不了的长期股权投资，以投资成本记账，仅以收到的现金分红作为投资收益，一般投资比例较低或者在董事会没有席位以及没有派出高管人员的投资均采用成本法核算。权益法则是能够发挥重要管理职能，但是又不能完全控制，是按投资比例分享被投资公司的所有者权益和净利润的长期股权投资，比如派出了财务总监或者少数董事，但是董事会以及董事长都是其他股东派出的投资均按权益法核算。

并购公司还是发工资

2013年9月2日，华谊兄弟发布公告称，全资子公司浙江华谊拟以2.52亿元股权转让价款收购南京弘立星恒文化传播有限公司（简称弘立星恒）和南京嘉木文化传播有限公司（简称嘉木文化）合计持有的浙江常升影视制作有限公司（简称浙江常升）70%的股权，收购完成后，华谊兄弟持有浙江常升70%的股权。彼时，浙江常升注册资本1 000万元，资产总额为1 000万元，负债总额0元，浙江工商局信息显示，浙江常升成立日期为2013年5月23日，距华谊兄弟收购仅3个多月，也就是说，浙江常升几乎尚未开展业务。根据华谊兄弟2012年披露的经营财报，2012年，华谊兄弟的净利润也只达到2.44亿，这意味着，华谊兄弟将拿接近2012年全年赚的钱去收购张国立控股的常升公司。实际上，华谊兄弟看中的并不是浙江常升这家公司，而是张国立个人能力和品牌价值，如2.52亿元全部发给张国立，则需要交纳高昂税费，而且还会造成华谊兄弟费用大幅增加，但如果通过购买张国立控制的股权，则不在短期内体现公司成本，不过如果未来张国立从浙江常升公司退休或者离职，并且浙江常升不能培养出第二个张国立，那么华谊兄弟很可能会有较大幅度的减值损失。

4.4.3 升值、收租两不误：投资性房地产

金融街2016年利润总额为42.51亿元，净利润为28.16亿元，其中公允价值变动损益就有21.61亿元，占利润总额的51.27%。

万科以住宅地产为主业，曾经以住宅地产大亨帕尔迪为偶像，投资性房地产项目较少，不过，万科已经很早超越了他的偶像，2008～2015年万科一直都是全球住宅企业的销售冠军（2016年销售额被中国恒大超越）。

所以，万科需要创新，需要寻找适合自己的发展道路。

2016年，尚没有投资性房地产公允价值变动，但是这并不代表万科没有相关的潜力，2012年以来，逐年扩大自持物业规模，2016年年末，万科持有的投资性房地产只有218.74亿元，占总资产的2.63%，而2015年年末是107.65亿元，占总资产的1.76%，如图4-6所示，可以说，万科加速在自持物业中的布局。

另外，万科对投资性房地产采用的会计处理方法也不相同，万科采用成本模式计量投资性房地产，即以成本减累计折旧及减值准备计入资产负债表内。所以投资性房地产公允价值变动不会给公司带来当期利润，如果万科采用公允价值计

量它的投资性房地产，那么随着房价的上涨，万科的净利润可能又会有所增加。

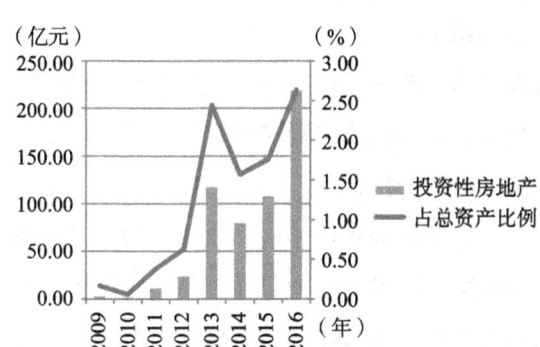

图 4-6　2009～2016 年万科投资性房地产金额及占总资产比例

4.4.4　万科转型或转向

在超越了自己的偶像后，万科需要重新定位，需要符合中国国情的定位。特别是当前住宅市场已经是公认的泡沫，如果继续在住宅市场上高歌猛进，是不是会积累风险？如果适当发展商业地产，自持物业则会获得部分稳定的现金流，而且中国的经济发展短期不会有太大的变化，商业地产也相对较为安全。但是，这些都和万科的商业模式、市场定位和战略相悖，万科会不会增加自持物业呢？

万科在 2012 年年报中提出："公司将在继续坚持主流住宅开发业务模式的基础上，尝试与住宅相配套的其他物业类型，逐步培养非住宅业务相关能力。"这意味着，万科将在未来尝试拓宽公司的营业范围，特别是商业地产，增加自持物业。

万科在 2016 年年报中明确指出："开发企业单一的经营模式亟待转型。城市居民在基本解决住房短缺问题之后，其对不动产的需求将日益多样化，购置新房需求单项独大的时代终将结束。在土地市场持续高温、平稳的房价预期已难以承载狂飙的地价涨幅的背景下，开发企业买地、建设、销售的单一经营模式，也越来越难以持续。而在传统模式遭遇挑战的同时，以轨道交通建设引领城市更新，围绕城市配套需求提供物业服务、商业运营、长租公寓、教育度假、养老等不动产衍生服务，则日益呈现出良好的发展潜力。"

同时，在 2016 年，万科坚持"和城市同步发展"的策略，跟随城市发展轨迹和客户需求升级积极拓展新的商业机会，在商业地产、物流地产、滑雪业务、长租公寓、养老业务有所拓展。

其中，商业地产部分，上海七宝万科广场、宁波 1902 广场、贵阳万科广场、北京住总万科广场等大型商业项目开业，另外，还通过与部分合作方组成的联合收购平台收购了印力集团的股权。

万科持有的投资性房地产比 2015 年有大幅增加，未来租金收入会逐步增加，同时持有物业比例增加，万科的资产周转率也将下降。如果万科改变会计处理方法，万科的资产增值收益也将增加。

如果万科转型，那么万科的资产结构和收入结构将发生较大的变化，对万科的财务分析也要有所调整。一家企业如果要转型，首先要有经营意识的转型，公司要有明确可行的转型方案，并且储备一定的人才和技术；其次是资产配置的转型，逐步减少原有资产的配置比重，而增加新产业发展所需要的固定资产、无形资产、流动资产；然后才是收入的转型；最后是利润来源的转型。

截至 2016 年年底，本书关注的四家公司投资性房地产资产规模均较大，并且都有明显增加，其中万科和招商蛇口增幅较大（见表 4-10），不过，万科目前投资性房地产占总资产的比重仍然较低，仅略高于保利地产，远小于招商蛇口和金地集团（见表 4-11）。从这几家公司都在增持投资性房地产来看，增加自持物业成为主流房地产公司的共识，不过增加自持的速度各不相同，毕竟，在国内，高周转仍然是房地产开发的主流，增加自持物业需要配套低成本的长期资金，特别是在国内商业受到电商平台冲击的环境下，增加自持物业还需要房地产企业量力而行。从现在的体量看，对万科而言，增加自持物业仅仅是转型探索方向之一，有实质效果的转型还任重道远。

表 4-10　万科和同业投资性房地产金额比较　　　　　　　　（单位：亿元）

公　司	2016 年	2015 年	增幅（%）
万科	218.74	107.65	103.20
保利地产	114.21	94.32	21.11
招商蛇口	254.09	117.20	116.80
金地集团	147.74	133.91	10.33

表 4-11　万科和同业投资性房地产占总资产比重比较　　　　　　　（%）

公　司	2016 年	2015 年	变化
万科	2.63	1.76	0.87
保利地产	2.44	2.34	0.10
招商蛇口	10.13	5.56	4.57
金地集团	9.62	9.61	0.01

4.4.5 自己的资产自己用：固定资产

 小贴士：固定资产

固定资产是指同时具有下列特征的有形资产：①为生产商品提供劳务出租或经营管理而持有的；②使用寿命超过一个会计年度。

制造业的公司往往拥有大量的固定资产，因为它们要依赖这些资产加工产品，完成产品的增加值，而固定资产本身的价值随着固定资产的使用逐渐消耗，最终被废弃。固定资产在一定程度上决定了制造业企业的产品质量和产品成本，但是如何更好地使用固定资产仍然需要良好的管理、高素质的工人、操作软件以及操作技巧等软资产的配合。

万科作为房地产开发公司，把所有的基建工程都出包给了专业建筑公司，在生产产品的过程中，几乎不需要使用自有固定资产，所以固定资产只有68.11亿元，另有在建工程7.65亿元，合计占总资产的0.91%。万科的固定资产主要是酒店、房屋及建筑物，万科的在建工程是公司办公楼。

 小贴士：在建工程

在建工程是指正在建设尚未竣工投入使用的建设项目。分析一般制造业上市公司时，要注意公司的在建工程投向，因为新产能代表了公司未来发展方向，而且新项目的成功与否直接关系到公司的经营业绩。

万科因为工程建设都是由专业工程公司承包，所以固定资产较少。而一般的生产性公司，固定资产是公司生产的平台，是公司极为重要的资产，公司可通过固定资产增加产量，提高产品质量。所以，不仅要提高固定资产的数量和质量，而且要提高固定资产的使用效率。

一般情况下，固定资产的周转率高，则说明产能使用较为充分，但是如果明显高于同业水平，那么公司将有可能需要构建新的固定资产；如果固定资产周转率较低，那么说明产能利用率较低或者生产周期较长，不过生产周期较长的产品一般毛利率也较高，否则公司可能走入困境。

在建工程代表了公司未来的资产投入方向，如果数额较大或者具有开创性的战略意义，那么甚至可以决定公司未来的发展方向。新建产能如果仅仅是原有产能的完全复制，多数情况下可能不会提高单位产品的盈利能力，未来如果行业效益稍有下降，公司业绩则会有较大幅的下降；但是如果在建产能在原有固定资产的基础上有技术性的革新，则公司未来产品质量会有所提高或者成本会有所下降，未来的竞争力会提高。当然，如果公司在建产能是公司原来所不熟悉的产业或者是现在已经竞争激烈的行业，而且公司的新建产能没有革命性的突破，那么这种产能未来很有可能会拖累公司盈利。

4.4.6　不能忽视的资产：虚资产

 小贴士：虚资产

虚资产指没有实物相对应的资产，包括待摊费用、递延资产、待处理财产损溢和递延税款资产等，这些资产基本不能变现，只能按时消耗成为公司的成本。

虚资产是企业按照权责发生制原则推迟至以后确认的费用，是企业未来利润的抵减项目，它不再代表企业未来可动用的经济资源。当企业虚资产在企业总资产中所占比重较大且数额较大时，将会加大企业的经营风险。

 小贴士：权责发生制

权责发生制是指凡是应属本期的收入和费用，不论其款项是否收到或付出，都作为本期的收入和费用处理；反之，凡不属于本期的收入和费用，即使其款项在本期收到或付出，也不应作为本期的收入和费用处理。

虚资产之所以在多数情况下不能忽视，是因为这些资产没有变现价值，没有偿债能力，也没有分配股利的能力，只会成为公司未来的费用。

万科的虚资产有无形资产、商誉、长期待摊费用和递延所得税资产，如表4-12所示。其中主要的虚资产是递延所得税资产，2015年和2016年都在50亿元以上，并且有增多的趋势，整体上看，万科虚资产较少，潜在的费用对万科的影响较小。

表 4-12　万科虚资产列表　　　　　　　　　　（单位：亿元）

资产类别	2016 年	2015 年
无形资产	12.60	10.45
商誉	2.02	2.02
长期待摊费用	9.60	4.48
递延所得税资产	71.99	51.67

虚资产虽然看不见摸不着，但是它们的存在却能给公司带来收益，甚至是不菲的收益。其中，无形资产中的技术、专利，是公司生产出有竞争力产品的核心要素之一，品牌则是公司产品打开市场、实现产品增值的重要保障。但是这些虚资产有时并不完全在会计报表上显示，因为会计报表仅仅是对取得这些专利、品牌（商标）成本的核算。

比如贵州茅台通过数百年的传承，品牌深入人心，产品价格远高于普通白酒，毛利率高达 90% 以上，品牌价值高达数百亿元，但是在财务报表中并没有显示。当然，如果不好好珍惜这个品牌，肆意使用，或者假冒产品横行，品牌价值就会下降，甚至分文不值，这就是品牌的效应。

有一些公司真正的核心知识产权并没有申请专利，比如可口可乐的配方，因为申请专利就需要公开，在保护期到期后就会被模仿，显然这有损公司的长期利益。

商誉是公司在并购其他公司时付出的股权溢价，这个溢价其实是对目标公司未来高收益的期望，如果目标公司后来进入死胡同，名声扫地、技术落后，是没有商誉的。

这些无形资产和商誉，都是企业核心价值的重要体现，然而，如果没有好好珍惜，或者市场发生了变化，这些资产的价值就大大降低，到时就需要大幅减值，减少公司净利润。

4.4.7　递延所得税资产：被动配置的资产

小贴士：递延资产

递延资产是指本身没有交换价值，不可转让，一经发生就已消耗，但能为企业创造未来收益，并能从未来收益的会计期间抵补的各项支出。

为什么会有递延所得税资产？

递延所得税资产，就是万科多给税务局钱了。万科管理层怎么就这么对股民的钱不负责任？当然，这也不是万科自己乐意送上门的，我们知道，把钱送给税务局容易，想再要回来就难了。

真实原因是万科的会计处理方法和税务局的不完全相同。比如万科卖了房子但是还没有结算，不应该交税，但是税务机关为了保证国家税金不流失，万科开了发票就得预交土地增值税，这也是万科土地增值税递延居高不下的原因。

另外，万科2016年土地贬值了8.39亿元，计提了减值准备，万科在计算税前利润的时候会减少8.39亿元。但是税务机关认为只有在土地出售，实际亏损了以后才予以扣除，否则浮亏浮盈都不算当期损益，这就造成了纳税时间的不同。所以，万科2016年就多交了2.10（=8.39×25%）亿元所得税，形成了2.10亿元的递延所得税资产。待到处理这些土地时再少交2.10亿元，并减少2.10亿元递延所得税资产。万科的递延所得税资产如表4-13所示。

表4-13　万科的递延所得税资产　　　　　　　（单位：亿元）

项　　目	2016年	2015年
可弥补亏损	35.89	26.67
减值准备	4.28	2.16
预提成本	5.71	2.85
土地增值税清算准备	21.66	15.64
未实现内部交易利润	3.19	3.62
其他	1.24	0.73
合计	71.97	51.67

可弥补亏损是指以前年度的亏损可以用来抵扣当年应交的税，可弥补亏损的有效期是5年，但是如果5年内没有抵扣完就失去了资格。

万科最近几年也没有亏损，怎么有可弥补亏损呢？那是因为我们看到的是一张合并会计报表。我们知道公司纳税的主体是法人，除了少数公司由母公司统一汇缴所得税外，每个法人单位分别计算、交纳所得税。合并报表有可弥补亏损，说明万科有的子公司以前年度有过亏损，2016年新增可弥补亏损9.22亿元，累计35.89亿元，对应的亏损就是36.02亿元和143.57亿元。如果未来没有足够的应交所得税来抵扣，那么就得减记递延所得税资产。

不是所有的公司都确认可弥补亏损递延所得税资产，比如华锐风电，估计短期内难以盈利，巨额亏损不可能在 5 年内抵扣完毕，2015 年亏损 44.52 亿元，2015 年年底公司资产负债表中递延所得税资产为 0。

4.5 万科的资本结构

4.5.1 何谓资本

小贴士：资本

资本是经营工商业的本钱，狭义的资本仅指企业的股东权益，是股东向企业的投入。广义的资本包括股东和债权人投入公司经营发展的各项资产。

上市公司发行股票向股东募集资金，然后把募集到的资金投入公司运营。上市公司主要是为股东服务，但是股东投入毕竟有限，如果要扩大企业规模，提高效率，需要更多的资本。企业在经营过程中，会从银行等债权人处获得借款；在业务过程中会从供应商赊购，也会要求客户支付保证金或者预付款；同时因为发放工资、交纳税款的时间和结算时间不等，会拖欠工资、税款等。这些都成为公司缓解资金紧张、增加可用资金的方法，也构成了公司发展的资本。万科的资本结构如表 4-20 所示。

4.5.2 资本的一般特性

1. 资本是贪婪的

资本是逐利的，哪里有钱赚，哪里就会有资本。从山西炒煤团，到温州炒房团，再到"蒜你狠""豆你玩"，甚至上海车牌也成了资金的宠儿，这块铁皮的价格从 2011 年年底的 5 万元左右一路飙涨到 2013 年 3 月的 9 万元以上。这两年的资本追逐游戏已经令国人对资本的逐利性有了较为充分的认识。虽然资本追逐游戏影响到每个老百姓的生活，但是资本并没有停止逐利的脚步，仍然在不断寻找暴

利的机会。

马克思对资本的贪婪有高度的警惕,他曾尖锐地写道:"一旦有适当的利润,资本就胆大起来。如果有10%的利润,它就保证到处被使用;有20%的利润,它就活跃起来;有50%的利润,它就铤而走险;为了100%的利润,它就敢践踏一切人间法律;有300%的利润,它就敢犯任何罪行,甚至冒绞首的危险。"

无息债务权利人是如何贪婪的?

无息债务权利人之所以主动或者被动把资金让渡给公司免费使用,目的是从债务人中获得更大的好处,有的是主动的,比如供应商为了能够获得销路可以在发货后数月内再索取货款,客户为了能够获得更低的购买折扣或者优先购买权,而提前数月支付货款;有的是被动的,比如员工被延迟1个月支付工资,被延迟数月支付年终奖,税务部门年终延迟汇缴税款等。

 小贴士:无息债务

无息债务是企业从外部借入的,或者企业延迟支付的,并且不需要支付利息的债务。其包括不需要支付利息的应付账款、应付票据、预收账款、应付职工薪酬、应交税费、其他应付款等,最重要的是这些债务在支付之前不需要支付利息。

资本永远是不会免费的,资本不收取利息的目的是为了更好地得到它所需要的利益。买房人为了买到便宜点的房子才会选择购买期房,而不是购买现房;供应商允许企业延迟付款,那是为了促销自己的产品。一定的利息损失可以使得资本获得更多的收益。

2. 资本的不同期望

不同的资本来源有不同的期望:激进的资本要求更高的投资收益,并且愿意承担更大的风险;保守的资本要求较低的投资风险,对投资收益要求也较低;还有的对资本的流动性有较高的要求,对收益性的要求并不是很高;部分特别的资本对资本本身的收益并没有太高的期望,但是对资本带来的控制权、管理权等有强烈的需求。

不同的资本期望造成了资本不同的投向:激进的资本投资于高风险、高收益的产品,倾向于股权、金融工具等;保守的资本投资于有保证、风险较小的债权等；有特殊目的的资本会根据所需要的目的选择投资方式，如果是为了获得企业控制权，那么多数会投资股权，如果为了获得优先权，那么可能会是预收、应付款、优先股等。

3. 资本是冒着风险来的

公司的资本就是投资者的资产，所以要获得收益就必须背负相应的风险。

风险最高的当然就是股权：如果所投资的公司管理水平高超，盈利情况良好，投资股权可以获得超额收益；如果管理水平一般，公司盈利一般，则不能取得超额收益；如果管理较差，公司陷入亏损，那么可能遭受较大的损失。

 小贴士：超额收益和超额收益率

超额收益是指超过市场同等风险下的平均收益，比如投入100万元到甲公司，每年能够产生25万元的净利润，但是这个行业的平均净利润是10万元，那么超额利润就是15万元。我们在资本市场中购买基金，乙基金当年获得了50%的收益，而市场平均值是20%，那么超额收益率就是30%。

如果投资人担心本金的安全，则会投资公司的债务资本，比如借款、债券等。每年获取固定的收益，风险较小，除非公司资不抵债，那么本金都是安全的。如果买到次级债券，那么风险又会提高。

 小贴士：次级债券

次级债券是指偿还次序优于公司股本权益但低于公司一般债务的一种债务形式。如果公司资不抵债，公司的资产将优先赔付一般债权人，如果有剩余再偿还给次级债投资者。因为有更高的风险，所以收益率较一般债券要高。

 小贴士：美国次债危机

相同面值和利息率的普通债券和次级债券在一般情况下会有一定的价格差，次级债券会更便宜，因为风险更高。20世纪末到21世纪初，美国经济繁荣，特别是房价逐年上涨，几乎不存在不能偿还的债务，所以次级债券的价格步步上涨到和一般债券差不多的价格,一些金融公司看到次级债券的违约可能很低,纷纷大量持有、给予担保,并且开发出很多与之相关的金融衍生产品。但是在美国房价持续下跌过后,次级债券价格下跌,并引发了多米诺骨牌式的下跌,重创了金融市场和金融公司,给美国和世界经济造成了很大的冲击。

如果投资人既想分享被投资公司的超额收益率又不想丧失本金,那么他可以购买公司发行的可转换债券,但是投资人所获得的利息收益将大幅降低。

4.5.3 万科的资本构成

资产负债表(见表4-14)是负债和所有者权益表,也就是万科的资本来源。从上到下分别是流动负债、非流动负债和所有者权益。

表 4-14 万科的资本(负债及所有者权益) (单位:亿元)

负债和所有者权益	2016年12月31日	2015年12月31日
流动负债:		
短期借款	165.77	19
应付票据	36.04	167.45
应付账款	1 380.48	914.46
预收款项	2 746.46	2 126.26
应付职工薪酬	38.40	26.43
应交税费	95.53	73.74
应付利息	3.78	2.32
其他应付款	1 065.80	623.50
一年内到期的非流动负债	267.73	247.46
流动负债合计	5 799.99	4 200.62
非流动负债:		
长期借款	564.06	338.29
应付债券	291.08	190.16
预计负债	1.19	1.43
其他非流动负债	28.62	13.78
递延所得税负债	5.04	5.58
非流动负债合计	889.99	549.24
负债合计	6 689.98	4 749.86
所有者权益:		
实收资本(或股本)	110.39	110.52
资本公积金	82.68	81.75
减:库存股	0	1.60
其他综合收益	3.96	4.51

(续)

负债和所有者权益	2016年12月31日	2015年12月31日
盈余公积金	325.41	280.69
未分配利润	612	525.98
归属于母公司所有者权益合计	1 134.44	1 001.83
少数股东权益	482.32	361.26
所有者权益合计	1 616.76	1 363.09
负债和所有者权益总计	8 306.74	6 112.95

4.5.4　为什么不先分析所有者权益

我们知道资产是属于公司的，所有者权益才是归属于投资者的资产，我们投资人迫切想知道，归属于我们的是哪些资产。但是，我们不能在分析负债之前得到归属于我们投资者的权益。我们需要的是超额收益，那么就要承担相应的风险，如果公司倒闭，那么得让债权人优先获得补偿，如果有剩下的才能清偿给我们。

4.5.5　出来混迟早是要还的

《无间道》里这句经典的台词是上市公司对债务的真实写照，通俗的说法就是：欠人家的总是要还的。

上市公司的债务，不管多少，不管来源，也不管期限有多长，总是要偿还的。当债务到期时，公司就要筹集资金偿还债务，如果不能筹集到足够的资金偿还，那么公司就得变卖资产，甚至破产。

万科2016年年末负债合计达到6 689.98亿元，比2015年年末增加了1 940.42亿元，增长了40.85%。这个增长超过了万科总资产的增长率35.89%，远超过万科所有者权益的增长率18.61%，也就是说，万科资产的膨胀其实更多得益于负债的增加。

无债一身轻，老百姓背负一点债务（如房贷、消费贷、亲戚朋友借款）多数会想方设法偿还，2015年，一项调查显示，一般房贷还款周期在5~7年，这说明多数人会提前偿还。可是负债也是一种状态，特别是大负特负的时候，企业主动负债是为了做大企业规模，赚得更多的利润，但是前文也提到，负债是要给利息的，如果负债成本高于企业扩张资产所得到的利润，那么负债将得不偿失。

4.5.6　无息债务唱主调，免费资金添利润

在万科的债务中，主要是应付账款、预收账款和其他应付款，其中最主要的

就是预收账款。

4.5.7 预收账款：无偿占用又无须现金归还的客户资金

2016年年末，万科的预收账款高达2 746.46亿元，比2015年年末增长了29.17%。占万科总负债的41.05%，占负债和所有者权益总和的33.06%，预收账款是万科最重要的筹资方式。这是万科的客户（其中不少是"房奴"）为了买到相对便宜的房子，不惜在得到房子之前一年左右预先支付给万科的购房款。万科可以使用这笔资本支付包括工程款在内的此项目支出，还可以存银行获得银行利息，甚至可以按规定挪用去作其他项目或者母公司其他支出。

如果万科不能预售住房，那么只能通过自有资金建设项目，待项目建成后再卖出住宅回收销售款。不过显然万科的自有资金大部分都用来支付土地出让金了，所以得从银行借款。按一年期贷款利率6%算，2 746.46亿元预收账款给公司节省了164.79亿元的利息支出，约占万科税前利润的41.98%。如果按万科2016年实际利率⊖来算，万科则节约了146亿元的利息支出，约占税前利润的37.19%。

也就是说，如果完全取消预售制度，万科的净利润会大幅下滑，甚至沦为给债权人打工的地步。

预收账款还能说明万科有2 746.46亿元的销售收入将在未来确认，根据会计报表附注显示，万科的这些预收账款大部分在2017年上半年确认收入，按2016年2 404.77亿元的营业收入计算，即使万科2017年一年不卖房，营业收入仍然可以增长，也就锁定了2017年部分收入和利润，降低了经营风险。

房地产企业预售房制度给了房地产公司回款的先天性优势，但是其他的一些企业往往预售款就没有这么多，但是一般而言，预收账款夺回对应特定的未来商品流出。然而，有一种预收款除外，这种预收款制度我们很多人都体验过，就是储值卡，特别是商场的储值卡，这些储值卡一般没有固定的使用期间，也没有使用范围，发卡的商场在锁定了未来收入的同时，还提前获得了宝贵的资金。如王府井百货2016年年底80.26亿元的货币资金中有16.09亿元是预收账款，给公司节约了大量的财务成本。

⊖ 实际利率=实际利息支出/实际借款总额，万科2016年利息总支出55.38亿元，年初总有息负债794.91亿元，年末有息负债1 288.64亿元，平均1 041.78亿元，平均利率约5.32%。

4.5.8 应付账款：无偿占用但是需要短期归还的供应商资金

2016年年末，万科的应付账款余额是1 380.48亿元，主要是应付的地价和工程款。应付地价是万科已经拍得并且办理好权属证明的土地，但是没有交纳的土地出让金，是万科拖欠土地出让方的资金（可能是在合同规定的时间范围内）；应付及预提工程款是施工方给万科垫付的工程款，其实就是万科占用了施工方的资金。应付土地款如果不按时支付，土地有可能会被国土部门依法收回，公司损失惨重，应付工程款如果不按时支付则意味着建筑工人有可能不能按时拿到工资，造成不好的社会影响，所以，应付账款都是需要万科在未来较短的时间内支付的金额（见表4-15）。

表4-15 万科的应付账款余额 （单位：亿元）

项目	2016年	2015年
应付地价	315.01	236.06
应付及预提工程款	1 039.46	664.09
质量保证金	12.89	6.39
应付及预提销售佣金	9.52	5.45
其他	3.60	2.47
合计	1 380.48	914.46

另外还有36.04亿元的应付票据，应付票据其实是也是应付账款，只不过为了满足供应商获得更多保障的要求，由公司或者银行开具一张提款票据。票据一般会约定一个时间由持有人到银行提取，比如30天或者60天，而这个票据如果是银行开则需要万科支付一定的保证金，比如20%，所以票据的信用要比应付账款高得多，供应商在某种程度上可以把票据当现金支付给其他公司，或者到银行提前提取现金，只不过要支付一定的利息。

万科的票据在2016年年底全部是商业承兑票据，万科从2012年起就全部开立商业承兑票据，商业承兑票据完全是以万科的信用为依托，不需要支付银行押金，节约了万科的现金流。

4.5.9 关注细节：将要从公司流失的资金

预收账款虽然是公司债务，但是多数情况下，公司并不需要偿还，仅仅需要把相应的存货交割给对方就可以了；应付账款和应付票据我们也很容易得知，这些是一定要支付的。但是其他一些应付款是否要支付,以及在何时支付就需要我们详细甄别,不过,既然是负债,那么多数情况下是要支付的,而且有的时候还比较紧迫。比如应付职工薪酬、应交税费和应付利息都是需要按时足额支付的,否则后果很严重,如果套用一句时髦的话就是"摊上大事了"。万科即将支付的款项如表4-16所示。

表4-16 万科即将支付的款项 （单位：亿元）

项　　目	2016年12月31日	2015年12月31日
应付职工薪酬	38.40	26.43
应交税费	95.53	73.74
应付利息	3.78	2.32

在市场经济环境下,员工来上班需要按时获得相应的报酬,否则不能维持生计,上班自然也没有积极性,不可能为公司创造价值。所以,一家公司如要正常运转,首先要按时支付工资。

万科2016年年底没有支付的职工薪酬38.4亿元比2015年年底的26.43亿元增加了11.97亿元,而全年的薪酬才74.03亿元。显然当年多数薪酬并没有在当年发放,我们知道一般的公司工资都是在下一个月发放,不过万科没有支付的肯定不是12月的工资,而是加上了数额不菲的奖金,可以比较的是三季报表显示9月底的应付职工薪酬是9.06亿元,简单推算年底奖金高达29.34亿元,而奖金的多数显然是给管理团队的。

只要能给公司创造价值,管理团队获得一定的报酬也是应该的,当然也借了房地产市场的东风。随着万科规模的扩大,万科需要支付的职工薪酬越来越多,未来如果万科发生了意外,职工薪酬是第一类受到保护的对象,通用汽车2009年破产重组时,代表职工的工会持有重组后通用汽车17.5%的股权,而原股东权益荡然无存。

在经济社会中,企业需要和很多方面打交道,打交道最多的可能就是政府了,所以税要按时交纳,否则公司会被税务执行机关查扣,造成公司停产等严重后果,当然,银行也一样,下文会详细阐述。

万科除了应交税费科目的95.53亿元外,还有其他应付款中补充计提的土地增值税清算准备金86.65亿元,另外还有递延所得税负债5.04亿元,合计应交的税费高达 187.22 亿元。这里面有的是需要在限定时间内支付的，比如 2016 年的所得税需要在 2017 年 4 月之前支付，而一些和资产增值相关的税费则需要在处置这些资产时再支付。

4.5.10 还欠什么：其他应付款

万科的应付款项除了应付账款、应付职工薪酬、应付利息外，还有其他应付款，不过这里有个别项目虽然也属于应付款，但是事实上可能并不需要真正支付现金，仅仅是在销账时勾掉。万科的其他应付款如表 4-17 所示。

表 4-17 万科的其他应付款 （单位：亿元）

项目	2016 年	2015 年
应付合营、联营公司款	427.54	151.15
应付股权款与合作公司往来及其他	509.21	366.40
土地增值税清算准备金	86.65	62.58
押金及保证金	14.23	13.34
代收款	11.61	22.44
购房意向金	16.57	7.58
合计	1 065.81	623.49

除了应付股权款和合作公司往来及其他外，万科还占用了联营公司和合营公司的往来款高达 427.54 亿元，因为联营和合营公司是万科不能单独控制的，一般合作的几方都是利益均等的，所以万科从这些公司获得资金，说明其他合作方也能够获得相应的资金。

通过前文对预售款的分析我们已经知道，一个正常运营的房地产项目公司在结算之前是不能把预售款出借给股东的，不过因为违规成本较低，一般企业都挪用预售款，然而这些资金的大部分可能并不需要偿还，未来随着项目结算，项目公司清算时，这些款项可能会以分红或者收回本金的形式直接冲销。

4.5.11 购房意向金：购房风向标

房地产开发商为了聚集客户资源，加上住房供应紧张，开发商往往在正式开盘之前鼓励客户交纳购房意向金以获得购房资格或者获得购房优惠，这样做有以下作用：第一，获得了一定的意向金，回笼了部分资金；第二，聚集了市场人气；第三，可以测试市场反映情况，并制定合适的销售价格。

购房意向金较多说明该房人气较旺，等项目正式开盘后销售不成问题，而且可以适当提高销售价格。万科 2016 年年末购房意向金高达 16.57 亿元，比 2015 年年末的 7.58 亿元大幅增加。2010 年 4 月 19 日，住建部发出通知，要求今后未取得预售许可的商品住房项目，房地产商不得以认购等方式收取费用，自此，房地产企业收取的购房意向金已经大幅下降。

4.5.12 爱恨恩仇录：银行

如今，房价高涨，高房价对多数人而言只能是可望而不可即，能一次性付款的客户凤毛麟角，所以多数人会选择分期付款。然而，房地产公司很少会允许客户分期付款，因为这将影响它们的现金流。所以，购房人只能求助于商业银行，在支付了一笔首付款之后，以将要购置的房屋作为抵押向银行获得部分贷款，在获得一笔 10～30 年的贷款后获得房屋的所有权，但是如果要处置这套房屋，需要事先偿还完所有贷款。所以，如果银行收紧房地产按揭贷款，对房地产的购买力则是一个直接打击。

欧美发达国家为了支持老百姓购买自有住宅，往往只要支付很少的首付款，最低的甚至只有 3%～5%，所以欧美国家如果房价下跌 10%，那么可能就会有不少房子市价低于相应的抵押贷款，而业主可能会理性违约，谁还会为了 100 万元的房子去偿还 150 万元的贷款？

我国的住宅首付一般都在 30% 以上，但是仍然有 3 倍左右的杠杆，并且信贷政策成为房地产调控的重要手段。

比如，2008 年为了抵御金融危机，扩大内需，中国人民银行 2008 年 10 月 22 日宣布从 2008 年 10 月 27 日起，扩大商业性个人住房贷款利率下浮幅度多至七折，调整最低首付款比例至 20%；到了 2010 年，国务院下令控制高房价，北京市房产新政"京十一条"规定，提高第二套房贷的首付款比例不得低于 40%，贷款利率上浮，禁止发放第三套房贷，同时对没有当地一年纳税证明的外地购房者不得贷款；2013 年 3 月，随着新"国五条"的推行，第二套房贷首付比例已经提高到 70%；然而 2015 年 3 月，中国人民银行、住建部、银监会联合发布《关于个人住房贷款政策有关问题的通知》，将二套房低首付比例调整为不低于 40%；到 2017 年 3 月，随着新的调控政策发布，北京二套房首付又提高到 60%。

由此看来，房地产开发商非常希望继续放松房地产相关贷款，其实银行也希望，贷款越多，利率越高，银行利润就越高。然而，如果房地产价格太高，就有大幅下跌的风险，如前文所述，如果房价下跌到比房贷还低，那么业主就有可能弃房，银行拍卖相关房产并不能获得足额补偿，就有可能遭受损失。

当然，房地产公司有求于银行的还不止销售这个环节，因为房地产开发周期长，房地产公司为了提高资本收益率，一般在一个项目投入的本金有限，比如买地款，然后用地做抵押获得开发贷款，这样就可以提高自有资金的效率。

中国人民银行、银监会2008年8月27日联合下发《关于金融促进节约集约用地的通知》（简称《通知》），《通知》要求各金融机构加强商业性房地产信贷管理，禁止向房地产开发企业发放专门用于缴交土地出让金的贷款，并严禁农村集体建设用地项目贷款；2010年3月，银监会出台了对囤地的房地产开发公司停贷的政策，2016年10月，上海市住建委、规土局下发意见，要求银行贷款、信托资金、资本市场融资、资管计划配资、保险资金等不得用于缴付土地竞买保证金、定金及后续土地出让价款。

所以，房地产公司一方面拿着银行贷款，扩大了自己的资产规模，另一方面又时时警惕相应的政策变化，如过快扩张但是又碰到了信贷调控，就有可能造成资金周转不灵，甚至猝死。当银行放宽房地产相关信贷政策时，房地产公司爱死了银行；相反，当收缩时，房地产商恨死了银行。

在房地产相关贷款发放比较严格时，信托公司往往会乘机补位。信托公司有时会打着股权合作的幌子，实际上也是贷款，但是一般利率要比银行贷款高得多。企业想做大做强，银行（或其他金融机构）的信贷支持是非常重要的。如果银企关系较好，企业就可以长期使用银行较为廉价的贷款，当然企业也会给银行带来不菲的回报。如果银企关系不好，特别是中小民营企业，银行往往过于谨慎，企业信贷支持较少，资金链就会非常紧张。

万科是很幸运的，当然也是很强大的，早在2009年，建设银行就授给万科500亿元的信贷额度，看来建设银行对万科是很有信心的。不过，建设银行并没有给万科500亿元的贷款，实际发放贷款时还需要信贷审批。万科2016年获得了398.87亿元的净贷款，年底贷款本金余额715.93亿元。

小贴士：脱实入虚——商业银行同业业务

商业银行同业业务原本作用是通过同业资金往来平衡银行的资金缺口，不过随着金融市场的发展，同业部门逐步转变为利润中心，通过增加短期负债购买收益率更高的中长期票据等同业资产来获得利润，如前文所述，短期资金收益率较低，而长期资金收益率较高，只要有足够的市场信用能够接到短期资金，就能够获得较大的利润空间。不过这也造成了资金在金融机构间"空转"而没有进入实体经济，也就是所谓资金脱实入虚，给国民经济造成了一定的影响。

2017年以来，随着国家有意识地鼓励更多资金投向实体经济，金融市场短期资金利率上涨，商业银行同业业务盈利能力大幅下降。

银行为什么对万科如此有信心呢？

第一，万科从事的是房地产行业，银行喜欢不动产。不动产做抵押品能保值，并且价值较大，产权清晰，还能够获得稳定的现金流。第二，万科是房地产行业龙头，信誉良好，有清晰的经营战略和稳定的资产、资本结构，资产变现能力强，有很强的偿债能力。所以，万科的借款就不可能是坏账，而是银行的优质贷款。

4.5.13 股权融资受限，资本金缺口增大

2016年，万科总资产增速快于所有者权益增速，资产负债率提高，总负债增长40.85%，高于所有者权益18.61%的增长速度。同时，万科的销售增速，在2016年虽然大幅增加39.5%，但是到年底预收账款仅增加了29.17%（可以看出，现房去库存较为成功）。这使得万科需要主动筹资以弥补资金的缺口，短期内，万科的权益性融资仍然困难重重，缺乏大额股权融资，使得万科只能依靠发行债券和增加长期借款来弥补资本金的不足。

解决资本金的不足首先应该增加长期借款，因为长期借款稳定，所以可以当作自有资金使用。2012～2015年，万科长期借款一直维持在360亿元左右，而同期短期借款从99亿元下降到仅有19亿元，资本结构非常稳健。但是，我们看到2016年年底，万科的长期借款大幅增加，达到了564.06亿元，比年初增加了225.77亿元，增长了66.74%，突然增加的借款可能已经达到了银行能够提高的长期借款能力，或者可能影响到授信机构对万科长期信贷风险的评价，所以，万科

还大幅增加短期借款到 146.77 亿元，和年初相比增幅高达 7.72 倍。

如此看来，万科的债务风险在 2016 年快速增大，如果万科的股权融资继续被冻结，而销售不能维持，资产规模又继续快速扩张，债务风险将越来越高。如果发生金融危机或者房地产泡沫突然崩塌，万科将有可能彻底暴露在财务风险之下。

企业在高速扩张时期，资产和盈利都快速膨胀，企业风险较低，为了充分利用财务杠杆，负债特别是主动负债大幅提高。但是在行业转冷、经营风险增加时，为了规避风险，企业往往增加现金存量，减少主动性负债总额，特别是短期负债，以便降低经营风险和财务风险的重合。

 小贴士：中粮集团入股蒙牛乳业

2009 年 7 月，中粮集团投资 61 亿港元收购蒙牛 20% 的股权。蒙牛乳业是我国奶制品行业的骨干企业之一，2009 年销售量和销售额都名列国内乳业第一，特别是公司管理团队更是为业界所乐道。由于蒙牛增长速度稳健，为了实现股东价值最大化，因此，蒙牛尽量提高资金使用效率，营运资本只有 6.6 亿元（营运资本＝流动资产－流动负债）。2008 年下半年突如其来的三聚氰胺事件给行业和公司带来了沉重的打击，蒙牛当年净亏损 10.06 亿元，到 2008 年年末，蒙牛乳业合计有银行借款 18.29 亿元，应付账款和应付票据合计 23.95 亿元，公司 2008 年年底持有现金才 30.42 亿元，蒙牛资金吃紧。在这种情况下，通过向中粮集团定向增发获得现金 26.94 亿元，2009 年年底公司拥有的现金为 61.50 亿元，银行借款大幅下降到 6.74 亿元。

一般而言，短期借款成本低于长期借款，不少企业甚至会挪用短期借款建设长期项目。但是短期借款需要不断地偿还和借新债，在盈利不稳定的情况下，如果不能获得新的借款，公司有资金链断裂的风险。万科不惜舍弃较为便宜的短期借款，大幅增加长期借款，说明万科对于短期现金流不是很乐观，增加借款成本来回避短期可能出现的现金流风险。而增加借款总量，就增加了万科未来的还款压力；将贷款期限拉长，就降低了万科短期的还款压力，使万科能够从长期角度配置资金。

除了银行借款外，万科还有较多的融资渠道，其中最大的是债券融资，2016

年年底，应付债券余额达到315.72亿元，占有息债务的24.5%，比2015年年底增加115.56亿元，增幅达到57.74%，大幅增长的原因：一是自2015年以来国家放松了对房地产企业发债的限制，发债的宽松环境弥补了资本市场对于股权融资限制造成的资金缺口；二是2015年和2016年前三季度，我国货币政策整体宽松，债券市场交易活跃，融资利率较低；三是随着房地产销售异常火爆，万科不得不加快补库存的步骤，资产扩张较快，资金需求较大。

另外，信托依然是万科较重要的融资渠道，不过重要性有所下降，以信托为代表的其他借款占万科有息负债的16.90%，金额达到217.78亿元，比2015年年底下降20.69亿元，信托融资虽然灵活，可以在一定程度上规避监管层对资金流向的控制，但是成本相对较高，在融资便利的2016年，其重要性下降。但是仍然有不少房地产企业选择信托融资，不过主要是创新型的信托，比如夹层融资，随着2016年屡创新高的地王出现，政府监管层增加了对此类融资的监管，2016年10月，上海市住建委、规土局下发意见，要求银行贷款、信托资金、资本市场融资、资管计划配资、保险资金等不得用于缴付土地竞买保证金、定金及后续土地出让价款。

4.5.14　大树底下好乘凉

2016年，万科的第一大股东有变更，但是在绝大部分时间，万科的第一大股东和实际控制人是国务院直属企业中国华润总公司下属企业华润股份，强大的大股东给万科带来了直接的利益。

2015年5月22日，万科股东大会授权董事会决定在176亿元（即不超过公司2014年度经审计归属上市公司股东净资产的20%）以内继续与华润集团有限公司及其关联公司展开合作，其中包括同珠海华润银行股份有限公司签订贷款合同，利用华润深国投信托有限公司信托资金和汉威资本管理有限公司旗下基金的资金，同华润深国投信托有限公司、汉威资本管理有限公司共同投资。授权从股东大会通过有关方案起一年内有效。2012年，万科的关联方华润深国投信托有限公司共为万科拆入51亿元资金，到2016年，万科债务融资渠道畅通，双方合作已经完成。

2017年1月，华润与深圳地铁公司签署合同，转让所持万科股份，结束了其15年万科大股东的生涯，为万科践行"轨道＋物业"的发展模式奠定了良好基础。

 小贴士：有偿资本

有偿资本是站在公司的角度来说的，在公司的各种资本构成中，如果需要支付利息、股息就是有偿资本，主要包括短期借款、长期借款、应付债券、所有者权益等。

4.5.15 属于我们的资产：所有者权益

读到这里，你可能觉得，万科没救了，欠了人家那么多钱，哪儿还有钱来给我们投资者。没错，在这句话中你明白了一个道理，就是万科的资产得先偿还给所有的债权人，剩下的才能给股东。作为股东，我们只能获得公司的剩余资产分配权，这是我们获得超额收益所必须要承担的风险。从财务上讲，这也是一项基本的道理，也是财务报告的基础。

4.5.16 永恒的等式

这个永恒的等式用财务语言表达就是：

$$所有者权益 = 资产 - 负债$$

这个等式告诉我们：如果公司资产不增长而负债在增长，那么我们的权益就会缩小；如果负债不变，资产在增加，那么我们的所有者权益就会增长。只有资产增长的量比负债增长的量大，才能提高所有者权益。

如果公司资产大于负债，那么公司对股东就有价值，债权人对公司的债权也会得到相应的保障（公司的部分资产足够偿还负债）；如果公司的资产等于负债，那么公司股东利益将是0，不过债权人的利益勉强可以得到保障（公司只有用全部资产才能偿还债务）；如果公司的资产小于负债，也就是资不抵债，那么公司的股东利益账面数额是负数，但是实际仍然是0，因为根据我国法律，股东仅以其对公司的出资作为对公司的有限责任，债权人的利益不能全额保障（公司用其全部资产偿债也仍然不够）。

从理论上讲，公司会在保证正常经营的情况下尽量增加债务，因为债务资金成本相对较低。但是如果公司过分依赖债务资金，造成公司资金周转不灵，即使资产大于负债，仍然有可能被迫破产清算，这是因为公司的资产变现价值远小于账面价值，对债权人和所有者的伤害都较大。

小贴士：雷曼兄弟破产案

华尔街四大投行之一的雷曼兄弟公司在 2008 年 9 月 15 日宣布破产保护，原因是不能偿还债务。那么是雷曼兄弟公司资不抵债了吗？不是的，截至 2008 年 8 月底，雷曼总股东权益仍然有 284 亿美元，约合 1 941 亿元人民币（注：按 2008 年 8 月 31 日 1 美元兑 6.834 5 元人民币计算），甚至在宣布寻求破产保护时，雷曼兄弟有资产 6 390 亿美元、负债 6 130 亿美元，并非负债大于资产，不过因为次债危机严重影响到市场信心，雷曼持有的次级债不能在市场上变现，而且不能获得新的贷款，导致雷曼因不能偿还债务而倒闭。

4.5.17 属于万科股东的，属于你的

万科的股东无疑是幸运的，万科 2016 年的资产增加金额多于负债，所以万科的所有者权益得到增加，达到了 1 616.76 亿元，增加了 253.67 亿元，另外 2016 年还分配了 79.57 亿元股利，如表 4-18 所示。

1 616.77 亿元是确凿的吗？答案是"是"。

万科的所有者权益 1 616.77 亿元 = 万科的总资产（8 306.74 亿元）－万科的总负债（6 689.97 亿元），但是，这 1 616.76 亿元都是我们万科股票投资者的吗？答案是"否"。万科 2016 年年末除了有上市公司的股东权益外，还有旗下子公司的其他股东的投资，也就是所谓的少数股东权益。这些权益在 2016 年年末有 482.32 亿元，他们给万科增加了资金的来源，万科也需要给他们支付股息和投资回报。

表 4-18 万科的所有者权益 （单位：亿元）

股东权益项目	2016 年 12 月 31 日	2015 年 12 月 31 日
实收资本（或股本）	110.39	110.52
资本公积金	82.68	81.75
减：库存股	0	1.60
其他综合收益	3.96	4.51
盈余公积金	325.41	280.69
未分配利润	612	525.98
归属于母公司所有者权益合计	1 134.44	1 001.85
少数股东权益	482.32	361.26
所有者权益合计	1 616.76	1 363.11

归属于上市公司股东的权益只有 1 134.45 亿元，按照万科 2016 年年末总股本

110.39 亿股计算，每股净资产是 10.28 元。所以这时候你就明白了，你在股票市场上花 20 元或者 25 元购买的万科股票对应的净资产其实是 10.28 元，而你愿意花较高的钱购买较少的账面资产，那是因为你非常看好万科。

到这里，并没有结束对万科所有者权益的分析，在知道了万科的所有者权益有多少，其中多少是属于我们的之后，作为一个理性的、成熟的分析者，我们还应该弄清楚万科的净资产都是怎么得来的。

很多公司在刚上市或者增发"圈钱"之后，所有者权益或者净资产都会大幅增长，但是我们知道这种突飞猛进式的跳跃并不是公司的功劳，而是投资者对公司的再次输血，这并没有增加我们股东的价值。我们需要的是公司为我们赚钱以提高股价或者分配股利来增加我们的价值。

4.5.18 万科给股东赚了多少钱

万科公司从设立以来，通过 8 次融资共募集资金 192.53 亿元（明细资料如表 4-19 所示），加上公司设立时的净资产 0.13 亿元，共从股东处筹集资金 192.66 亿元。至 2016 年年末，万科归属于上市公司股东的净资产是 1 134.45 亿元。现在上市公司所有者权益中还有 941.79 亿元是上市公司给股东带来的资产增值。如果一家公司目前归属于上市公司的净资产少于募集的资金，那么这家公司肯定没有给股东创造多少价值。

表 4-19　万科历年募集资金明细　　　　　　　　（单位：亿元）

时　　间	募集资金方式	金　　额
1988 年 11 月 1 日	设立时净资产	0.13
1988 年 12 月 18 日	首次发行 A 股	0.28
1993 年 5 月 28 日	首次发行 B 股	5.06
1997 年 7 月 14 日	配股	3.88
2000 年 1 月 10 日	配股	6.41
2002 年 6 月 13 日	可转换公司债券	15.00
2004 年 9 月 24 日	可转换公司债券	19.90
2006 年 12 月 19 日	增发	42.00
2007 年 8 月 24 日	增发	100.00
合计		192.66

4.5.19 不能分红之痛

为什么有的公司多少年来一直都是铁公鸡，不给股东分一分钱？为什么有的公司虽然也分配利润，但都是送股不送钱？为什么只有少数公司，就像万科一样，每年都会给投资者现金分红？

为什么明明属于我们投资者的权益却不用来分配，难道属于上市公司股东的权益还不能用来分配利润吗？

要解决这些问题就得弄清上市公司所有者权益的真相。归属于上市公司股东的权益分为几部分：一部分是股本或者注册资本，这个在中国是不允许用来分红的；一部分是资本公积，只能够用来转增股本，就是分红模式一般是每10股转几股；还有的是盈余公积，这一部分原本是用来作为公司发展基金的，但是如果公司的盈余公积已经很多了，可以用来转增股本或者现金分红，这时候和未分配利润是相同的。分红常见方式是每10股送几股或派几元。个人和投资基金获得的送股与现金分红要交纳5%～20%的所得税（资本公积转股不需要交纳个人所得税）。

 小贴士：大唐电信 15 年之痒

大唐电信从2002年开始连续15年没有分红，是公司连年亏损吗？不是，大唐电信2002～2015年除有两年亏损外，其余年份均盈利，其中2007～2015年连续9年盈利。但是，截至2015年12月底，大唐电信每股未分配利润还是-0.6367元，然而，2016年，大唐电信大幅亏损18.08亿元，每股未分配利润下降至-2.65亿元，大唐电信走向分红的道路还很漫长。

像大唐电信这种未分配利润是负数的公司，在现行会计制度下是不可能有现金分红的，所以如果我们想获得现金分红，在购买股票之前先要查看这家公司的未分配利润是不是正数。然而，有一些公司虽然长年盈利，但是拒绝向股东现金分红，有的虽然账面盈利，但是现金流紧张，没有现金可分，还有的是管理层为了留住宝贵的资金，不进行现金分红。不过在2008年，证监会出台了《关于修改上市公司现金分红若干规定的决定》，对上市公司再融资需满足的条件中，将最近3年以现金方式累计分配的利润不少于最近3年实现的年均可分配利润的比例提高到30%。所以，不少上市公司把现金分红当成再融资的先决条件，A股市场一毛不拔的铁公鸡大幅减少。

 **小贴士：资本公积**

资本公积是指企业在经营过程中由于接受捐赠、股本溢价以及法定财产重估增值等原因所形成的公积金。我国Ａ股上市公司，一般公司的资本公积主要是指投资者购买公司发行股票时出资额多于注册资本的部分。

资本公积的来源有两种：一种是投资者投入的超过注册资金的部分，一种是公司所持有的财产重估价值变化（主要是暂时不考虑出售的财产），注意这里用的是变化，如果财产增值则增加资本公积，反之则减少。

 小贴士：中国平安折戟富通集团

从2007年11月开始，中国平安先后购入富通集团1.21亿股，投资金额为238.38亿元。然而，自入股富通集团以后，富通集团股价大幅下跌。到2008年6月30日，中国平安投资富通已经浮亏了约169.68亿元，但是中国平安把富通集团的股票定义为长期持有的资产，并没有计提减值准备，而是调减了资本公积。只有到年报时，随着国际金融危机的深入，富通集团股价持续下跌，中国平安才计提了减值准备。

盈余公积和未分配利润是上市公司通过经营获得的净利润，除了分配股利后沉淀在公司的主要部分外。其中盈余公积是通过利润分配留给公司作为后续发展的资金，如果大量结余也可以用来发放股利，那么只有在发生企业并购等特殊情况时才能减少为负数。未分配利润是还没有分配的利润，如果这个指标是负数，说明上市公司糟蹋了投资者的资金，公司也不可能发放股利，特别是现金股利。

4.6 资产和资本的关系

4.6.1 资产＝资本？

上市公司都希望扩大资产总额，提高经营规模以提升业绩，但是公司的资产显然是不能无限扩大的。我们从第4.5节知道，所有公司的资产都是属于债权人和股东的，上市公司要增加资产就得相应地增加负债或者所有者权益。

小贴士：苏宁电器快速扩张的现金之谜

苏宁电器，2004年登陆深圳中小板，当年营业收入才91亿元，门店数量才84家，经过12年的发展，到2016年，苏宁电器营业收入为1 485.85亿元，公司已在全国297个地级以上城市拥有门店1 510家，并进入日本和中国香港地区市场，已经成为中国公司的一面旗帜。虽然，2012年以后，苏宁云商在京东等电商平台的竞争下业绩下降，但是，苏宁云商仍然是中国最成功的企业之一。

苏宁电器快速扩张的资金来源主要是公司大量占用的供应商货款，2016年年末，公司应付供应商货款高达383.10亿元，长期占用供应商的货款沉淀成了稳定的资金，2016年年底，苏宁账面货币资金高达272.09亿元，供应商的货款支撑了苏宁电器的快速扩张。除了供应商货款外，苏宁电器还借助资本市场，先后4次发行股票共募集资金97亿元。强大的现金流和资本市场的不断输血成就了苏宁电器的快速扩张。

万科的资产在2016年年底达到了8 306.74亿元，比年初增加了2 193.78亿元。展望未来，随着万科开发项目的增加，万科的资产可能还会继续膨胀，那么万科的资本来源是否又能够支持万科资产的膨胀呢？

万科作为上市公司，扩大资本规模最好的办法莫过于通过资本市场获得股本资金。

股权融资是上市公司得天独厚的功能，不过中小股东更希望公司通过经营获得净利润，增加股东权益，但是仅靠公司自身积累，速度较慢，可能会错失发展良机；较快捷的方法是通过向投资者增发或者配股，获得的资金量较大而且较快，但是这往往被投资者视为圈钱，并且需要相关监管部门的审核；还有的方法就是和其他公司合作，就增加了合并会计报表中的少数股东权益，坏处是获得的收益需要和合作方分享。万科的资本结构如表4-20所示。

万科从上市以来，通过资本市场先后8次募集股权资金，总额高达192.53亿元。特别是在2006年和2007年，万科先后增发，获得142亿元现金，资本市场源源不断的资金供给使得万科从一家很小的公司成长为国内地产业龙头，可以说没有资本市场就没有万科。当然,万科自己积累也很高,20多年来总共积累了941.79亿元,其中2009年和之前20年的积累仅有181.10亿元;另外万科也通过合作获得了482.32亿元的资金(包括合作方的收益沉淀)。所以在资本市场融资畅通的情况下,万科股权融资的基本政策是依托资本市场,积极自身积累,同时不放弃对外合作,多管齐下,以期利益最大化。

表 4-20　万科的资本结构　　　　　　　　　　(%)

负债和所有者权益	2016年12月31日	2015年12月31日
流动负债:		
短期借款	2.00	0.31
应付票据	0.43	2.74
应付账款	16.62	14.96
预收款项	33.06	34.78
应付职工薪酬	0.46	0.43
应交税费	1.15	1.21
应付利息	0.05	0.04
其他应付款	12.83	10.20
一年内到期的非流动负债	3.22	4.05
流动负债合计	69.82	68.72
非流动负债:		0.43
长期借款	6.79	5.53
应付债券	3.50	3.11
预计负债	0.01	0.02
其他非流动负债	0.34	0.23
递延所得税负债	0.06	0.09
非流动负债合计	10.70	8.98
负债合计	80.52	77.70
所有者权益:		
实收资本(或股本)	1.33	1.81
资本公积金	1.00	1.34
减:库存股	0.00	0.03
其他综合收益	0.05	0.07
盈余公积金	3.92	4.59
未分配利润	7.37	8.60
归属于母公司所有者权益合计	13.67	16.38
少数股东权益	5.81	5.91
所有者权益合计	19.48	22.29
负债和所有者权益总计	100.00	100.00

企业通过增加负债来获得资本,最简洁的方法就是向银行借款或者发行债券,

可以一次借到较大数额的资金，而且可以较长时间使用，但是要支付不菲的利息，银行（包括发行债券）还要对借款的使用有苛刻的限制；企业也可以通过挤压上下游企业获得它们的资金，占用上游企业资金的方式就是尽可能地推迟支付供应商的货款，占用下游企业的资金就是要尽早地收取下游企业的货款。但是占用上下游企业的资金需要公司在整个产业链中处于强势地位或者支配地位，比如连锁零售企业控制了销售渠道，往往能够大量占用供应商的货款；而造船、房地产等产品生产周期较长、单位产品价格较高的公司，往往收取大量的预收账款，资金也极为充足。

万科增加负债的方法之一是获得借款，2016年年底，借款余额高达972.88亿元，占总负债的14.54%，总资产的11.71%。随着房地产继续调控和万科债务规模的扩大，银行借款已经不能满足万科的资金需求。2016年年底，在万科972.88亿元借款本金中，银行借款只有754.78亿元，其他借款（主要是信托借款）有218.1亿元，其他借款占22.42%，而2012年年底在万科的借款中，其他借款的比重高达62.79%，信托借款的大幅降低说明万科在债券、银行融资成本大幅下降、融资渠道畅通的情况下，减少了对信托融资的依赖。

银行为什么喜欢给房地产企业贷款？

为了预防房地产泡沫继续吹大，以及对金融机构和实体经济的不良影响，监管机构三令五申地要求银行控制对房地产企业的贷款，但是，房地产企业仍然能够较容易地从银行获得借款。原因是房地产企业因为预售资金的监管，保留了大量货币资金，房地产开发公司在获得贷款的同时，在同一家银行存放一定的货币资金，银行左手出，右手进，实际贷款风险较低，并且收益率较高。

例如，2016年年底，万科在建设银行购买的理财产品"乾元-福顺盈"就高达45亿元，年化收益率为2.8%，如果建设银行同时按照一年期基准利率给予万科45亿元贷款，利率为4.35%，则建设银行几乎未动用自身资金净获得1.55%的利息差，在没有任何风险的情况下，每年获得净收入6 975万元，而万科则相当于为了规避监管层对于预售资金的监管付出了6 975万元的费用。

由于预售款不能够完全自由流动，并且自有资金用途较多，因此万科实际可以使用的资金远小于账面货币资金余额。不过，万科可以随时用借款来补充流动性的资金，其对万科有着非常重要的作用。虽然万科获得了银行较多的信贷额度，但是历史上，银行实际放款受到房地产调控的影响，同时，银行借款往往有特定用途，一般只能用在项目开发上。在房地产业贷款收紧时，万科和众多房地产公司一样会加大与信托公司的合作，2012 年，万科通过信托公司等非银行金融机构获得的借款有 490.09 亿元，超过了从银行获得的借款。

另外，万科在 2016 年末应付债券为 315.77 亿元（含一年内到期部分），净新增债券融资 115.63 亿元，也在很大程度上缓解了万科的自有资金压力。需要注意的是，万科在 2016 年发行了大量港币债券，截至年底，万科合计发行的美元、港元等分人民币债券达到 100 亿以上。这一方面说明，万科在境外也有较好的信用评级，被广大境外金融机构所认可，融资渠道畅通；另一方面说明，如果未来人民币持续贬值，万科将承担较多的汇兑损失，2016 年，在人民币相对港元走软的情况下，万科全年汇兑损失达到 5.73 亿元。还要注意的是，万科的外币资产远小于外部负债，如果未来我国外汇管理回到之前严格的管制状态，万科不能兑换足够的外币，可能会发生外币债务对付风险。

鉴于万科有息债务余额达到 1 288.64 亿元，如果万科能够有效降低筹资成本 1 个百分点，就能够创造 12.88 亿元的税前利润，相当于 2016 年全年净利润的 4.54%。

当然万科的债务最主要的还是预收款项，万科 2016 年年底预收款项达到 2 746.46 亿元，占总负债的 41.45%，总资产的 33.06%，然而，2016 年年底预收账款占总资产的比例比 2015 年年底的 34.78% 已经有明显的下降，这也造成了万科资金的紧张。表面上看，这些资金都是万科可以控制的资金，但是，随着国家对房地产预售资金监管越来越严厉，这些资金的使用条件将越来越苛刻。

与此同时，万科还背负了 1 416.52 亿元的应付账款和应付票据以及 1 065.80 亿元的其他应付款，合计占负债的 37.11%，总资产的 29.88%。这些有的是欠政府的土地出让金，有的是欠建筑商的建设资金，还有是欠联营及合营企业的资金。不过拖欠得了一时，拖欠不了一世，这些欠款都是万科未来需要偿还或者对未来的透支，也是万科资金链紧张的源头之一。

4.6.2 偿债能力之流动性风险：资产和资本配置

上市公司为了扩大资产，它们通过各种途径筹集资金，股权资本肯定是有限的，所以还需要筹集大量的债务资本。债务资本又按照偿还期限的不同分为短期债务和长期债务，短期债务是指偿还期限在一年之内或者一个经营周期的债务，反之就是长期债务。与之相对应，上市公司要筹集相应的资金在债务到期时给予偿还，如果到期不能筹集到足够的资金，那么公司的资金链将会断裂，陷入困境，甚至会破产。

为了使公司在偿债时不会陷入资金周转危机，上市公司必须在资产配置和资本结构之间获得平衡。主要平衡方法是流动负债需要足够多的流动资产来保证偿还能力，非流动的长期资产所需要的资金需要靠筹集长期资本获得，另外上市公司本身还要保持良好的偿债信誉，这样万一资金短缺时可以获得债权人的谅解或者金融机构的贷款支持。

测算资产配置和资本结构相平衡的指标有流动比率、速动比率以及重要的指标资产负债率，这些指标也是衡量上市公司偿债能力的重要指标。

小贴士：流动资产、流动负债、流动比率、速动比率

流动资产是指在一年或者一个经营周期内变现的资产，主要包括现金、应收账款、预付账款、存货等；速动资产是指在流动资产中扣除了不容易变现的存货、预付账款等资产，因为这些资产的变现建立在公司能够正常销售回款的基础上；流动负债是指在一年内需要偿还的负债，主要包括短期借款、应付账款等；流动比率＝流动资产／流动负债；速动比率＝（流动资产－存货等）／流动负债。

流动比率就是要求上市公司的流动资产和流动负债要匹配，为了能够偿还流动负债，往往需要公司保有两倍于流动负债数量的流动资产，以保证在筹集不到任何新的债务的情况下，凭自身的流动资产能够偿还现有债务。

2016年年底，万科的流动资产是 7 212.95 亿元，流动负债是 5 799.98 亿元，流动比率是 1.24，而 2015 年年底是 1.30，从这个指标上看万科的短期偿债能力较差，并且有所下降。流动资产中的存货需要出售才能够变现，而出售存货就是要实现营业收入，需要一定的时间，在关键时刻并不能成为偿还债务的资金来源（这也是为什么流动资产要是流动负债两倍的原因之一）。所以为了保险起见，在流动资产中剔除存货然后再和流动负债匹配，这个指标只要达到 1.5 就可以了。需要注

意的是如果流动资产中有大量的应收款项,并且应收款项质量较差,或者收回的周期较长,会降低流动资产的偿债能力。

万科的存货是土地储备、在建商品房和已建成的商品房,房地产项目完工一般需要一两年的时间,变现速度较慢。万科的存货相对于一般工业企业的存货有其特有性,部分存货在没有完工之前已经出售,不过预售款只能用来建设本项目,只有项目完工后才能用来偿还负债,加上目前房地产价格处于高位,如果用来抵债,那么可能需要较大幅度的折价。所以万科存货的偿债能力较低,万科更需要用速动比率来衡量其短期偿债能力。

不过除非房价大幅下跌、期房售房协议大量毁约,否则万科流动负债中预收账款需要偿还的可能性不高,而且多数房地产项目变现能力较强,所以在当前房价仍然坚挺的形势下,万科的短期偿债能力仍属健康。

2016年年底,万科扣除存货外的流动资产是2 539.34亿元,应收账款只有20.75亿元,速动比率是0.438,而2015年年底是0.426,不过万科流动负债中有大量的预收账款,这些负债几乎不需要偿还(除非购房人毁约退房),实际速动比率是0.832,但是如果充分考虑到万科预售款不能用来偿还债务。万科母公司的偿债能力更差,流动资产是2 028.37亿元,流动负债高达1 173.16亿元,需要频繁调动资金,万科的实际资金是非常紧张的。

从房地产行业领先的四家公司的流动性来看(见表4-21),流动比率指标都在1~2之间,速动比率都在0.5左右,不过扣除了预售款的速动比率明显提高,四家公司资金都偏紧张,资金管理在这四家公司都非常重要。从数据看,万科的流动性是四家公司中最紧张的,继续挤压流动资产,特别是把非存货的流动资产转变为存货的空间不大(即用现金购置土地)。

表4-21 万科、保利地产、招商蛇口和金地集团流动性指标比较

公司	流动比率	速冻比率1	速冻比率2(扣除预付款)
万科	1.244	0.438	0.832
保利地产	1.735	0.526	1.384
招商蛇口	1.746	0.801	1.417
金地集团	1.818	0.772	1.288

资产负债率主要衡量的是公司的长期偿债能力,相当于资产中有多少来自于债权人。如果一家公司资产负债率超过100%,股东将血本无归,债权人也有不小

的损失。债权人为了防止损失，不希望上市公司有很高的负债率，而上市公司为了获得更大的收益，往往拼命做大规模，提高负债率。一般而言，50%的资产负债率是非常安全的。

万科2016年年底的资产负债率是80.54%，在这四家地产公司中属于最高水平，而如果资产、负债同时扣除预售款后，万科的资产负债率是70.92%（见表4-22），在四家公司中仍然是最高的。

表4-22 万科、保利地产、招商蛇口和金地集团的资产负债率比较 （单位：亿元）

公司	总负债	总资产	资产负债率1（%）	预收账款	资产负债率2（资产、负债同时扣除预售款）(%)
万科	6 689.98	8 306.74	80.54	2 746.46	70.92
保利地产	3 498.95	4 679.97	74.76	1 555.43	62.20
招商蛇口	1 729.06	2 507.32	68.96	524.85	60.74
金地集团	1 005.30	1 536.34	65.43	274.86	57.90

需要提示的是，万科在2009年年报里写道："在报告期内，公司未为股东、实际控制人及其关联方提供担保，也未直接或间接向资产负债率超过70%的被担保对象提供债务担保。"由此可以推定彼时万科自身可以接受的资产负债率是70%。

然而，在2009年之后，在房地产调控政策下，房地产上市公司增发股票募集资金被暂停，万科股权融资的渠道被限制。所以，在房地产价格短期内大幅下降的可能性很小的情况下，万科选择了提高资产负债率，到2016年年底资产负债率已经升到了80.54%。而在2016年年报中，万科已经悄然删除了前述"未直接或间接向资产负债率超过70%的被担保对象提供债务担保"的语句。

4.7 从资产负债表预测未来盈利

4.7.1 资产决定价值

一家公司的资产是公司产生业务收入和利润的源泉，资产的多少和好坏决定了公司未来的营业收入，存货的成本则决定了公司未来的营业成本。资产包括存货但不仅仅是存货，还包括公司的无形资产（比如品牌价值等）、固定资产（能够决定公司的产品质量）。另外公司的对外投资也能够给公司带来足够的资产增值，公司的资金储备如果足够多，则可以投资新的生产线或者进入新的盈利行业，有可能给公司带来意想不到的收益。

关系到万科营业收入的资产主要是万科的存货和万科的无形资产（品牌价值），固定资产没有直接的影响。

4.7.2 提高万科价值的无形资产

万科品牌在我国房地产行业中可以说是一面响当当的旗帜，几乎就代表着品质和质量，同一地段的住房，消费者往往愿意给万科产品更高的价格。这得益于万科多年来的品牌培育，公司的品牌价值得到广泛认可。

2012年，公司连续第十次获得由经济观察报社与北京大学管理案例研究中心联合评选的"中国最受尊敬企业"称号，连续第五年获得《财富》（中文版）公布的"最受赞赏的中国公司"，荣登"2012最受赞赏的中国公司全明星榜"，并连续在"房地产开发"行业榜中位列第一。在由《21世纪商业评论》《21世纪经济报道》联合主办的第九届中国企业公民论坛活动中，公司获得2012年中国最佳企业公民综合奖。在由南方周末报社主办的中国企业社会责任评选中，公司获得年度责任案例奖。

公司还被评选为"2012中国房地产行业领导公司品牌"，公司物业服务公司被评选为"2012中国物业服务优秀品牌企业"。在中国房地产研究会、中国房地产业协会、中国房地产测评中心评选的"2012中国房地产开发企业500强"中位列第一名，并荣获"杰出贡献奖"。

应该说，万科的良好口碑是有目共睹的。不过这些资产并没有在报表中体现，属于表外资产。

万科2016年年报没有披露所获得的奖项，不过据2016年9月21日，2016中国房地产企业品牌价值测评成果发布会暨房地产品牌价值高峰论坛发布的《2016中国房地产企业品牌价值测评研究报告》宣布，万科品牌价值为382.53亿元。

 小贴士：品牌和品牌价值

品牌是商品用以和其他竞争者的产品或劳务相区分的名称、术语、象征、记号或者设计及其组合；品牌带给消费者的一种心灵需求的情感价值就是品牌价值。这个价值也是无形资产，通过产品价格可以体现。

建设品牌需要资金，万科 2016 年的品牌宣传推广费用是 15.44 亿元，2015 年是 13.86 亿元。目前万科注册的商标包括但不限于中文"万科"、英文"VANKE""V·HOME"、图形"□"等商标。

当然直接关系到万科营业收入的无形资产还有万科的设计、研发能力、建筑质量，也是万科的主要软实力，同样不能在会计报表中以货币的形式体现。不过能看出来的是，在万科的固定资产中有专门给万科设计部门的办公基地。东莞万科建筑研究基地造价过亿元，已于 2014 完工。这说明万科对建筑研究非常重视，万科的设计在物质上是有保障的。另外，万科还提出了绿色住宅的口号，是住宅产业化的领先企业。

这些无形资产并没有体现在万科财务报表上，2016 年年底，万科资产负债表上的无形资产多数是土地使用权和特许经营权。

消费型企业为了扩大品牌效应，往往需要做大量的宣传，并且需要极力维护品牌形象，这需要公司的产品质量、客户服务、社会责任等一系列因素共同作用，否则就会出现"毒牛奶""瘦肉精"等对品牌伤害很大的事件，不过好在这两个事件的涉案公司因为处理得当，并且产品有一定的市场基础，在一定时间后能够恢复。

4.7.3　囤地的好处

房地产行业最重要的就是存货，最致命的也是存货，"有粮心不慌"就是土地对房地产公司重要性的真实写照。在房价不断上涨的大趋势下只要以较低的价格获得土地，那么是否赚钱就不是房地产开发公司需要考虑的，在地价快速上涨的这几年，甚至有盖房不如"倒地"的现象。SOHO 中国董事长潘石屹估计开发商至少有 1/3 是不盖房子的，因为一块地常常要"倒"许多次手，这些拥有地的或者曾经拥有过地的人都号称自己是房地产开发商，但他们从来不盖房子，也没有盖房子的团队，更没有盖房子的经验，就是靠"倒"地为生。

国土资源部的数据显然低估了我国地价的涨幅，特别是大中城市地价的涨幅，但是即使是这个低估的数据 2000～2016 年第二季度的涨幅仍然在 150% 左右，而住宅地价涨幅直逼 200%，见图 4-7。

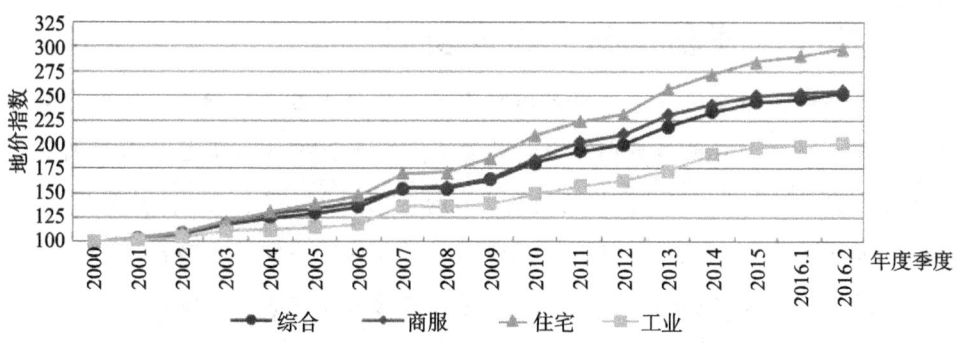

图 4-7　2000 年至 2016 年第二季度重点城市分用途平均地价指数

注：资料来自国土资源部《2016 年第二季度全国主要城市地价监测报告》。

 小贴士：房地产开发商的囤地方式

房地产公司囤地的方式主要有：①被动囤地，房地产开发商往往以手续没有办齐为由，延误开工时间，实际上达到了囤地的效果；②主动囤地，房地产开发商在手续齐全后也不立即开工，开工了也拖延工期；③策略囤地，房地产开发商一次获得大幅地块，然后分期开发，每期开盘项目较少，开发时间拉长，实际上囤房囤地。

4.7.4　囤地的坏处

在房地产高度景气时，由于长期看好房价，房地产开发商对房地产前景过分乐观，往往不惜高价拿地，不计成本地高价获得地王。有时甚至盖房的"面粉"（土地）贵过"面包"（房屋），那么，再好的"面粉"也有可能成为烫手的山芋。所以每次房地产膨胀都会造成新的地王，有的地王被房地产公司囤着，等待房价继续上涨，有的则被没有实力的房地产公司抛弃。

如在 2008 年金融危机后，国内房地产市场调整，不少在 2007 年高价拍下地王的公司后悔不已，纷纷计提减值准备。有的房地产公司因为不想支付高额的土地出让金，主动毁约，让政府没收保证金。2009 年，大龙地产花 50.5 亿元拍下北京市天竺 22 号地，成为北京市新地王，不过无力开发也无力囤地，2 亿元保证金被收回。

小贴士：泛海建设"囤地暴富"

上市公司泛海建设在北京市朝阳区东风乡拥有大量土地储备，这些土地是2004年购入的，到目前多数仍然没有开发完毕，而2007年5月已经售完的泛海国际居住区一期项目，目前房价已经从原先的17 800元/平方米，上升到2001年的45 000元/平方米，到2016年，泛海国际居住区新一期售价高达10万元/平方米。以2001年的45 000元/平方米计算公司仍未开发的1#、2#、3#、4# 地块升值超过200亿元。而2009年年末，泛海建设的总资产才227亿元，净资产才89亿元，2009年的净利润才4亿元，囤地带来的收益远超过盖房子的收益。

然而，泛海建设虽然通过囤地能获得大量财富，但是其开发一直不温不火，造成公司利润低迷，2011年和2012年净利润分别只有2.45亿元、7.78亿元，到整体上市前的2015年净利润才有23.66亿元，和一线房地产公司相距甚远。

4.7.5 万科存货成本分析

房地产公司的存货成本包括土地成本和建筑成本，如果某家公司项目较少，那么我们可以根据这几个项目的拿地成本，再结合当地的房价，估算出项目成本。

比如苏宁环球，主要项目是南京的天润城，2012年营业成本占全部成本的63%以上。天润城项目的土地成本才600多元/平方米，而房价已经卖到了9 000元/平方米以上。如此低廉的土地成本保证了苏宁环球的高盈利能力。苏宁环球2012年的毛利率达到了43.17%，远高于万科及其他同行，成本（包括建安成本和土地成本）占收入的比重只有56.83%，低于万科6%以上。同时，经南京市浦口地方税务局批准，苏宁环球子公司天华百润"天润城"项目和浦东房地产"威尼斯水城"项目土地增值税按照核定征收率政策计征，审批批复号分别为宁浦地税土增清算核字（2010年）003号和宁浦地税土增清算核字（2010年）004号。这使得苏宁环球的利润率明显高于同业，2012年的净利润率高达19.49%，明显高于万科15%左右的水平。

万科项目众多，而且没有哪个项目占很大比重，所以不能逐个分析。但是项目众多也使得项目连续性较强，我们可以根据历史资料分析万科的成本变化情况。因为万科并没有披露单位产品土地成本和建筑成本，我们根据万科历年结算成本和结算面积计算万科的结算单位面积的成本，包括土地成本和建安成本。

根据国家统计局历年数据，2012～2016 年，全国平均销售房价持续上涨，从 5 359.3 元/平方米上涨到 7 475.55 元/平方米，整体涨幅达到 39.49%，而从 2008 年算起，涨幅达到 108.80%。万科销售平均价格整体也呈上涨趋势，但是整体涨幅小于全国，其中，2012～2016 年上涨 21%，但是整体房价仍然远高于全国平均水平。

万科结算价格整体呈上涨趋势，但是 2012～2016 年仅略有上涨。万科销售价格和结算价格的涨幅低于全国均值是万科战术调整的结果，万科逐步降低了一线城市核心地带项目的比重，而更多地增加了二三线城市的项目。万科向二三线城市转型未能减轻成本上升的压力，万科 2012 年以来平均单位成本上涨了 12.72%，大于结算单价的涨幅，如表 4-23 所示。

表 4-23　万科 2012～2016 年产品成本　　（单位：元/平方米）

项　　目	2012 年	2013 年	2014 年	2015 年	2016 年
全国平均销售单价	5 790.99	6 235.74	6 323.47	6 793.43	7 475.55
万科平均销售价	10 900.74	11 477.10	11 909.32	12 651.53	13 190.50
万科平均结算价	11 295.45	10 787.16	11 400.32	11 158.63	11 403.16
万科营业成本率（%）	63.56	68.93	70.28	71.25	70.97
万科结算单位成本	7 179.86	7 435.43	8 012.19	7 950.74	8 093.09
万科单位成本增长率（%）	-5.28	3.56	7.76	-0.77	1.79

我们知道存货成本和土地价格息息相关，万科号称不拿地王，整体没有拿地的疯狂。2016 年拿地面积 2 159 万平方米，新增项目的平均楼面地价约为 5 961 元/平方米，2015 年新增项目的平均楼面地价是 4 941 元/平方米，2016 年较 2015 年涨幅达到 20.65%，万科 2016 年获得土地单位成本较 2012 年增加了 112%。

历史上，万科也有高价地，2007 年高价拿地的苦果到 2010 年房价再次大幅上涨才消化完毕。当然，万科是有实力的，能扛得住，也能囤得住。但是对于一些小企业而言，高价囤地如果碰上行业调整则是死亡的代价。

自 2013 年以来，万科结算单价均低于销售单价，说明万科的高价楼盘结算较慢，而较低价格项目结算较快，不过，随着高价项目逐步结算，万科的结算价格将会提高。从近年来万科获得土地价格逐年上涨来看，万科的成本变化也将增加，如果房价不能持续大涨，万科未来毛利率还会有下降的压力，究其原因是，土地市场特别是通过拍卖获得土地的住宅土地市场相对透明，在价高者得的游戏中，房地产开发商的利润空间被同行竞拍压低。

4.7.6 预收账款与未来业绩

房地产开发公司和一般公司不同的是,房地产销售特别是住宅销售一般都是预售,预售时房屋仍在建造中,买房人称之为买图纸。按万科的开发安排,一般在完成预售后半年结算,所以 2016 年结算了部分 2015 年的销售,而 2016 年的销售需要在 2017 年甚至更晚结算,2016 年年末,预收账款有 2 746.46 亿元。也就是说,2017 年万科多数营业收入已经是基本确定的。

对于一般的企业而言,有庞大的预收账款说明企业产品供不应求,客户需要提前把款支付给公司预定产品,公司则在产业链中居于强势地位,可以提价也可以扩大生产规模,利润自然非常可观。如果在较长时间内,没有别的公司提供相同或相近产品,那么公司就可以在较长时间获得超额利润,这样的公司是非常有投资价值的。

比如贵州茅台,因为产量有限,需求较大,加上公司品牌强势,在营销中占优势地位,2016 年年底预收账款达到 175.41 亿元,而贵州茅台全年收入才有 388.41 亿元,也就是说,客户为了买到茅台酒需要提前半年支付货款。

4.7.7 净利润是如何创造的

我们投资者投入公司的资金形成了所有者权益,也就是公司的净资产,即公司的本钱。那么这些本钱是通过了一个什么途径来增值的呢?

我们来看公司的做法,公司首先以股东投入的资本做本钱,把总资产做大,所以总资产有多少,一看公司的净资产,二看资产负债率。

$$总资产 = 净资产 / (1 - 资产负债率)$$

有了资产,公司开始经营,也就是盘活资产,让资产转起来,我们知道资产转得越快,就赚得越多,这就有了资产周转率,就是指资产一年形成的营业收入的倍数。

$$营业收入 = 总资产 \times 资产周转率$$

现在有了营业收入,我们知道下一步就是净利润,需要考虑的是每元营业收入获得了多少元的净利润,当然也是越高越好。

$$净利润 = 营业收入 \times 净利润率$$

综合起来：

$$净利润 = 净资产 \times 资产周转率 \times 净利润率 / (1 - 资产负债率)$$

如果两边同时除以净资产就会得到：

$$净资产收益率 = 资产周转率 \times 净利润率 / (1 - 资产负债率)$$

也就是说，上市公司每年把净资产和三个经营指标做好就可以了，净资产是股东投入的，上市公司要做好的就是净资产收益率，体现上市公司质量的就是资产周转率、净利润率和资产负债率这三个指标。上市公司通过对这三个指标的不断改进，给股东创造了更多的价值，如果单纯靠增加净资产来增加净利润，而没有更高效率地为股东创造价值，这并不是股东所期望的。

4.7.8 万科盈利能力的空间

我们先回顾万科的历史业绩（见图4-8），2000～2016年，万科净利润增长了90.11倍，同期净资产增长了53.52倍，总资产增长了146.75倍，营业收入增长了62.56倍。万科净利润的增长速度快于净资产和营业收入的增长速度，但是慢于总资产的增长速度。

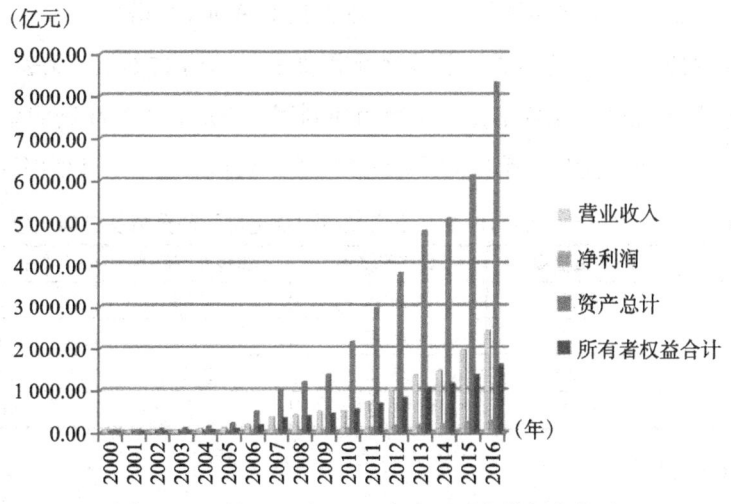

图 4-8　万科 2000～2016 年主要财务数据变化图

净利润的增长速度快于净资产的增长速度，说明万科在经营效率上有了一定的提高，如图4-9所示，万科净资产收益率从2000年的10.49%提高到2016年的17.54%，提高了7.05%，说明万科的三个效率指标有了优化。

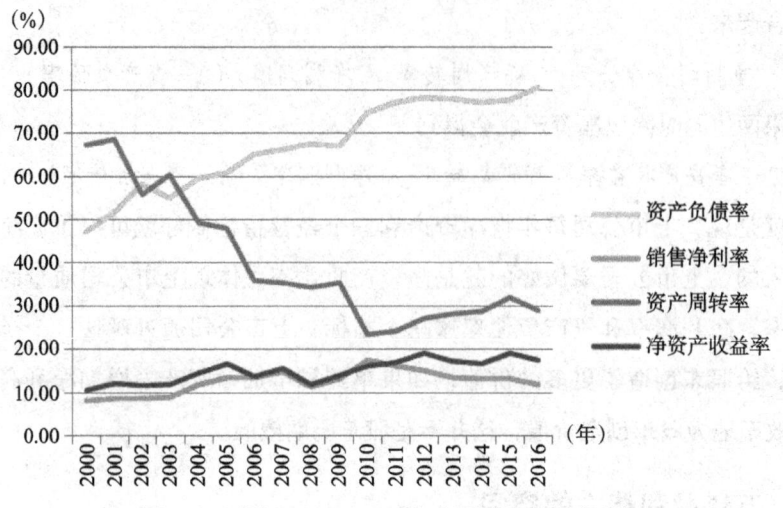

图 4-9 万科 2000～2016 年主要财务指标变化图

2016 年，万科的资产负债率比 2000 年提高了 33.29%，通过提高资产负债率做大资产规模使万科的效率提高了 171.01%；不过，万科的资产周转率比 2000 年下降了 0.38%，降低了 56.98% 的效率；净利润率比 2000 年上升了 3.56%，提高了 43.35% 的效率。也就是说，万科净利润增长快于净资产增长得益于净利润率和资产负债率的提高，而资产周转率水平下降则拖累了净利润的增长。

和同行相比，万科的净资产收益率是最高的，达到 17.54%（见表 4-24），然而，为了达到如此高的收益率并不是因为净利润率最高，相反净利润率最高的招商蛇口净资产收益率较低，所以我们要分析影响净资产收益率的其他因素。

表 4-24　2016 年万科、保利地产、招商蛇口和金地集团部分财务指标比较　（%）

公　　司	资产负债率	资产周转率	销售净利润率	净资产收益率
万科	80.54	28.95	11.79	17.54
保利地产	74.70	33.07	11.03	14.46
招商蛇口	68.96	25.35	19.17	15.66
金地集团	65.43	36.13	15.45	16.15

首先看公式：

$$净资产收益率 = 销售净利润率 \times 资产周转率 / (1 - 资产负债率)$$

也就是说，净资产收益率和净利润率、资产周转率、资产负债率同向变化，在这几个指标中，万科的资产负债率是最高的，资产周转率是次高的，销售净利率排名第三位。

之前，在万科的商业模式中最突出的是快速开发，也就是说资产周转率较快。2009年，万科的资产周转率有0.36，比同业高出50%左右，但是到2016年，万科的资产周转率只有0.29，仅略高于招商蛇口，明显低于保利地产和金地集团。

保利地产资产负债率较高，资产周转率也较高，但是较高的资产周转率导致利润率较低（急于销售造成售价过低），净资产收益率最低；招商蛇口虽然有最高的净利润率，但是资产周转率太低，而且资产负债率也不够高，导致净资产收益率比万科低1.98%；金地集团资产负债率太低，但是有最高的资产周转率，利润率仍然较高，原因是金地集团2015年结算收入过低，部分结算推迟至2016年，资产周转率失真所致。

这说明，房地产公司要取得高的净资产收益率，资产负债率越高越好，资产周转率在保证净利润率的情况下越高越好，但是资产周转率和净利润率是反向关系，寻找到最佳周转率是非常重要的。而万科很好地把握住了这几点，取得了最高的净资产收益率，并且在未来的几年，如果市场没有大的波动，那么净资产收益率应该还能保持较高的水平。

展望未来，目前万科的资产负债率已经达到80.54%，虽然短期仍然有小幅上升的可能，但是不管万科有没有控制资产负债率的意愿，继续上升的空间已经很小；万科的资产周转率一步步降低，目前0.29的水平已经很低，未来进一步下降的可能性不大，不过除非万科放弃当前商业模式，否则很难有突破性的提高；万科销售净利润率自2010年以来一直呈下降趋势，但是仍然在10%以上，比2003年之前明显要高，如此可以看出，在成本压力推动下，除非房价出现暴涨，万科的长期利润率下降的可能性较大。

所以，2010～2016年，在连续7年净资产收益率高于16%之后，万科财务政策变得更加谨慎，计提了大量人工费用和存货减值损失。

未来，只要房地产行业运转平稳，在较高的管理能力下，万科销售净利润水平会保持平稳并持续缓慢下降到某一区间；资产负债率和资产周转率会对运营效率有所提高；万科短期内净资产收益率水平将维持在高位。如果万科加快向持有资产转变，那么考验万科管理水平的将是万科的融资能力，如果能够获得大量长期低价资金，那么万科的盈利水平可能会较高，反之，持有物业较低的周转率可能会降低万科资产收益率。

自持物业商业模式

我国房地产开发企业主流的商业模式为购地、建设、销售获利,普遍追求短平快,但是代价是不能获得资产的长期升值。在我国房地产市场快速成长时,企业可以用销售资金继续购地,反复操作,从而获得最大的收益,随着大企业规模越来越大和房地产市场的稳健发展,这种模式可能很快就会出现天花板。我国香港地区主流房地产公司的商业模式是购地、建设、持有获利(出租和升值),这样可以在某一项目上获得持续的收益,代价是不能快速收回投资成本,资金压力较大,这是和香港地区住宅市场趋于饱和、土地供应短缺、商业地产租金回报较高、持续升值相符的。

4.7.9 可持续增长率

通过前文我们得知,万科多年来的快速增长,主要得益于资本市场的输血,通过不断的筹资增加了万科的本钱,万科做的是本大利大的生意,万科历年财务数据如表4-25所示。但是,随着万科规模的增大,资本市场不可能永无止境地满足万科对资金的需求,而且如果万科不能管理好募集的资金,反而会减少投资者的价值。

万科发展的内在动力是什么呢?这就是可持续增长率。

 小贴士:可持续增长率

可持续增长率是指不增发新股并保持目前经营效率和财务政策条件下公司销售所能增长的最大比率。经营效率是指销售净利润率和资产周转率,财务政策是指股利支付率和资本结构。

$$可持续增长率 = 资产周转率 \times 销售净利润率 \times (1-股利支付率) / (1-资产负债率)$$

按万科2016年的财务指标,万科的可持续增长率=0.289 5[○] × 11.79% × (1-41.58%[○]) / (1-80.54%) =10.25%。

[○] 为了计算出更精确的数据,此处采用小数点后4位有效数字。

[○] 为方便计算,本书分红比例采用母公司数。

也就是说，如果万科不改变经营效率和财务政策，那么万科2017年将以10.25%的速度增长。从历史数据看，从2003年以来万科的可持续增长率在7.78%～14.57%之间。短期来看，万科的可持续增长率可能在15%左右，而长期来看，随着规模的增加，万科的增长率不会高于我国经济整体增长速度。

反观万科自2002年以来的实际增长速度，均快于可持续增长率（见表4-26），特别是2003～2007年，可持续增长率并没有太大的变化，但是实际增长率越来越快，原因在于万科2002～2007年有4次股权融资（见表4-19），特别是2006年和2007年的两次大额融资，极大地促进了万科的发展。但是在2008年以后由于没有再融资，万科的实际增长速度快速向可持续增长率靠近，不过万科的经营效率指标逐步提高，使得实际增长率仍然高于可持续增长率，如图4-10所示。

表4-25　万科历年财务数据表　　　　　　　　　（单位：亿元）

项　目	2000年	2001年	2002年	2003年	2004年	2005年	2006年	2007年
营业收入	37.84	44.55	45.74	63.80	76.67	105.59	179.18	355.27
净利润	3.11	3.82	3.98	5.66	9.13	14.33	24.23	53.18
资产总计	56.22	64.83	82.16	105.61	155.34	219.92	499.20	1 000.94
所有者权益合计	29.66	31.26	34.26	47.60	63.04	85.81	174.54	339.20
项　目	2008年	2009年	2010年	2011年	2012年	2013年	2014年	2015年	2016年
营业收入	409.92	488.81	507.14	717.83	1 031.16	1 354.19	1 463.88	1 955.49	2 404.77
净利润	46.40	64.30	88.40	116.00	156.63	182.98	192.88	259.49	283.50
资产总计	1 192.37	1 376.09	2 156.38	2 962.08	3 788.02	4 792.05	5 084.09	6 112.96	8 306.74
所有者权益合计	388.19	454.09	545.86	678.33	821.38	1 054.39	1 158.94	1 363.10	1 616.77

表4-26　万科2003～2012年可持续增长率和实际增长率　　　　　（%）

项　目	2000年	2001年	2002年	2003年	2004年	2005年	2006年	2007年
可持续增长率	6.53	8.09	7.78	10.36	8.85	9.80	8.54	13.53
实际增长率	31.71	17.74	2.68	39.47	20.17	37.71	69.70	98.27
项　目	2008年	2009年	2010年	2011年	2012年	2013年	2014年	2015年	2016年
可持续增长率	10.34	12.10	13.74	14.57	16.06	12.16	10.82	10.68	10.24
实际增长率	15.38	19.25	3.75	41.54	43.65	31.33	8.10	33.58	22.98

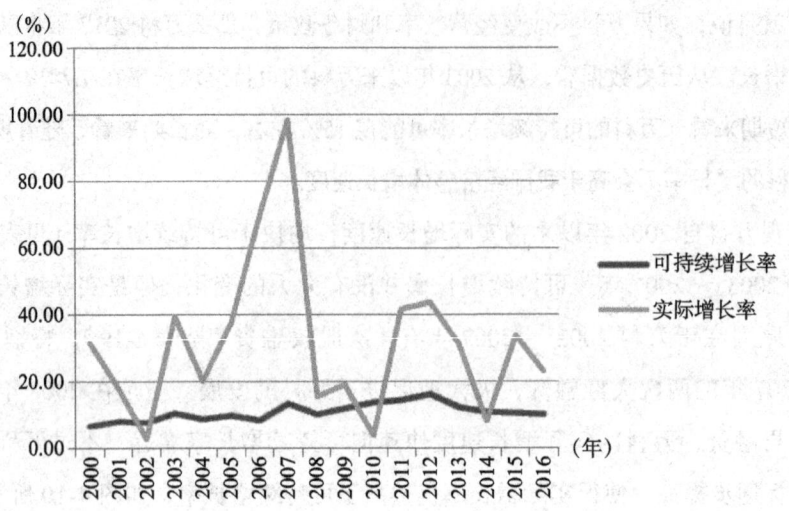

图4-10 万科2000～2016年可持续增长率和实际增长率比较图

4.7.10 从资产负债表对万科未来业绩的展望

万科净资产收益率高得益于高负债率、高净利润率和较合适的资产周转率，而持续的增长率则主要得益于资产负债率的不断提高。

提高资产负债率未来仍然是万科扩张的重要财务手段，不过继续提高可能会有一定的财务风险，如果未来万科能够获得权益融资，则会突破目前的增长速度；净利润率在房价涨幅逐步回落的情况下，会有所回落，但是只要房价不下跌，按目前万科的经营思路，不会有较大变化，如果万科能够获得较为便宜的信贷融资，那么净利润率会提高；而万科目前资产周转率将会受到公司转型的影响，短期内波动不会太大，中长期来看，对增长率会有负面影响；分红比例显然目前已经回到历史较高水平了。

由此来看，短期内万科仍能维持一定的增长，不过这将使万科资金更为紧张，资产负债率高企；如果大中城市加强限购、万科大幅向自持物转型，万科又没有大规模的股权融资，其高速扩张将告一段落。

第5章

万科的现金流量表分析

感谢你耐心地读完了万科的利润表和资产负债表,你现在一定得出了自己对万科的判断。不过这个时候,你可能还会怀疑,你的预测和判断是准确的吗?有没有不能粉饰的东西?答案是有的,而且这个东西我们都很熟悉,也很喜爱,是传统、原始、带着"臭"味儿又令人追逐的——钱。

 小贴士:万福生科现形记

万福生科造假上市是2012~2013年资本市场最大的丑闻之一,万福生科在2008~2011年期间累计虚增收入7.4亿元左右,虚增营业利润1.8亿元左右,虚增净利润1.6亿元左右。但是我们的审计师却意外地没有发现,而保荐机构也意外地因为风险控制不健全没有完成保荐的责任。事实上,只要审计机构去银行调出万福生科的资金流水,并且核实流水的真实性,就会轻而易举地发现,因为虚假的客户、虚假的销售是不可能带来真实的资金流水的。

为什么要分析现金流量表

钱(货币资金)是不容易作假的,也很难能被粉饰(货币资金作假很容易查出来,风险很高)。货币资金大部分是银行存款,企业每天存在银行的钱包括流水都是有据可查的,会计师事务所只要做了基本的调查就不会有虚假数据存在。

我们要弄清楚的是这些钱的来龙去脉,从这个最原始的财富象征来追寻上市公司的经营实质,这就是现金流量表的威力。

无论是企业的偿债能力、营运能力,还是盈利能力、发展能力,最终都要体现为当前现金流入的能力以及未来现金流出的情况,而投资者和债权人对未来现金流入的预期也是其进行决策的主要参照物。

在一定程度上讲,现金流量表是上市公司经营成果的具体体现。上市公司创造的净利润是通过财务方法计算出来的,不同的方法可能会有不同的净利润。但是净利润如果不能变现,就仅仅是数字游戏,是账上财富。我们看净利润是不是名副其实,还得看公司有没有赚得同等的真金白银(货币资金)。

因为货币资金才是财富的一般体现,也是公司经营的最终成果,是公司分红、偿债的最终手段。而如果上市公司只创造了净利润而没有获得货币资金,那仅仅是账上财富,可靠性较低;如果公司创造大量净利润的同时得到了真金白银,公司的盈利就是可靠的。

现金流量表是以收付实现制为基础编制的,显示了公司所有的现金收付,能够体现上市公司一年的现金流向。

 小贴士:收付实现制

收付实现制是以现金收到或付出为标准,来记录收入的实现和费用的发生。按照收付实现制,收入和费用的归属期间将与现金收支行为的发生与否紧密地联系在一起。换言之,现金收支行为在其发生的期间全部记作收入和费用,而不考虑与现金收支行为相连的经济业务实质上是否发生。

现金流量表的构成

上市公司的现金支出和收入按照性质分为业务部门、投资部门和筹资部门三部分:第一部分,和营业收入及营业成本有关的经营活动现金收入和支出,体现了公司生产经营获得现金的能力;第二部分,和购买固定资产、投资等资本投入有关的投资活动现金收入和支出,体现了公司投资获得的现金的能力;第三部分,和股东、债券持有人、银行等有关的筹资活动现金收入和支出,体现了公司筹资获得现金的能力。万科的合并现金流量表如表5-1所示。

表 5-1　万科的合并现金流量表　　　　　　　　　　（单位：亿元）

项　目	2016 年	2015 年	增长率（%）
一、经营活动产生的现金流量			
销售商品、提供劳务收到的现金	2 865.33	1 919.08	49.31
收到的税费返还			
收到其他与经营活动有关的现金	263.03	191.57	37.30
经营活动现金流入小计	3 128.36	2 110.65	48.22
购买商品、接受劳务支付的现金	1 784.69	1 299.79	37.31
支付给职工以及为职工支付的现金	66.89	50.46	32.55
支付的各项税费	337.60	250.40	34.83
支付其他与经营活动有关的现金	543.51	349.53	55.50
经营活动现金流出小计	2 732.69	1 950.18	40.12
经营活动产生的现金流量净额	395.67	160.47	146.58
二、投资活动产生的现金流量			
收回投资收到的现金	4.93	7.19	−31.38
取得投资收益收到的现金	25.83	10.95	135.93
处置固定资产、无形资产和其他长期资产收回的现金净额	2.47	0.04	5 686.32
处置子公司及其他营业单位收到的现金净额	4.20	2.45	71.65
收到其他与投资活动有关的现金	28.22	15.84	78.20
投资活动现金流入小计	65.65	36.47	80.07
购建固定资产、无形资产和其他长期资产支付的现金	21.47	20.63	4.06
投资支付的现金	317.71	117.13	171.24
取得子公司及其他营业单位支付的现金净额	146.47	51.63	183.71
支付其他与投资活动有关的现金	13.89	56.54	−75.43
投资活动现金流出小计	499.54	245.93	103.12
投资活动产生的现金流量净额	−433.89	−209.46	107.13
三、筹资活动产生的现金流量			
吸收投资收到的现金	97.35	42.96	126.61
其中：子公司吸收少数股东投资收到的现金	97.35	40.54	140.16
取得借款收到的现金	687.75	229.10	200.19
收到其他与筹资活动有关的现金			
发行债券收到的现金	116.46	79.24	46.96
筹资活动现金流入小计	901.56	351.30	156.63
偿还债务支付的现金	388.26	250.29	55.13
分配股利、利润或偿付利息支付的现金	160.26	131.81	21.59
其中：子公司支付给少数股东的股利、利润	33.10	24.24	36.52
支付其他与筹资活动有关的现金			
筹资活动现金流出小计	588.59	402.34	46.29
筹资活动产生的现金流量净额	312.97	−51.04	−713.19
四、汇率变动对现金的影响	2.69	1.00	169.55
五、现金及现金等价物净增加额	277.42	−99.06	−380.06
加：期初现金及现金等价物余额	517.48	616.53	−16.07
六、期末现金及现金等价物余额	794.90	517.48	53.61

5.1 经营活动现金流量

经营活动是指公司除了投资、筹资外所有的活动。经营活动产生的现金流入包括公司销售商品、提供劳务、获得政府补贴等一切与公司经营管理有关收到的现金,经营活动产生的现金流出包括购进商品、发放工人工资、交纳税费等所有的现金支出。其中销售商品包括当期销售收入以及收到的以前期间销售的回款和预收的以后期间的款项;购进商品、接受劳务付出的现金也包括支付的前期、当期和后期的金额。

5.1.1 造血能力:经营活动产生的现金流量

现金是公司生存、发展所必备的。公司要发展、要给股东创造价值,就得创造现金。从这点来看,现金对企业的重要性就像血液对人体一样,只有能够造血,企业才能生存发展,而通过经营活动获得现金就是企业的自我造血。

经营活动产生的现金流量净额 = 当期经营活动产生的现金流入 − 当期经营活动产生的现金流出

我们说上市公司获得净利润的含金量就是指上市公司经营活动产生的现金流量净额与获得的净利润做比较。其实质是在企业每 1 元的账面利润中,实际获得了多少现金,比率越高,利润质量越高。净利润含金量连续保持较高水平的公司一般产品有较强的竞争力,公司管理也很有效率,盈利有持续性和稳定性;反之如果净利润含金量较低,则净利润可能不实,有虚增的嫌疑,并且未来年度盈利可能不能持续,甚至今天的盈利就会化成明天的亏损。

5.1.2 房地产开发公司为什么会缺钱

我国房地产上市公司经营活动现金流量一般是负数,特别是扩张较快的公司更是资金紧张。这一现象主要是因为:①房地产开发商购买土地支付的出让金属于购买商品支付的现金,而近年来地价飞涨,房地产开发商要扩大经营规模,不惜支付高价购地;②房价快速上涨,使得部分开发商捂盘惜售,降低了开发的速度,使得销售增长低于购买土地的速度。

2016 年,主要房地产上市公司经营活动现金净流量多数为正数(见表 5-2),

原因是 2016 年全国房地产销售火爆，各家公司销售回款均较好，只有招商蛇口为净流出，原因是招商蛇口本年度支付地价款、基建款及对联合营公司股东垫款增加导致经营活动现金流出增加 42.98%，远超经营活动流入 19.89% 的增幅，扩张意愿较强。万科主要项目数额都高于同行，其中支付给职工以及为职工支付的现金是万科 2016 年用工成本的部分反映，远超过其他三家企业。金地集团购买商品、接受劳务支付的现金金额较小，未来增长潜力存疑。

表 5-2 万科、保利地产、招商蛇口和金地集团 2016 年经营活动现金流量比较（单位：亿元）

项 目	万 科	保利地产	招商蛇口	金地集团
一、经营活动产生的现金流量				
销售商品、提供劳务收到的现金	2 865.33	1 769.02	637.43	513.74
收到的税费返还	0.00	0.00	1.34	0.00
收到其他与经营活动有关的现金	263.03	428.23	176.03	248.45
经营活动现金流入小计	3 128.36	2 197.25	814.80	762.19
购买商品、接受劳务支付的现金	1 784.69	1 172.56	534.55	243.55
支付给职工以及为职工支付的现金	66.89	37.71	33.11	17.76
支付的各项税费	337.60	232.60	111.18	53.90
支付其他与经营活动有关的现金	543.51	411.20	263.10	275.91
经营活动现金流出小计	2 732.69	1 856.90	941.94	593.17
经营活动产生的现金流量净额	395.66	340.54	−127.15	170.82

一些处于快速扩张期的房地产公司销售回笼资金远不及购地以及开发的现金支出，经营活动现金流极为紧张。如信达地产，2010～2016 年存货从 62.82 亿元增加到 456.14 亿元，而营业收入仅从 41.33 亿元增加到 115.71 亿元，增幅远小于存货，造成连续 7 年经营活动现金流均为负数。

5.1.3 万科的造血能力

万科 2016 年的净利润是 283.50 亿元，经营活动现金流量净额是 395.66 亿元，经营活动现金净流量大幅增长 146.58%，远高于于净利润 9.25% 的增长率，经营活动现金净流量和净利润的比达到 139.56%，含金量较高。说明这一年万科不仅赚得不少，而且到手的都是真金白银，不过，预售款的使用有部分限制，万科通过经营活动流入的现金可能并没有这么多，另外，万科部分存货的购置方式为合作和收购项目公司，这类款项并没有从经营活动现金流出支付。万科需要用经营活动收到的现金支付大量到期债务本息和土地购置款，实际资金比较紧张，所以万科有较强烈的筹资欲望。万科 2015 年和 2016 年经营活动现金流量如表 5-3 所示。

表 5-3 万科 2015 年和 2016 年经营活动现金流量 （单位：亿元）

项 目	2016 年	2015 年	增长率（%）
一、经营活动产生的现金流量			
销售商品、提供劳务收到的现金	2 865.33	1 919.08	49.31
收到的税费返还			
收到其他与经营活动有关的现金	263.03	191.57	37.30
经营活动现金流入小计	3 128.36	2 110.65	48.22
购买商品、接受劳务支付的现金	1 784.69	1 299.79	37.31
支付给职工以及为职工支付的现金	66.89	50.46	32.56
支付的各项税费	337.60	250.40	34.82
支付其他与经营活动有关的现金	543.51	349.53	55.50
经营活动现金流出小计	2 732.69	1 950.18	40.13
经营活动产生的现金流量净额	395.66	160.46	146.58

现金流量表除了能揭示净利润的含金量外，还能反映公司营业收入创造了多少现金，也就是公司的创现能力。这个就是销售商品、提供劳务收到的现金，需要提示的是，这个数字包括收到的增值税，多数上市公司增值税都是 17%。所以，公司销售商品、提供劳务收到的现金应该大于营业收入。如果公司销售商品、提供劳务收到的现金稳定在营业收入 117% 左右，则说明公司创造现金的能力较强。如果小于营业收入，则说明营业收入有注水的可能。如果长期小于营业收入，则说明公司销售出现了较大的问题，未来存在销售萎缩和亏损的可能。

万科 2016 年销售商品、提供劳务收到的现金是 2 865.33 亿元，是营业收入的 1.19 倍，房地产企业增殖税率为 11%，这样的比例说明所有的销售都获得了现金流入，并且还多了部分预收款。这主要是得益于房地产的特殊销售模式，房地产企业的销售很少有赊销，客户通过自身的能力向银行获得贷款，而房地产企业是一次性获得全款。

销售商品、提供劳务收到的现金是万科最重要的现金来源，而且也是万科获得其他现金来源的保障，是万科偿还所有债务以及分配现金股利的最终来源。如果万科销售不畅，那么经营活动现金流就会枯竭，万科现有的货币资金就会迅速消耗，而债权人发现万科的现金回笼出现了问题就会停止对万科贷款，从而造成万科整个资金链断裂。所以万科最重要的是要保证销售商品、提供劳务收到现金的稳定。

5.1.4 销售商品、提供劳务收到的现金是企业生存的根本

对于多数正常经营的企业，销售商品、提供劳务收到的现金是其生存的根本，一家企业可以有几年亏损，事实上，多数企业都会有亏损的经历。但是如果营业收入不能获得现金，也就是销售商品、提供劳务收到的现金急剧萎缩，那么公司的资金就会入不敷出，最终停产，甚至会被债权人提前逼债，造成公司破产整顿或者破产清算。

如果销售商品、提供劳务收到的现金能够持续维持较正常的规模，即使公司因为扩张造成了经营活动现金净流出，也能通过筹资获得一定的资金支持，如实在不行，可以暂停扩张，特别是房地产企业，可以暂停拿地，或者出售原有土地储备获得现金流入。

前文提到的绿城中国，虽然 2011 年的净利润高达 41.18 亿元，但是 2011 年年底仍然出现了财务危机，重要原因是公司当年销售额大幅下降了 189 亿元，降幅高达 34.87%。不过，绿城随即停止了扩张，同时又将其在上海、苏州、无锡、常州、天津等地的 9 个项目的一半股权转让给融创中国，收取对价 33.7 亿元。2012 年上半年又先后转让了上海外滩地王、绿城广场、无锡香樟园、台州等地的项目股权，回笼资金约 51.1 亿元。另外，绿城向九龙仓定向增发股份和可换股证券，共获得约 51 亿港元（约合人民币 41.6 亿元）。通过停止资金流出和大幅增加现金流入，加上房地产的整体好转，绿城在 2012 年下半年终于获得了新生。

5.1.5 销售商品、提供劳务收到的现金暗示企业的经营状况

销售商品不能获得现金，首先加大了公司的现金压力，而公司为获得生产经营所需要的现金就需要向银行借款，支付高额的银行利息，所以，公司为了回笼资金就会在产品价格上做出适当的妥协，而公司产品价格下跌就会造成公司利润率下降，最终造成盈利下降；销售不能顺利回款也会增加公司的应收账款，公司就必须时刻警惕账款的可回收性，如果赊销客户发生财务危机，公司的应收款就可能发生损失，如果对方破产，甚至有可能全军覆没，公司也将损失惨重。

 小贴士：国信证券中枪记

隆基股份 2012 年 3 月 23 日发布业绩修正公告，在 A 股上市还未到一年，

2012年预亏5 400万元。根据保荐业务管理办法，其保荐机构国信证券或面临"暂停保荐机构资格3个月"等处罚。

隆基股份亏损的原因是其主要客户尚德电力宣告破产，隆基股份对其有1.2亿元应收账款，公司依据谨慎性原则对尚未收回的无锡尚德应收款项采取个别认定法追加计提坏账准备9 077万元。

如果公司大量销售款不能回收，则说明公司把部分产品销售给一些财务状况或者信用较差的公司，而一个产品销路很好的公司是不会选择这么做的。这么做仅仅带来了短期的虚假繁荣，而如果下游企业出现了普遍性的问题，这些款项可能无法收回。

反之，如果销售商品可以获得大量的现金，甚至高于营业收入，则可以给公司提供大量的资金用来投资或分配股利。这也说明公司产品供不应求，公司可以通过提价获得更有价值的订单，从而获得更多的利润。

销售商品、提供劳务收到的现金和营业收入的比较不能等同于预收账款，虽然销售商品、提供劳务收到的现金大于营业收入一般会形成预收账款，但是对于一些企业预收账款的形成并不代表公司产品供不应求。

比如造船企业，因为单位产品价格较高，生产周期较长，在实现销售收入之前，一般会要求客户支付一定的预付款，但是这并不代表造船企业可以提价或者说明产品供不应求。

中国船舶2016年年底的预收账款高达12.87亿元，如果是一般企业，说明公司产品供不应求，公司效益肯定没有问题，但是中国船舶2016年业绩出现了大幅滑坡，归属于上市公司股东的净利润大幅减少30.22亿元，原因是行业景气度整体下滑，而同时也可以看到，中国船舶销售商品、提供劳务收到的现金只有178.64亿元，只有其营业收入214.57亿元的83.25%。

制造业或者以商品买卖为主业的公司一般销售商品、提供劳务收到的现金是营业收入的1.17倍（包含17%增值税），如较高则说明回款较快，销售状况良好，如果长期较低，则可能存在一定的问题。但是，如今多数公司在收取货款的时候会收到部分票据，而且公司很可能在票据到期前将背书给上游供应商，这样公司在账面上就没有现金流动，部分公司在编制现金流量表时，没有将这部分资金编入现金流量表，造成公司销售商品、提供劳务收到的现金明显较低，需要区别对待。如西宁特钢2016年营业收入达到73.9亿元，销售商品、提供劳务收到的现金却只有16.54亿元，但是公司应收款项增幅明显不能解释其中存在差额的原因，这是票据记账方式造成的。

5.1.6 揭示资金划转的内幕：收到的其他与经营活动有关的现金

收到的其他与经营活动有关的现金是指公司收到的与投资和筹资活动无关，又不是销售商品或者提供劳务获得的现金。除上述各项目外，与经营活动有关的其他现金流入，如罚款收入、逾期未退还出租和出借包装物没收的押金收入、流动资产损失中由个人赔偿的现金收入、企业之间的往来款等。

收到的其他与经营活动有关的现金是销售商品、提供劳务收到现金的补充，一般金额较少。如果金额较大，则可能是企业有大量的往来款，而且因为现金流量表是一个期间的累计值，可以推断公司在此期间的现金流量，可以发现作为静态数据的资产负债表所不能反映的内容。比如其他应收款年初是0，但是1月1日大量资金就被其他公司划走，年底为了做账，在12月31日又划回公司，期末账面余额还是0，这样从资产负债表来看，就没有太大的变化，隐藏了其中的风险。通过阅读现金流量表却能洞悉其中的风起云涌，大量的现金流使得我们可以推测公司有频繁的资金划转，甚至有大股东侵占公司资金的行为。

如表5-4所示，万科2016年收到的其他与经营活动有关的现金是263.03亿元，比2015年增加了37.31%。其中购房诚意金为54.89亿元，比上年下降2.17%，这说明2016年年底，虽然万科的产品销售仍然火爆，客户购房非常踊跃，但是相比于2015年已经有所退烧。收到的集团外部单位往来款项增加了53.67%，说明万科和集团外部的资金往来大幅增加。未来随着万科与外部单位合作项目增加，资金往来更加频繁，收到的其他与经营活动有关的现金仍可能有较大增加。

表 5-4　万科收到的其他与经营活动有关的现金　　　　　　　　（单位：亿元）

项　　目	2016年	2015年	增长率（%）
按政策允许收取的购房诚意金	54.89	56.11	-2.17
收到集团外部单位往来款项	208.14	135.45	53.67
合计	263.03	191.56	37.31

5.1.7 看真实资金流出

购买商品、接受劳务支付的现金是上市公司支付给供应商等上游企业的资金，从理论上讲，现在支付的现金是获得未来现金的物质保障。万科购买商品、接受劳务支付的现金主要是购买土地款和工程款，2016年共支付了1 784.69亿元，比2015年增加了37.31%，增幅低于万科2016年的营业收入的增幅。其中，万科2016年购地总额为1 287.03亿元，加上年初应付的236.06亿元，扣除年底未付的315.01亿元，扣除年初预付的364.23亿元（预付账款包括少量税金、工程款等），加上年年底预付的502.63亿元，实际支付了约1 346.48亿元，另外的497.66亿元多数应该支付了工程款。

从支付给职工以及为职工支付的现金中，我们可以看到万科2016年实际支付给职工的薪酬是多少，但是有时候这并不是全部。2016年，万科支付给职工以及为职工支付的现金是66.89亿元，比2015年增长了32.55%，但是这并不是万科2016年的薪酬总额。2016年，万科实际计提的职工薪酬高达78.86亿元，当年实际支付了66.89亿元，实际计提和支付给职工以及为职工支付的现金的差额为11.97亿元，主要原因是年终奖及远期绩效差异等。

企业支付职工薪酬的方式不仅限于现金支付，有时候非现金支付金额更大，特别是公司高管，股票、期权、分红权等与公司盈利挂钩的方式往往更有吸引力。

 小贴士：股权激励

股权激励是一种通过使经营者获得公司股权形式给予经营者一定的经济权利，鼓励他们多劳多得，从而勤勉尽责地为公司的长期发展服务的一种激励方法，一般需要达到一定的经营业绩才能执行。

 小贴士：现金成本——实体经济的生死线

企业生产的目的是盈利，在行业恶化、盈利下降甚至亏损的情况下，企业仍然坚持生产的底线是不出现现金流的亏损，也就是在扣除折旧等各项固定成本后的现金成本能够通过销售商品得到补偿。如果产品价格不低于企业现金成本，则企业仍然有坚持生产的价值，因为折旧等固定费用不会因为企业的停产而停止；如果产品的价格已经低于产品现金成本,则生产得越多,企业亏得越多,需要企业额外筹集资金才能维持生产。

在我国,特别是国有企业,不仅承担经济生产的责任,还承担社会稳定、保证就业的责任,往往在产品价格低于现金成本时仍然维持生产,比如2015年的煤炭、钢铁行业,导致行业产能不能在行业景气度下降时降低,加剧了行业恶化程度,也造成部分企业负担沉重。

当然,如果是短期的价格低于现金成本,企业为了保留熟练工人仍然生产也是有可能的,比如在电视剧《大宅门》中,白家老号在被官府查封时,仍然不惜本钱养着那十来个老人,使得企业在困难时期仍然保住了核心竞争力,当然这需要企业及股东有足够的财务实力以及管理决策能力。

支付的各项税费在前文已经分析,这里不再赘述。

支付其他与经营活动有关的现金是公司支付的与投资和筹资活动无关的支出,但不是用于购买商品、接受劳务、支付薪酬及税费的现金。

万科2016年支付其他与经营活动有关的现金达到543.51亿元(见表5-5),其中主要是支付联营/合营企业及集团外部公司往来款项,有420.38亿元,估计主要是支付给合作公司的借款。支付的各种保证金、押金为119.38亿元,虽然是支付的其他与经营活动有关的现金,但是对于万科这样的公司而言,也是一笔较大的数目。

表5-5 万科支付其他与经营活动有关的现金   (单位:亿元)

项 目	2016年	2015年	增长率(%)
经营租赁所支付的现金	1.94	0.44	340.91
支付的各种保证金、押金	119.38	111.20	7.36
支付代垫费用	1.82	1.80	1.11
支付联营/合营企业及外部公司往来款项	420.38	236.10	78.05
合 计	543.51	349.53	55.50

综合来看,万科2016年经营活动现金净流量达到395.66亿元,达到净利润的139.56%,用来发放87.21亿元的现金股利绰绰有余。2012～2016年,万科净利润现金含量从20%左右提高到100%以上(见表5-6),资金盈余不断增加,是公司提高分红比例的重要基础。

表 5-6　万科、保利地产、招商蛇口和金地集团净利润现金含量比较　　　（%）

公　司	2012 年	2013 年	2014 年	2015 年	2016 年
万科	23.79	10.51	216.33	61.84	139.56
保利地产	30.99	−82.21	−73.49	105.69	199.46
招商蛇口	137.69	42.30	−75.03	25.90	−104.33
金地集团	132.75	−34.61	−19.17	173.32	199.18

万科有很大比例的拿地途径是并购，资产还在不断膨胀，这些现金是否真的够用，我们还要看投资活动的现金流量。

5.2　投资活动现金流量

5.2.1　有投资才会有回报

当企业扩大规模或开发新的利润增长点时，需要建造厂房、购进设备等，需要大量的现金投入，然后在出售固定资产、获得投资收益、获取投资本金时产生的现金流入。对于一般企业而言，投资活动产生的现金流入量远远不能弥补投资所需要的现金。原因有二：第一，企业不断扩张，固定资产投入越来越多，同时企业经营效率较高的话，会有较多的资金用来对外投资；第二，企业投资活动投出的现金产生的固定资产等生产设施将通过折旧的形式回收，直接收回的现金只有出售固定资产获得的现金，而对外投资收回的本金及收益为了保证公司资产的收益率往往会继续投资。

5.2.2　为什么回报总是又慢又少

公司投资活动现金流出的目的是为了获得未来的现金流入，但是为什么多数企业的投资活动现金流入总是远少于投资活动现金流出呢？原因如下：

第一，会计制度的假象。在会计制度中购买固定资产支出的现金属于投资支出的现金，而固定资产的回收主要是通过折旧进入当期的管理费用和生产成本。生产成本通过产品的出售回收资金，产生的是经营活动现金流入。固定资产现金回收只有在固定资产清理出售时才会产生，显然金额远小于固定资产的购买价格。

第二，扩张中的企业需要更多的资金。在中国，多数企业还处于扩张期，也就是投入期，企业对内（固定资产）的投资不断增加，对外投资也方兴未艾，被投资的公司也处于成长期，不可能提供较大金额的现金分红。

5.2.3 前人栽树后人乘凉

投资就像是栽树，特别是实业投资，不会像二级市场一样大起大落，投资回报需要一个积累的过程。虽然中国大多数企业还处于成长期，但是也不乏一些已经成熟的行业和企业，比如金融行业，投资回报和分红比例都较高，这给有金融投资的公司带来了较高的收益和现金分红。

比如上市公司吉林敖东，公司主营业务是医药制造和高速公路，但是目前这两项业务已经不能为公司带来较高的收益增长率和利润。公司的主要利润来自持有的广发证券 16.43% 的股份，2016 年，对广发证券的投资收益占吉林敖东总利润的 75% 以上，而在 2011 年这个比例是 92.35%，吉林敖东当年投资广发证券的初始投资金额只有 5.53 亿元，然而在 2016 年，广发证券给吉林敖东带来的投资收益高达 13.15 亿元，分红达到 4.38 亿元，广发证券大量的现金分红使得吉林敖东的资金实力雄厚，可以从容地从事其他业务发展。

5.2.4 投资决定未来

一般公司投资活动现金流入量补偿不了流出量，投资活动现金净流量为负数。如果企业投资有效，将会在未来产生现金净流入用于偿还债务，创造收益，企业价值增加；如果企业对行业周期的把握较差，投资不善，造成新增产能不符合市场需求或者产能过剩，投资就不会带来效益，企业价值下降。

投资不善是企业陷入困境的重要原因，如果投资过于激进，投资项目过分集中，可能会超过公司所能支付的现金极限，造成企业资金链断裂；如果投资过于保守，则有可能在未来被竞争对手甩在身后。对于有明确盈利前景的项目，应该大力投资，早日投产，如投资国家鼓励而公司本身有相关技术和管理能力的产业，而对于风险高、收益不确定的项目，公司要量力而行。

比如欧菲光，受益于 IPO 募投项目及超募项目的正式量产，电容屏尤其是薄膜式电容屏出货量大幅增加，成为联想和华为的触摸屏第一供应商，主营业务规模迅速扩大。同时，下游产业移动智能终端和超级本市场的高景气度，使得公司产销两旺。2012 年营业收入增加了 215.75%，归属于上市公司股东的净利润增长了 14.5 倍。

之前国内公司跟风投资多晶硅项目，在 2009 年金融危机后，多数项目处于停产或者亏损状态；对于盲目扩大产能、低效投资，要坚决停止，比如附加值较低的钢铁、水泥、汽车等。2003 年 2 月，京东方科技集团股份有限公司（简称京东方）以 3.8 亿美元收购韩国现代半导体株式会社（Hynix）属下韩国现代显示技术株式会社（HYDIS）的 TFT-LCD（薄膜晶体管液晶显示器件）业务，京东方成为中国第一家拥有 TFT-LCD 核心技术与业务的企业，此次收购是当时我国最大单宗高科技项目海外收购。但是，此项投资后来证实是失败的，因为所购买资产的技术当时已经不是最先进的技术，所以，此项投资带给京东方的不是追赶世界先进水平，反而把京东方拖下了深渊。京东方的净利润从 2003 年的 4 亿元逐年下降，2004 年是 2 亿元，到 2005 年亏损 15.87 亿元，2006 年亏损 17.22 亿元。不过，京东方利用其上市公司地位，积极吸引外部投资，2010～2016 年 7 年累计净投资 1 166.89 亿元，终于使其成为显示器行业规模较大的企业之一。

5.2.5 万科的投资

万科对外投资是万科在房地产行业的横向扩张，是万科品牌和资金的输出，事实证明这给万科带来了较高的回报。同时，对外非控股投资减少了公司合并报表的债务⊖，降低了公司的资金压力和资产负债率。另外，万科通过投资获得项目公司控股权的方式间接获得土地储备，万科对外投资的现金流出占经营活动现金流入比重在 2016 年达到 15.97%，远高于前几年 5% 左右的水平，说明万科加大了对外扩张的力度。

2016 年，万科投资活动产生的现金流量净额是净流出 433.89 亿元，净流出金额比 2015 年增加了 107.13%。其中，投资活动现金流出合计达到 499.54 亿元，远超过投资活动现金流入金额。其主要支出是对外投资 317.71 亿元，以及取得子公司及其他营业单位 146.47 亿元，大部分都是万科对同业的投资。由此可见，对外投资是万科扩张的重要手段，对外扩张对应着的是万科品牌价值的外延，也是万科品牌优势的重要体现。相对于 2014 年，万科在 2015 年和 2016 年大幅增加了收购公司的总金额，加快了扩张的脚步。

⊖ 对外投资降低了合并报表资产负债率；被投资公司如果是非控股公司，债务不纳入合并报表。

万科投资活动现金流入合计达到 65.65 亿元，比 2015 年增加了 80.07%，主要是取得投资收益收到的现金有明显的增加，但是仍然低于万科 2016 年 50.14 亿元的投资收益。这说明，万科尽可能通过其他途径收回资金，而被投资公司并不着急分配利润，可能继续扩大业务规模。这也和我们投资万科一样，虽然万科 2016 年每股有 1.90 元的净利润，但是实际只分配了 0.79 元的现金股利。万科投资活动现金流量如表 5-7 所示。

表 5-7 万科投资活动现金流量 （单位：亿元）

项 目	2016 年	2015 年	增长率（%）
二、投资活动产生的现金流量			
收回投资收到的现金	4.93	7.19	-31.43
取得投资收益收到的现金	25.83	10.95	135.89
处置固定资产、无形资产和其他长期资产收回的现金净额	2.47	0.04	60.75
处置子公司及其他营业单位收到的现金净额	4.20	2.45	71.43
收到其他与投资活动有关的现金	28.22	15.84	78.16
投资活动现金流入小计	65.65	36.47	80.01
购建固定资产、无形资产和其他长期资产支付的现金	21.47	20.63	4.07
投资支付的现金	317.71	117.13	171.25
取得子公司及其他营业单位支付的现金净额	146.47	51.63	183.69
支付其他与投资活动有关的现金	13.89	56.54	-75.43
投资活动现金流出小计	499.54	245.93	103.12
投资活动产生的现金流量净额	-433.89	-209.47	107.14

和同行相比，万科的投资活动显然要活跃得多，投资支付的现金、取得子公司及其他营业单位支付的现金净额以及投资活动产生的现金流量净流出额均高于同业，说明万科通过并购获得的项目资源远高于其他公司，从表 5-8 中可以看出，招商蛇口和金地集团的发展很少通过投资或者并购获得，而金地集团的投资支付和收到的现金呈现大进大出的状况，实际上，这是金地集团把闲置资金做投资理财，截至 2016 年年底，还有 37.20 亿元的理财余额。

表 5-8 2016 年万科、保利地产、招商蛇口和金地集团投资活动现金流量比较

（单位：亿元）

项 目	万科	保利地产	招商蛇口	金地集团
收回投资收到的现金	4.93	1.03	1.27	226.46
取得投资收益收到的现金	25.83	2.33	2.67	6.25
处置固定资产、无形资产和其他长期资产收回的现金净额	2.47	0.03	0.13	0.01

(续)

项目	万科	保利地产	招商蛇口	金地集团
处置子公司及其他营业单位收到的现金净额	4.20	3.28	30.37	0.00
收到其他与投资活动有关的现金	28.22	0.00	52.67	5.40
投资活动现金流入小计	65.65	6.67	87.11	238.12
购建固定资产、无形资产和其他长期资产支付的现金	21.47	1.05	13.17	9.22
投资支付的现金	317.71	100.63	12.15	235.33
取得子公司及其他营业单位支付的现金净额	146.47	33.82	3.60	2.44
支付其他与投资活动有关的现金	13.89	1.76	3.37	0.77
投资活动现金流出小计	499.54	137.26	32.29	247.76
投资活动产生的现金流量净额	-433.89	-130.59	54.82	-9.64

5.2.6 如何从投资活动现金流量判断万科的未来盈利

万科的投资不是普通的固定资产投资，而是对合营企业和联营企业的股权投资，万科较高的投资回报说明万科在收购兼并同行业企业上有较强的能力和优势。而且万科主营业务专注，有品牌和规模优势，在经营过程中经营方式更为灵活，从企业管理角度来看，未来抗风险能力和扩张更强。万科通过投资获得子公司增加公司的项目储备，是万科扩张的一种方式，2016年，万科通过这种方式扩张的规模大幅提高，未来万科可能更加倾向于通过合作的方式获得项目。

5.3 筹资活动现金流量

5.3.1 钱不是万能的，没有钱是万万不能的

日常生活中，多数人会为钱所困，没有钱就没有油盐酱醋，没有钱就没有房和车。虽然说有人"不为五斗米折腰"，但是为了追求更优越的生活环境和生活质量，绝大多数人都需要更多的钱。这也是我们不惜冒着被套的风险投资股票市场，然后又苦读报表研究的出发点。

企业也需要钱：付工人工资需要资金，购买原材料需要资金，购买设备需要资金，研发、投资更需要大投入；除此之外，各项税费、日常办公都需要资金。只要企业开业一天，就需要钱，家底厚的单位能够应付自如，但是绝大多数的企业和老百姓一样，也为钱所困，时不时要考虑钱袋子是否能够支付未来的现金流出，如果不够，那么就得东奔西走、寻找资金，也就是筹资。

企业筹资要么找有钱的靠山，做自己的股东，企业在获得现金的同时有可能多了个"爹"；要么就是找有钱人，向人家借债，但是可能会被人家逼债。不管哪种方法，企业都是要付出代价的。债主在放债时会提出严格的限制，比如资金使用方向、公司经营限制，对其重大事项可能还有否决权。最重要的是，借债有期限，到期须偿还，另外债主会定期收取不菲的利息。找"爹"倒好，钱不用还了，但是成了人家的"儿子"肯定要被指手画脚，并且股东要分享公司所有的利润。

5.3.2 弄钱的途径

一提上市公司筹资，投资者就会想到"增发""配股""圈钱"等令人不愉快的词，我国上市公司在股权分置前治理不善，股市成了不少公司的提款机，使投资者损失惨重。但是随着股权分置改革完成，上市公司的股东价值一致，加上监管力度加强，股市成为提款机的时代已经一去不复返。

上市公司热衷于通过股票市场再融资当然有其原因：一是筹资成本低，我国股票市场现金分红比例都较低，如果按照股息率来算的话，远低于银行借款等其他筹资方式；二是筹资规模大，资本市场再融资每次筹资规模都较大，能够满足上市公司一段时间对资金的需求；三是筹资方式简单，速度快，上市公司只要获得相关部门核准就能够很快从资本市场获得资金。当然再融资也有自身的弱点：第一，稀释了控股股东的控制权，如果一家上市公司控股股东所持有的股份低于30%[⊖]，那么很容易成为被并购的目标，如果控股股东不按比例认购新增股份，控股权将下降；第二，稀释了现有股东的收益，再融资增加了公司总股本，分摊到每股的净利润就会减少；第三，我国资本市场是核准制，上市公司要通过资本市场再融资需要经过相关政府部门审核，有一定的条件，并且有时需要的时间也较长。

除了增发获得权益性资金外，上市公司还可以通过子公司筹集股权资本，增加少数股东权益。这样扩大了公司股权资金来源，降低了公司资产负债率，又不会稀释母公司股东的控制权，坏处就是要和投资方分享子公司的利润，并且筹得的资金只能用于子公司经营，所以筹得的资金规模也较小。

另外上市公司还可以发行债券筹资，我国上市公司可以发行的债券包括短期

⊖ 我国证券法规定，一家公司收购另外一家上市公司的股份达到30%，就需要向全体股东发起要约收购。

融资券、中期债券、公司债、企业债等，比较大的知名公司还可以在境外发行债券。对于规模较大，信用较好的公司而言，发行债券比较方便，筹集资金规模也较大，成本也比股权融资和银行贷款低。

我国债券市场近年来已经取得了长足发展，不过仍然较为混乱，存在管理部门多、管理权分散、市场割据，信息披露不及时等管理困局。

企业发行债券的好处是金额大，信用较好的企业筹资成本较低，可以多次筹集，循环使用资金。企业债券融资的坏处是筹资程序相对较长，需要信用评级、受市场短期风险偏好影响较大。

 小贴士：股权融资和债权融资成本

股权融资成本是股息（股利、红利），债权融资成本是利息，利息可以在上市公司利润表的税前扣除，而股息是用税后净利润发放的，所以同样比例的股权和债权成本，债权成本要比股权成本低25%。

当然最重要的还是商业银行贷款，商业银行贷款融资在我国企业融资总额的地位至今没有动摇。银行贷款与中国人民银行信贷政策和银行自身对风险的把控有关，特别是房地产企业，贷款还受到国家对房地产行业调控政策的影响。

随着金融行业的发展，信托成了企业筹资的重要途径，特别是房地产公司，在难以获得银行贷款时，以较高的利息率筹集信托资金。

5.3.3　万科的筹资活动

万科作为房地产行业的龙头公司，对资金的需求也非常强烈。历史上，万科基本上两年一次再融资，可以说是股票市场成就了万科现在的辉煌。然而自从2009年预案增发不超过总股本的8%的股份，筹资约112亿元，在房地产调控A股市场对房地产企业关闭没有成行后，万科再也没有从A股市场中获得权益资金。

从表面上看，万科2016年并不缺钱，我们从前文关于万科的经营活动现金流中可以看出，万科的经营活动现金流是395.66亿元，扣除投资活动现金净流量是433.89亿元，万科还有38.23亿元的现金缺口。到这里，也许就有一些明朗了，万科另外还要支付79.48亿元（2015年度利润分配）的现金股利，显然经营活动流入的资金减去投资活动净流出的资金余额已经不足以支付股利。

也许你认为，万科只要融资117.71亿元的差额就可以了，或者你甚至认为，万科年初有517.48亿元的现金及现金等价物，远多于经营活动和投资活动所需要的现金净支出，根本就不需要融资。

显然结果不是这样的。

首先，在万科的现金及现金等价物中，有相当一部分是预收账款，这部分资金使用有一定的限制，并且多数是用来购买土地的，真正可以自由流动的资金不多。母公司报表现金及现金等价物有449.49亿元，其中大部分显然是来自对子公司的其他应付款和借款，其中需要在一年内偿还的借款和短期借款就达290.29亿元，另外还有20.35亿元的应付票据。所以从表面上看，万科的资金较多，但通过表5-1可以看出，如果万科2016年没有筹资活动现金净流入，万科年末现金及现金等价物占总资产、总销售收入和营业收入的比重会大幅下降，资金周转就会不畅。万科年末现金及现金等价物的比重如表5-9所示。显然，在资产扩大的年代，没有筹资就会造成资金紧张。

表5-9 万科年末现金及现金等价物的比重 （%）

项　目	2016年	2015年
年末现金及现金等价物余额占总资产	9.57	8.47
年末现金及现金等价物余额占总销售收入	21.79	19.79
年末现金及现金等价物余额占总营业收入	33.06	26.46

其次，万科有大量的债务，这些债务中很大一部分在2017年到期，2016年年底，万科短期借款、一年内到期的非流动负债以及应付票据应付账款合计1 850.02亿元，如果没有债务资金流入，万科将无法偿还这些款项。

虽然万科是全国有名的房地产公司之一，但是银行毕竟不是专为万科开设的，万科还需要维持其良好的偿债信用，这就要求万科有一定的货币资金存量来维持其财务指标，并且能够在新增债务资金不能及时到位的情况下不发生债务违约。

随着存量借款的到期，企业可以偿还借款，可以借新还旧，但是偿还借款会导致企业自身现金储备大幅下降，对于多数企业来说会影响其正常的生产经营，所以多数企业都是借新还旧，借款规模也就越来越大。

小贴士：筹资偿债比

筹资偿债比是指在公司筹集的资金中有多少用来偿还债务，此比率较高说明公司需要偿还的债务很多，企业资金压力较大，如果是财务状况较差的企业，则可能是融资途径已经断绝，只能靠借新还旧延迟还债。

筹资偿债比＝偿还债务数额／筹资活动取得现金流量

如表 5-10 所示，2016 年，万科筹集到的借款为 687.75 亿元，而偿还的债务为 388.26 亿元，净借款为 299.49 亿元，而 2015 年万科的净借款则是净偿还 21.18 亿元。

表 5-10 万科筹资活动现金流量表 （单位：亿元）

项目	2016 年	2015 年	增长（%）
三、筹资活动产生的现金流量			
吸收投资收到的现金	97.35	42.96	126.61
其中：子公司吸收少数股东投资收到的现金	97.35	40.54	140.16
取得借款收到的现金	687.75	229.10	200.19
收到其他与筹资活动有关的现金			
发行债券收到的现金	116.46	79.24	46.96
筹资活动现金流入小计	901.56	351.30	156.63
偿还债务支付的现金	388.26	250.29	55.13
分配股利、利润或偿付利息支付的现金	160.26	131.81	21.59
其中：子公司支付给少数股东的股利、利润	33.10	24.24	36.52
支付其他与筹资活动有关的现金			
筹资活动现金流出小计	588.59	402.34	46.29
筹资活动产生的现金流量净额	312.97	-51.04	-713.19

万科的筹资活动现金流量不仅于此，2016 年万科的子公司也获得了 97.35 亿元的股权投资。这是在万科控股的项目中第三方的出资，也是万科分散经营风险的重要举措，相比 2015 年子公司获得外部投资者的资金 40.54 亿元，2016 年获得的投资明显增加，结合前文投资支付的现金也大增 171.24%，可以看出，万科大幅增加了合作项目的投入。由此可以推测，万科在当前更倾向于合作开发项目。

当然，从筹资活动现金流我们还可以看出，万科给债权人和股东支付了多少利息与股利，2016 年万科支付的利息和股息合计达到 160.26 亿元，其中分配给上市公司股东的现金股利 87.21 亿元，分配给子公司少数股东的股利 33.10 亿元，偿还的利息 39.95 亿元⊖。

历史上，万科对少数股东的分红以及支付利益比对上市公司股东分红要大方得多，少数股东现金分红比例往往能达到 50% 左右，而 2013 年之前，上市公司股东现金分红比例只有 15% 左右，原因是少数股东实为合作项目其他股东，合作项目结束后，合作公司往往不会继续有新的项目，股东把净利润分完从事其他业务活动。

当然，这也说明上市公司股东是公司的铁杆支持者，而少数股东仅仅是一时的合作者，项目做完就分光走人，同时也证明，商场上没有永恒的朋友，只有永恒的利益。

综上所述，万科 2016 年净筹集资金 312.97 亿元，而 2015 年净流出为 51.04 亿元，加上经营活动现金净流入 396.66 亿元，和年初的现金及现金等价物 517.48 亿元，合计可用资金达到 1 227.11 亿元，足够支付投资活动现金净流出 433.89 亿元，万科 2016 年年底的现金及现金等价物高达 794.9 亿元，比年初增加了 277.42 亿元，增加了 53.61%。

一家企业储存大量的资金显然是别有用心的，也许是想在来年大干一场，迅速扩大业务和资产规模；也许是意识到未来融资环境可能会发生变化，再想融资就没现在容易；或者还意识到短期内销售可能不畅，经营活动现金消耗会很多。

显然，万科的需求是要大干一场，或者说如果万科不得不大干，中国恒大2016 年销售金额超过万科严重冲击万科地产一哥的地位。

2016 年 12 月，万科获得 32 个地块的开发权，合计获得建筑面积 380.85 万平方米，购地金额高达 218.78 亿元，这是万科近年来单月新增土地储备最高的一个月份。2016 年 8 月至 2017 年 1 月，万科购地总金额达到 947.21 亿元。

和同业相比（见表 5-11），万科 2016 年筹资获得的现金净流入是最高的，并且从四家公司筹资活动现金净流向产生的差异看，万科和招商蛇口为净流入，并且金额较大，而保利地产和金地集团则为净流出，显然这暗示着这几家公司对未来房地产市场走势预判的不同。并且万科和招商蛇口通过子公司对外合作的运作思路也相近，获得的现金较多，而保利地产则因为其央企身份，直接通过 A 股增发再融资获得大笔资金。

保利地产 2016 年整体运作较为谨慎，从拿地获得项目以及融资角度看都偏保

⊖ 现金流量表中偿还利息支付的现金包括资本化的利息支出。

守,这将造成其未来一两年发展速度会慢于同业,不过,未来如果房地产行业有较大的调整,保利地产应对起来也将比较从容。

表5-11 2016年万科、保利地产、招商蛇口和金地集团筹资活动现金流量 (单位:亿元)

三、筹资活动产生的现金流量	万科	保利地产	招商蛇口	金地集团
吸收投资收到的现金	97.35	104.41	59.18	5.20
其中:子公司吸收少数股东投资收到的现金	97.35	15.23	59.18	4.24
取得借款收到的现金	687.75	556.71	331.05	128.54
收到其他与筹资活动有关的现金	0.00	0.00	0.01	3.51
发行债券收到的现金	116.46	129.55	0.00	78.00
筹资活动现金流入小计	901.56	790.67	390.23	215.25
偿还债务支付的现金	388.26	776.60	211.12	243.64
分配股利、利润或偿付利息支付的现金	160.26	118.59	57.73	45.82
其中:子公司支付给少数股东的股利、利润	33.10	20.78	10.14	7.32
支付其他与筹资活动有关的现金	0.00	8.76	3.83	21.31
筹资活动现金流出小计	588.59	903.95	272.68	310.77
筹资活动产生的现金流量净额	312.97	−113.29	117.56	−95.52
汇率变动对现金的影响	2.69	1.07	4.28	0.51
期末现金及现金等价物余额	794.90	467.20	455.63	211.61

2016年年底,万科现金及现金等价物余额为794.90亿元,远高于其他三家公司,保持了较高的灵活性,也为2017年继续扩张留足了子弹。可以预测,2017年,万科会有一波扩张,同样被看好的还有招商蛇口。

5.3.4 内地房企掀起的H股买壳风

由于房地产企业在A股市场再融资受国内房地产调控政策影响较大,所以在A股市场中较大的房地产公司纷纷寻找海外市场融资机会,特别是港股市场,有大量内地房地产公司上市,对房地产公司的投资比较活跃,是国内房地产公司上市融资的好市场。

金地集团是最早实施在港股买壳的A股上市公司,其2011年7月1日发布公告称,董事会已通过《关于收购至祥置业有限公司股份的议案》,董事会批准公司通过全资子公司辉煌商务有限公司以总对价约8.36亿港元购买Billion Up Limited所持有的至祥置业61.96%的股份。但是当年7月29日,因为未能获得香港交易所豁免,全面要约收购终止;不过2012年,金地集团终于如愿,2012年9月14日晚金地集团公告称,公司全资子公司辉煌商务有限公司作为买方已与FCL

（China）Pte. Ltd 就购买其持有的星狮地产（中国）有限公司 38.48 亿股达成协议，该部分股份约占星狮地产已发行股本的 56.05%，交易对价为 16.54 亿港元，目前星狮地产已经改名为金地商置。

招商蛇口 2012 年 5 月 2 日发布公告，通过控股子公司瑞嘉投资实业有限公司所属的全资子公司成惠投资有限公司收购香港上市公司东力控股 70.18% 的股份，对价 2.2 亿港元。2013 年 4 月 25 日，招商蛇口又发公告称，将向东力控股注资 49.64 亿元，如果注资成功，东力控股将成为招商蛇口在香港市场融资的重要平台。

万科在 2012 年 7 月一举收购了香港上市公司南联地产 79.26% 的股权，并将后者更名为万科置业海外，从而获得了除 A 股外的股票市场筹资新平台；而后，万科在 2013 年 1 月 21 日发布公告，将万科 B 股转到香港市场，目前，万科将在香港市场拥有两块筹资平台。

房地产业其他大佬也纷纷跃跃欲试，2012 年 4 月 10 日，在香港联交所上市的恒力商业地产发布公告称，万达商业地产将通过向恒力商业地产主席陈长伟购入公司 18.56 亿股以及其持有的可换股债券，以取得公司 65% 的股权，总作价 6.74 亿港元。

不过，港股市场虽然融资方便，但是向来对内地房地产企业估值远低于 A 股市场，特别是中小市值企业股票成交不活跃，估值更低。目前，上述企业在港股上市部分并没有获得较大的融资金额。

万达商业港股退市记

万达商业地产（简称万达商业）2014 年在港股上市，然后仅仅 15 个月后，万达商业就发布了退市公告，重要原因是港股市场给予万达商业的估值较低，万达商业在港股的市盈率在 6 倍左右，如此低的估值使得万达商业再融资或者股东套现都面临较高的成本，当然可能还有一个重要的原因是如此低的估值直接拉低了老板王健林的账面财富，对其全国首富的地位造成了不利影响，所以，左思右想后，万达商业于 2016 年在港股草草退市。

5.3.5 如何从筹资活动现金流量判断万科的未来财务状况

筹资活动是企业经营活动和投资活动产生的现金流量的补充，如果企业自身需求的现金较多，那么可以通过筹资获得现金，反之，如果经营活动现金流和投资活动现金流大幅流入，则可以偿还贷款或者分配利润。一般来说，筹资活动产生的现金净流量越大，企业未来面临的偿债压力也越大，但如果现金净流入量主要来自于企业吸收的权益性资本，则不仅不会面临偿债压力，资金实力反而增强。因此，在分析时，可将吸收权益性资本收到的现金与筹资活动现金总流入比较，所占比重大，说明企业资金实力增强，财务风险降低。

国内 A 股市场对房地产公司再融资的关闭使得万科筹资途径减少，特别是资本金的筹集只能靠内部积累，所以我们可以看到，万科已经持续多年维持非常低的现金分红比例；而通过子公司获得的少数股东权益投入，因为需要和新股东共享子公司权益，并且需要分散子公司运营决策，对万科的集团运作可能不利，加上万科资金已经很雄厚，除特殊情况外，未来将会减少和外部合作，所以这方面的筹资金额也将降低；最后的渠道就是借款，因为万科规模大，盈利能力强，是银行和信托公司的优良合作对象，但是银行受国家相关调控政策的影响较大，所以虽然信托资金的成本远高于银行，但信托公司成为万科越来越重要的合作对象。

所以，未来万科仍将致力于通过债务和权益相结合、多途径的筹资方式，以增加财务的稳健性，而万科2016年大规模筹资暗示万科对2017年的憧憬是发展的一年。

5.4 现金流量表分析方法

现金流量表除了揭示企业现金周转的来龙去脉外，还从现金的角度揭示了企业经营的质量，并且揭示了企业华丽经营成果背后的故事。所以，我们分析现金流量表，不能单独分析某个现金流量数据，也不能和其他报表脱离。

5.4.1 现金流量构成分析

现金流量构成是指各种现金流量占总现金流量的比重：①分别计算经营活动现金流入、投资活动现金流入和筹资活动现金流入占现金总流入的比重，了解现金的主要来源，一般来说，经营活动现金流入占现金总流入比重大的企业，经营状况较好，财务风险较低，现金流入结构较为合理；②分别计算经营活动现金支出、投资活动现金支出和筹资活动现金支出占现金总流出的比重，它能具体反映企业的现金用于哪些方面，一般来说，经营活动现金支出比重大的企业，其生产经营状况正常,现金支出结构较为合理。扩张期的企业投资活动现金流量为负数,筹资活动现金流量为正数。

万科 2016 年的现金流构成整体上还是比较健康的,经营活动现金净流入 395.66 亿元,金额较大,说明万科通过正常的经营能够获得足够的资金维持目前的生产经营规模。即使筹资渠道不畅,不能获得新的资金,正常的生产经营也不会中断。投资活动净流出数额大幅增加,说明万科增加了合作经营的规模,2016 年更加倾向于合作发展项目。如果说 2015 年 51.04 亿元的筹资活动现金净流出和 99.06 亿元的现金净流出意味着 2016 年将是平淡的一年(2016 年事实表现为万科补库存需求强烈),那么,2016 年高达 312.97 亿元的筹资活动现金净流入以及 277.42 亿元的现金净流入说明万科将积极备战 2017 年(见表 5-12),2017 年是万科计划扩张的一年。

表 5-12 万科净现金流量结构分析 (单位:亿元)

项目	2016 年	占比(%)	2015 年	占比(%)
经营活动产生的现金流量净额	395.66	142.62	160.46	−161.99
投资活动产生的现金流量净额	−433.89	−156.40	−209.47	211.47
筹资活动产生的现金流量净额	312.97	112.81	−51.04	51.52
汇率变动对现金的影响	2.69	0.97	1.00	1.01
合计	227.74	100.00	−99.06	100.00

万科 2016 年各项现金流出的构成是很合理的,经营活动现金流出占总现金流出的 71.52%,2015 年是 75.05%,占主要地位。筹资活动现金流出只占总现金流出的 15.40%,说明万科的偿债压力并不是很大,如表 5-13 所示。

表 5-13 万科现金流出结构分析 (单位:亿元)

项目	2016 年	占比(%)	2015 年	占比(%)
经营活动现金流出小计	2 732.69	71.52	1 950.19	75.05
投资活动现金流出小计	499.54	13.07	245.93	9.46
筹资活动现金流出小计	588.59	15.40	402.34	15.48
合计	3 820.82	100.00	2 598.46	100.00

由万科的现金流量构成可以看出,万科的经营活动现金净流量有很大的弹性和潜力,万科不断增加的对外投资是万科扩张的重要手段,万科的筹资也是有张有弛。只要万科扩张稳健,不捂盘惜售,短时间内没有太大的资金压力。

如果公司的经营活动现金流量净额长期处于净流出,则将不得不依赖于筹资获得的资金补充,不管公司短期盈利情况如何,财务成本终将拖累公司业绩;如果公司急于回收现金,则有可能造成盈利能力下降,并且不断融资和借债将使得公司疲于做出短期业绩和承担更大的财务风险,长期而言是不能持续的。

5.4.2 偿债能力之现金流量

我们在前文中使用过资产负债表和利润表分析企业的偿债能力,但是使用资产负债表来分析企业的偿债能力存在一定的缺陷:第一,资产负债表的数据只是记录企业在某一个时点的数据,这个数据不能代表全年的真实偿债能力;第二,在分析短期偿债能力的时候,作为流动资产主要组成部分的存货不能够很快地转变为用于偿债的现金,而且存货使用历史成本计价不能够反映变现的价值,另外流动资产中的待摊费用也不能转变为现金。许多企业有大量的流动资产,但现金支付能力却很差,甚至无力偿债而破产清算。

利润表反映了年度财务情况,但是利润表本身是通过一定的会计政策和会计估计编制的,并且包含了许多非现金的变化,并不能反映一家企业真实的以现金为基础的偿债能力。真正用于偿还债务的是现金,只有现金比率才能很好地衡量企业的偿债能力。

现金流量表分析偿债能力的主要指标是经营活动现金流量流动负债比率:

经营活动现金流量流动负债比率 = 经营活动现金净流量 / 年末流动负债

该指标的意义是企业利用自身的经营能否偿还流动负债。由于经营活动现金流和流动负债都是一年期限,所以这个指标以 1 为标准,大于 1 的,说明公司有足够的经营活动现金流偿还流动负债。

5.4.3 万科的短期偿债能力

万科 2016 年经营活动现金流量流动负债比率 =395.66/5 799.98=0.068 2,这个数字显然是相当寒酸的,万科需要 14.66 年才能偿还流动负债。不过万科近一半的负债是预收账款,几乎不需要偿还,这样经营活动现金流量流动负债比率 =395.66/(5 799.98-2 746.46)=0.129 6,有所提升。从这个指标来看,万科尚不具备用经营活动现金流偿还流动负债的能力,需要依靠债务不断滚动。

5.4.4 判断收益质量

我们从利润表中得到了公司的现金流量表能够通过公司现金的流动结合相应的利润表数据分析公司收益的质量。其主要指标是营业收入现金含量、净利润现金含量。

1. 营业收入现金含量

营业收入现金含量＝销售商品、提供劳务收到的现金／营业收入

对于一般增值税纳税人，这个指标应该在1.17左右（收到的现金中包括17%的增值税）。如果该指标低于1.17则说明当年营业收入有部分没有及时收回，如果低于1则说明有大量销售没有能够及时回款，营业收入质量不高。

营业收入质量不高有以下可能：①公司在产业链中处于弱势，同业竞争激烈，被下游企业变相占用资金，不能掌握产业发展的主导权，特别是产品的定价权，这对企业长期发展不利；②公司产品市场竞争力不强，公司为了增加销售可能会以降低回款速度为代价销售给客户；③公司为了增加当年业绩，突击销售甚至虚假销售，这种无效的销售不会产生真实的现金流量。

营业收入质量不高带来的后果是公司大量资金被应收账款占用，资金紧张，财务费用上升，甚至影响正常的生产经营；信用较差、财务状况不佳的客户应收账款回收困难，赖账的可能性也更高，如果发生将给企业带来巨大的损失。

2. 万科的营业收入现金含量

万科的营业收入现金含量=2 865.33/2 404.77=1.19，高于1，说明万科的营业收入质量很高。主要是因为：①房地产公司多为预售，营业收入滞后于销售收入，万科营业收入增长较快，所以销售金额总是大于营业收入，万科2016年营业收入现金含量相比2015年的0.98大幅上升，但是相较于历史高点已经有较大的下降，原因是2016年销售商品、提供劳务收到的现金大幅增长了49.31%，大幅高于22.98%的营业收入的增速；②万科直接销售给最终客户，很少有信用交易，也是万科的营业收入质量较高的重要原因。

3. 净利润现金含量

净利润现金含量＝经营活动现金净流量／净利润

这个指标反映在企业实现的收益中，现金收益所占比重的大小，即当期实现

的净利润中有多少是有现金保证的,这个指标对于衡量企业的利润质量有着极为重要的意义。如果考虑到当期的利润中有一部分是由非付现成本减折旧产生的,而这部分成本最终还是要用现金来补偿,因此可以在经营现金净流量中扣除折旧费用,这样用调整后的经营现金净流量计算所得的比率能够更加稳健地衡量企业的长期利润质量。

生产经营稳定的公司净利润现金含量应该大于1,这样才有足够的资金更新原有设备和添置新设备。如果公司赊销规模扩大,或者购买过多的原材料,那么该项指标可能就会小于1。也就是部分收益仅仅是纸上财富,不具备较高的现金分红能力,如果长期过低则会积累较大的财务风险。

4. 万科的净利润现金含量

万科的净利润现金含量=395.66/283.50=1.395 6,万科2016年的净利润是实打实的,这也是万科在2016年能够支付较高现金股利的重要原因。

由此看来,目前万科的销售商品、提供劳务收到的现金较为稳定,只要万科未来不大规模增加存货,万科的净利润现金含量就能提高。万科一方面要谨防销售回款下滑,另一方面要控制扩张速度。

5.5 万科财务报表分析结论

综合分析万科2016年的财务报表,我们可以得出以下结论:

第一,万科虽然在2016年取得了较好的业绩,但是这个业绩明显低于预期,万科在2015年之前对行业发展的悲观预测造成在行业爆发的2016年准备不足。虽然营业收入和净利润规模仍然是行业第一,净资产收益率更是创下近年来的新高,但是销售收入及销售增速落后于中国恒大等。万科长期相对谨慎的发展思路造成在国内房地产行业井喷时准备不足,补库存需求强烈,造成获得项目的成本明显增加,虽然短期内,万科的净资产收益率将保持在一个较高的水平,但是未来利润率和净资产收益率下降是长期的。万科的高净资产收益率得益于其非常低的债务资金成本和很高的资产负债率,未来,万科需要在净资产收益率和资产负债率之间寻找平衡。

第二，万科财务相对稳健，虽然各项偿债能力指标稳定，经营活动现金流入仍然是最重要的现金来源，只要控制扩张速度，行业没有大幅度恶化，短期内，万科的财务状况仍然安全。

第三，快速扩张推动万科对资金的需求仍然旺盛，但是长期不能从资本市场获得权益资金，使得万科资产负债率大幅升高，2016年获得的超额筹资将推动万科2017年更加快速的增长，而因为房地产业绩释放的滞后性，这个业绩将在2017年和2018年释放，但是如果未来仍然不能获得足够的权益融资，万科的扩张速度将下降。

第四，在资产负债率、资产周转率都发挥到极致后，万科的净资产收益率更多地取决于净利润率，而净利润率更多地取决于全国房价的走势。缓慢、稳定上涨的房价对万科是最有利的，万科在地价相对便宜的地区获得项目，利用品牌优势提高产品价值是其获得更好毛利率的重要方式，不过土地一级市场竞争激烈，地价上涨是长期趋势，未来利润率大概率下降，不过如果万科利用品牌输出可能会获得更高的利润。

第五，目前，万科及国内主要房地产公司规模都已经很大，而国内房地产市场整体发展潜力已经近于极限，房地产公司以现有模式再大规模扩张的难度较大，转型是重要选项，万科转向持有部分商业地铁以及物业将会提升未来的盈利能力，但是对短期的资产周转速度和盈利将会有不利影响。

第6章

火眼金睛识别数字以外的奥秘

通过对万科财务报表的分析，我们知道了要投资一家上市公司，首先要研究它的财务报表以及如何来研究。万科作为一个规范、成熟行业的企业，是我们初学者研究的好对象。但是对于中国多数上市公司而言，行业属性、管理水平和盈利水平都远不如万科，而股价被炒得很高，有的在若干年后被证实了其价值，有的却被证实当初实实在在是泡沫，投资者悔不当初。我们投资者如何才能趋吉避凶，练就火眼金睛识别价值呢？关键是我们要读懂财务报表中除了数据以外的奥秘。

6.1 货币资金的奥秘

货币资金是所有企业生产经营的必要保障和资金周转的起点及终点。一家企业应该保有维持企业正常生产经营所需要的适量的货币资金，如果不足就应该筹资，非常情况下甚至需要变卖资产获得货币资金，反之因为货币资金不能产生价值，如果多于正常需求，就应该还债、分配利润或者投资。

6.1.1 货币资金的多少反映了管理层对企业未来年景的判断

一家公司货币资金存量的多少，取决于公司管理层对公司未来的战略安排和对企业未来年景的判断。

公司计划投资新项目，为了不使公司资金问题影响到项目进展，需要准备足够的资金，并且能够在新项目产生效益之前保证资金链安全。

如果公司未来年景不好，公司经营活动现金流可能入不敷出，并且随着业绩下滑，公司的筹资难度和成本也将上升，那么为了保证能够渡过难关，公司在预测未来年景不好时往往多备存量（货币资金）。

小贴士："漏网之鱼"：福特汽车

2008年，金融危机严重冲击了美国三大汽车公司，令其销售下滑，发生严重亏损，现金流量严重入不敷出，并且资本市场人心惶惶，筹资是不可能的。在这种情况下，汽车公司不得不向美、加、德等国家政府求援，并且接受苛刻的条件。全球汽车行业老大通用汽车轰然倒塌，被破产重组，原股东血本无归，克莱斯勒被卖给了意大利汽车公司菲亚特。福特汽车也受到了重创，亏损累累，现金流入不敷出，为了筹集资金，不得不宣布出售马自达、沃尔沃等子公司股份。2008年10月10日，福特股价跌到了1.99美元/股，为26年来最低。但是，截至2009年第一季度末，福特公司仍然有213亿美元现金，成为唯一没有申请美国政府贷款的美国汽车公司，也避免了破产的命运。福特汽车能从巨大的损失中挺过来，原因之一就是公司在金融危机爆发之前，为了调整公司的发展，不惜在2006年抵押工厂融资180亿美元、2007年整体抵押自身融资230亿美元，这些现金成了福特汽车在金融危机中的救命钱。

6.1.2　有钱不作为，静待收购的壳公司：民生投资

在我国上市非金融企业中，民生投资的货币资金占总资产的比重是非常高的，2012年12月31日，民生投资总资产为96 164.82万元，其中货币资金为48 771.59万元，占总资产的50.72%。如果加上交易性金融资产，货币资金和交易性金融资产合计占总资产的88.12%，在沪深主板公司中仅低于资不抵债的星美联合和ST太光。

民生投资保持高比例货币资金并非偶然，近年来，民生投资主营业务收入不断萎缩，2016年营业收入下降至3.29亿元，净利润为1 863万元，其主要利润来

源是理财收益,公司大股东中国泛海控股集团有限公司是泛海控股大股东,民生银行的第二大股东,实际控制人卢志强是民生银行的副董事长。

大股东实力雄厚,肯定会有好的投资项目,民生投资坐拥大量货币资金却不用来改善经营或者投资(见表6-1):一方面使业务停滞不前、股东利益受损;另一方面也使上市公司成了一个干净的壳,与市场上有关企业借壳传闻相吻合。

表6-1 民生投资2010~2016年盈利情况 (单位:万元)

项目	2016年	2015年	2014年	2013年	2012年	2011年	2010年
营业总收入	32 937.80	23 465.85	45 582.59	48 225.85	48 574.13	68 630.67	70 799.10
投资净收益	6 249.47	3 088.72	13 624.19	2 059.98	465.99	1 513.20	198.96
净利润	1 862.87	2 318.20	9 972.86	2 109.36	7 554.54	5 248.93	2 943.57

一家上市公司,如果不是新上市募集了很多的钱,几乎全部的资产都是现金,那么这家公司很有可能是一个等待收购的壳公司,被借壳的概率很大,或者已经在为被借壳做准备。

6.1.3 高现金含量企业的被收购诱惑:商业公司容易成目标

民生投资高货币资金(2015年和2016年部分转化为理财资金)与其说公司不作为,不如说是有意为之,但是有些公司的高现金含量则着实让人眼红,特别是商业公司,经营活动现金流量充沛,账面货币资金大量富余。

国内第四大航空公司海航集团于2004年3月以1.7亿元收购了西安民生19.16%的股份,并成为第一大股东,实现了相对控股。表面上看,海航集团失去了1.7亿元现金,但是西安民生2004年半年报显示,其2004年6月30日的货币资金达到了2.26亿元,到2008年年末已经达到了5.8亿元,由于海航集团实现了相对控股,因此实际上得到了这笔资金的使用权。果然,在完成收购后不久的2004年3月26日和4月8日,西安民生分别以定期存款方式向海航集团财务公司存入现金合计1.9亿元。从现金角度看,海航集团做了一笔赚钱的买卖。

所以,货币资金较多,大股东控股比率较低的公司有很大的可能被当成收购目标公司。中百集团2012年年底货币资金高达14.81亿元,大股东武汉商联(集团)股份有限公司(简称武商联)只持有10.17%的股份,加上一致行动人武汉华汉投资管理有限公司、一致行动人武汉中鑫投资股份有限公司合计持有87 814 563股,占公司总股本的12.89%,截至2012年12月31日,中百集团的总市值只有

44.81亿元，也就是说，只要超过武商联及其一致行动人所持有的12.89%的股份，就可以获得这笔货币资金的控制权，而这个控制权的价格只有6.32亿元。截至2012年12月31日，新光控股集团有限公司（简称新光控股）已经通过二级市场获得了10.23%的股份成为第一大股东，离相对控股只有一步之遥，并一度引发了市场对新光控股与武商联争夺中百集团控股权的遐想。当然后来武商联通过增持使得后者知难而退。

6.1.4 长眠资金的哀与伤：金花股份资金"被盗"

金花股份公布的2003年12月31日、2004年12月31日和2005年6月30日货币资金分别为34 863.55万元、33 992.40万元和34 411.37万元，并且其中大部分集中在母公司账面（便于被挪用），数亿货币资金躺在银行睡大觉，是金花股份钱多得没地方用吗？

金花股份2003年年末和2004年年末的银行贷款分别为3.95亿元和6.75亿元，显然公司是很缺钱的。2004年金融机构一年期存款基准利率是2.25%，一年期贷款基准利率是5.58%，也就是说，公司放着自己的钱在银行，而花高成本借款，3亿元的借款保守估计一年白送给银行1 000万元的利息，而公司当年净利润才903.8万元，作为一个民营企业，会这么白白地把自己辛辛苦苦赚的钱都送给银行吗？

2005年10月14日，金花股份公告：公司自2004年11月起，将28 500万元以存单质押的方式为控股股东金花投资有限公司（简称金花投资）及其关联公司提供全额银行承兑保证。该项业务已于2005年6月到期，金花投资及其关联公司未能如期归还，公司存款28 500万元已被银行扣除；以公司名义借贷、由金花投资承担相关财务费用并主要由金花投资保证、以其资产抵押或第三方保证的10笔银行借款共计31 700万元，由金花投资使用并承担利息，未在公司账面反映。以上占用资金合计60 200万元。

金花股份的长眠资金原来已经被大股东盗用为其贷款的保证金，此后金花股份背负大量的银行贷款，连续多年亏损，并且被退市警告，到2009年，除2007年出售资产盈利外均亏损，而且公司资产日渐萎缩，想重新走上发展的道路非常艰难。

6.1.5 募集资金之怅：北青传媒募集资金"躺着贬值"

2004 年在香港 H 股挂牌上市，也是首家在 A 股市场以外上市的中国传媒股，北青传媒上市所募集的 8.9 亿港元资金，到 2009 年 12 月 31 日仍然大部分未动用。更为可惜的是，公司募集的资金一直以港币存放在银行，随着人民币相对港币升值，公司募集资金不断贬值，直到 2008 年，人民币与港币"汇率倒挂"后，北青传媒才将剩余募集资金兑换成人民币。2007 年和 2008 年，因人民币与港币汇率变动引起的募集资金贬值分别达 4 616.1 万元和 814.7 万元。北青传媒的不作为，使得投资者的利益大受伤害，公司股价也从 2004 年刚上市时的 22.7 港元/股一路下跌到 2008 年的最低价 1.8 港元/股，到 2016 年年末仍然只有 3.8 港元/股左右，给投资者造成了很大的损失。

6.1.6 富翁的好处与悲哀：江苏阳光的"机"与"危"

做富翁当然有好处。富翁可以养尊处优，可以四处出击，在行业不景气时可以并购同业，在产业转型时也可以从容对待。

如表 6-2 所示，江苏阳光 2001～2003 年的货币资金在 1.98 亿～8.18 亿元之间，也就是说，江苏阳光的货币资金正常值在 4 亿元以上是绝对安全的，但是 2004～2006 年，江苏阳光的货币资金都在 6 亿元以上，明显有很大的富余，江苏阳光成了现金富翁。

表 6-2　江苏阳光 2001～2009 年货币资金　　　　（单位：亿元）

年　　度	货币资金
2001 年	1.98
2002 年	8.18
2003 年	3.94
2004 年	13.23
2005 年	6.11
2006 年	8.14
2007 年	10.98
2008 年	9.04
2009 年	4.11

巨大的闲置资金使得江苏阳光不得不考虑资金的出路，公司决定投资风头正盛的多晶硅行业。光伏电池行业作为绿色产业，受到各国政府的扶持和补贴，作

为其原材料，多晶硅的价格也一路走高。2007 年和 2008 年的多晶硅的价格达到疯狂状态，每千克 500 美元的高价依然供不应求，在这种情况下，只要拥有多晶硅生产线就会获得巨大的利润。2008 年，上市公司天威保变，因为参股天威英利和四川新光硅业，分别获得了 3.01 亿元和 2.88 亿元的投资收益，占天威保变当年净利润的 62.45%。在这种巨额利润的刺激下，有关数据显示，截至 2010 年 4 月底，我国有 25 家企业先后从事多晶硅生产，多家公司通过引进设备和技术进入多晶硅生产行业。

江苏阳光投资的宁夏阳光硅业，注册资金就达到了 3.6 亿元，江苏阳光占 65% 的股份，另外还有 6.6 亿元的借款担保和 4.77 亿元的借款，江苏阳光总投资达到了 13.71 亿元。江苏阳光从一只纺织股摇身一变成为新能源行业和绿色环保概念的新秀，二级市场表现十分抢眼。

不过很不幸，虽然阳光硅业已经在 2008 年试车成功，但是到 2009 年年底，阳光硅业仍然没有投产。在金融危机过后，国际市场上多晶硅价格大幅跳水，从每千克 500 美元跌至目前的每千克 50 美元左右。我国企业引进的技术不是国际一流的技术，高耗能、高污染，成本远高于国际水平，多数规模较小的企业的生产成本都在每千克 50～70 美元，而日本德山、美国 Hem lock 等国际大厂的成本只有每千克 20 美元左右。

江苏阳光 2013 年 3 月 19 日晚公告，公司控股子公司宁夏阳光硅业有限公司被法院裁定破产，这将使得公司面临超过 15 亿元的损失，2012 年，江苏阳光亏损 14.13 亿元，亏损额超过江苏阳光上市 13 年的累计利润。江苏阳光的大股东另外还投资了前文提到的海润光伏，不过这种跨行业的投资目前看起来并不算特别成功，甚至可以说是损失惨重。

同处江阴新桥的海澜集团，也是从面料和服装产业起家，设立了品牌服装公司海澜之家，2016 年海澜之家的营业收入和净利润已经分别达到 170 亿元和 31.23 亿元，与江苏阳光投资光伏公司的经营惨淡形成了鲜明的对比。

6.2 应收账款的奥秘

公司产品销售，总有不能按时支付货款的，下游客户可能暂时资金周转困难，可能需要暂扣部分货款作为质量保证金。公司为了更大地扩大销售，可以放宽客户付款的时间，让客户在这段时间筹集足够的资金，甚至是用完成对这笔货物销售的回款来偿还，这样就极大地调动了下游客户更多地购买公司产品的积极性。

除个别公司外，多数公司都会有应收账款，事实上，适量的应收账款是非常重要的，可以较大幅度地增加销售量，从而增加利润。然而随着应收账款的增加，对营业收入的增加促进作用降低，如果应收账款的增加达到一定的量，那么对公司运营资金的压力就会增加，并且坏账损失的可能性也会增加，从而对公司的利润产生副作用。

6.2.1 与营业收入赛跑的魅影：北海国发应收账款吹起来的收入

赊销增加了客户的购买力，能扩大公司的销售规模，多数情况下赊销带来的毛利超过了占用资金的损失，会给公司带来不菲的利润。

不过要是公司应收账款过多，不能及时收回，就会占用大量资金，导致公司资金周转紧张。同时赊购的客户良莠不齐，有的不一定能够按约定的时间回款，甚至不能偿付任何款项，形成坏账。所以企业一般会在会计报表日对公司的应收账款进行审核，估计回收的可能性，并计提相应的坏账准备。计提坏账准备的方法有两种：一种是按账龄计提，账龄越长，收回的可能性越低，3年以上账龄偿还的可能性已经很低了；另一种是按一些应收金额客户，单独估算回收的可能性，并计提坏账准备。

如果一家公司年末销售收入突然增长，同时应收账款数额有不同寻常的增长，则说明公司可能存在着年终虚假销售的行为。具体过程是公司和一个关系较好的客户签订一些假合同，因为不涉及现金流量，只要账面处理就可以了，从法律上看漏洞较少，等到了第二年再做销售退回。

如果一家公司连续几年的销售收入快速增长，但是通过研究却发现，公司的应收账款以更快的速度增长，则说明公司的增长不具备可持续性。因为这种增长一种情况是建立在公司资金被大量占用的基础上，公司资金迟早要耗尽，到时要回笼资金，收紧信用政策，高速增长将不复存在；还有一种情况是公司为了促进销售，将产品销售给了一些信用较差、偿债能力低的客户，这就像是给公司埋了一颗定时炸弹一样，这些应收账款迟早会变成坏账，给公司带来不可估量的损失。

如图6-1所示，北海国发2003～2007年营业收入从2.3亿元增长到7.9亿元，实现了跨越式的增长。不过我们可以看到，公司的净利润并没有跟随营业收入的增长而增长，反而多数年份逐年下降，在 2006 年甚至出现了亏损。同期公司应收账款也从 0.4 亿元增长到 1.46 亿元，增速快于营业收入的增长。公司利润较低，说明公司竞争力不强，为了扩大销售，公司放松了信用销售条件。应收账款的增长占用了公司大量资金，导致公司资金周转困难，然而利润又没有增加，这种无效率的增长肯定不能持续。结果，在 2008 年，全球金融危机成了压倒公司的最后一根稻草，公司营业收入下降近六成，亏损 1.73 亿元，亏损数额超过公司前 5 年的利润总和，其中应收账款减值损失（坏账损失）就达到了 6 496 万元。

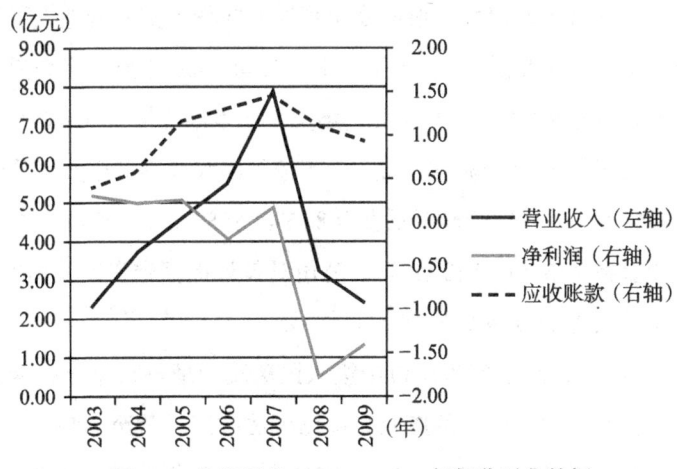

图 6-1　北海国发 2003～2009 年部分财务数据

在受到致命一击的 2008 年，北海国发在年报中对亏损的解释如下：①由于受全球金融危机影响，公司资金较为紧张，导致公司不能及时办理银行借款转贷手续，银行贷款大部分逾期导致公司财务费用大幅度增加；②由于流动资金严重缺乏，导致公司部分下属企业严重亏损；③对公司 2008 年年底应收款项、存货计提大额减值准备，对过期、变质的存货进行报废、核销。⊖

此后，北海国发一直没有走出经营困难的漩涡，为了维持上市公司地位，只能用一年盈利两年亏损的方法勉强支撑，当然，亏损数额远大于盈利金额。

6.2.2 噩梦还是自作孽：*ST 锦化的乱象

2010 年 4 月 21 日，*ST 锦化公告披露：公司 2009 年财务报表累计对华天实

⊖ 引用自《北海国发 2008 年度报告》。

业债权补提坏账准备约 6.4 亿元，而公司 2009 年前三季度实现净利润亏损 3.88 亿元。由于公司被法院裁定进入重整程序，公司股票将于 4 月 21 日起停牌，若公司被宣告破产清算，公司股票将面临被终止上市的风险。

4 月 1 日，辽宁省葫芦岛市中级人民法院受理葫芦岛华天实业有限公司破产清算一案。截至 2009 年 12 月 31 日，公司对华天实业应收款项余额为 614 622 856.37 元，对华天实业委托贷款余额为 70 000 000.00 元，公司对华天实业债权合计为 684 622 856.37 元，对于上述债权，公司 2009 年年初已计提坏账准备人民币 11 695 212.34 元。由于华天实业已进入破产清算程序，公司对华天实业享有的上述债权获得清偿存在重大不确定性，根据公司管理人向华天实业管理人了解，华天实业普通债权清偿率预计不超过 5%，鉴于以上，公司 2009 年财务报表累计对华天实业债权补提坏账准备为 638 696 501.21 元。增加公司本期亏损为 638 696 501.21 元。

此外，对部分闲置未用、锈蚀的固定资产按可回收净额低于账面价值的差额计提固定资产减值准备。上述资产账面原值为 85 945 808.34 元，净值为 18 695 064.85 元，预计可回收金额为 3 590 140.88 元，公司对其计提固定资产减值准备为 1 510 万元。增加本期亏损为 15 104 923.97 元。

2009 年 5 月 13 日，辽宁省丹东市中级人民法院受理丹东化学纤维股份有限公司破产重整一案，预计对该公司的应收账款已无法收回。截至 2009 年 12 月 31 日，公司对丹东化纤应收账款余额为 7 503 539.55 元，已计提坏账准备为 1 077 810.87 元，鉴于以上，公司董事会同意财务部门就上述债权全额计提坏账准备。增加本期亏损为 6 425 728.68 元。

由于被法院裁定进入重整程序，根据规定，公司自即日起停牌，直至法院就重整计划做出裁决后，公司向深交所申请复牌。同时，公司董事会对葫芦岛华天实业、*ST 丹化应收账款两项债权以及固定资产计提坏账准备，上述三项坏账计提和减值计提增加公司 2009 年亏损 6.6 亿元。

噩梦突然袭来使投资者措手不及，财务数据失真和巨大的资金黑洞隐患使得重组方望而却步，投资者有血本无归的可能。

冰冻三尺非一日之寒，我们翻开公司 2006～2008 年的年报，发现公司应收款项增长的速度和绝对值都很惊人，特别是应收票据几乎是爆发性的增长。*ST 锦化 2008 年年末持有葫芦岛华天实业有限公司商业承兑汇票余额为 53 500 万元，为了隐瞒事实，*ST 锦化在年报中披露截至 2009 年 4 月 29 日，公司应收华天实业商业承兑汇票余额为 0。

我们知道承兑汇票的付款期限最长不超过 6 个月，所以这些应收票据都是 2008 年下半年发生的，扣除 17% 的增值税，*ST 锦化 2008 年下半年给华天实业的销售额至少有 45 726.5 万元，而公司 2008 年前五名销售商的年销售额才 64 506 万元。也就是说，公司仅 2008 年下半年销售给葫芦岛华天实业有限公司的销售额就占全年销售给前五名销售商的 70.89%。这种带有突然性并且没有现金流入的销售是极不正常的，*ST 锦化 2008 年的销售数据有相当大的水分。*ST 锦化的应收款项变化如表 6-3 所示。

表 6-3　*ST 锦化 2006～2008 年应收款项变化　　　　（单位：万元）

项　目	2006 年	2007 年	2008 年 6 月 30 日	2008 年
应收票据	707.02	39 545.27	23 864.94	57 954.88
应收账款	4 653.14	3 085.61	4 079.35	3 910.30
合计	5 360.16	42 630.88	27 944.29	61 865.18

公司 2007 年应收票据在 2007 年年报中仅披露 17 645.27 万元，在 2008 年年报中才以前期差错更正的形式对年初应收票据（商业承兑汇票）调增 21 900 万元。但是公司并没有披露其中的主要欠款客户，只是披露公司质押了其中的 2 100 万元，说明公司的资金很短缺，这与公司账面的大量现金相矛盾。

2007 年，*ST 锦化实现净利润 2 036.33 万元，按公司披露的销售毛利率 12.82% 来算，*ST 锦化当年新增赊销增加额应收款项增加了毛利 4 083.85 万元[⊖]，远高于报表中的利润总额 2 832.33 万元，也就是说，没有公司账面的应收款项的增加，公司将亏损 1 251.52 万元。实际上，2007 年锦化氯碱可能已经陷入了亏损。

6.2.3　太自信还是别有用心：徐工机械从轻计提坏账准备

徐工机械 2012 年年底应收账款余额高达 185.16 亿元，占营业收入的 57.62%，其中 1 年以内的应收账款有 156.09 亿元，一两年的有 22.18 亿元，两三年的有 2.7 亿元，3 年以上的有 4.2 亿元。从理论上讲，这些应收账款都有成为坏账的可能，但是徐工机械仅对 1 年以上的应收账款计提了坏账准备，对数额巨大的 1 年以内

⊖　*ST 锦化 2007 年新增应收款项 42 630.89-5 360.16=37 270.73（万元），增加的销售收入 37 270.73/1.17=31 855.34（万元），应增加的毛利润 31 855.34×12.82%=4 083.85（万元）。

的应收账款则网开一面，不予计提。然而，在同业中，多数公司对1年以内的应收账款计提坏账准备，中联重科和厦工股份计提了1%，而更为谨慎的柳工则计提了5%。

三一重工在2012年之前对1年以内应收账款也采取5%的计提方法，然而在业绩下滑之下也采用通过减少计提坏账准备调节利润的方法。2012年10月20日，三一重工发布公告称，将对应收款项坏账准备计提比例会计估计进行变更，对1年以内应收账款由此前计提5%，变更为计提1%，根据年报，此次应收账款坏账计提会计方法变更减少了5.53亿元的坏账减值，而2012年，三一重工归属于上市公司股东的净利润下降了34.25%，如果不调整坏账会计方法，下降会更多。如果徐工机械对1年以内的应收账款计提1%的坏账准备就会减少税前利润1.56亿元，而如果计提5%，则有7.8亿元，扣除25%的所得税，徐工机械2012年24.66亿元的净利润要下降23.72%。三一重工降低计提坏账准备比例则是大幅提高了2012年净利润4.14亿元，占56.86亿元净利润的7.29%。

然而，这些公司的应收账款真的是如此，没有一点问题吗？答案显然是否定的。徐工机械2012年年底全额计提坏账准备的应收账款就有1.79亿元，而2011年年底才954.98万元，增加了近18倍，到2016年，徐工机械计提的资产减值损失已经达到5.51亿元，是当年利润总额的2倍多。

6.2.4　应收账款虚增营业收入和净利润

在臭名昭著的科龙电器造假案中，科龙2002年年报中共虚增收入4.033亿元，虚增利润近1.2亿元。科龙电器在此后的2003年和2004年，同样是在顾雏军和格林柯尔的操纵下，科龙年报又分别虚增收入3.048亿元和5.127亿元，虚增利润8 935万元和1.2亿元，仅2004年第四季度有高达4.27亿元的销售收入没有得到验证，其中向一个不知名的新客户销售就达2.97亿元，而且到2005年4月28日审计时仍然没有收回。其具体手法主要是通过对未出库销售的存货开具发票或销售出库单并确认为收入，以虚增年报的主营业务收入和利润。

如今，很多上市公司为了能够成功增发或者拉高股价让"大小非"乘机减持，有很强的动力做好短期的业绩，而最简单的方法就是通过增加公司应收账款的方式提前确认收入或者制造虚假的收入，从而提高利润。

6.2.5 一种商业模式的过去：四川长虹的没落

四川长虹曾经是国内最大的电视机生产企业，如图6-2所示，2000年营业收入就达到了107.07亿元，净利润为2.59亿元。但是从2001年起，四川长虹的业绩出现了下降，当年营业收入下降了11.14%，净利润下降了65.26%，然而，应收账款却大幅增加了58.15%（见图6-3）。2002年和2003年，应收账款的增幅继续超过营业收入的增幅，而净利润也止步不前，显然，这种无效的增长是不可持续的，2003年，经营活动现金净流量为流出7.44亿元，现金消耗严重。

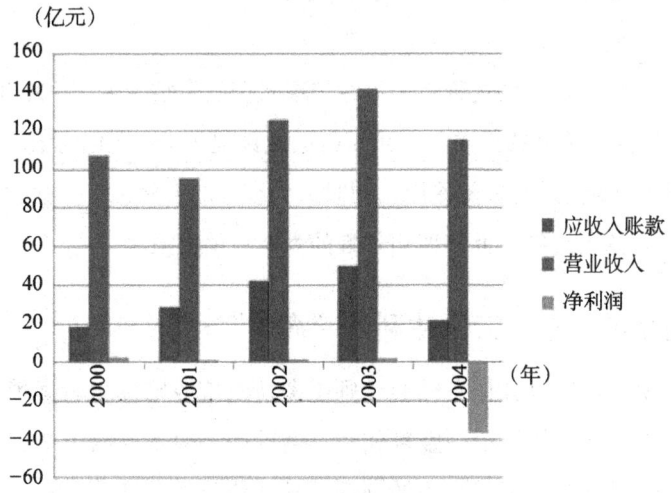

图6-2 四川长虹2000～2004年的主要财务数据

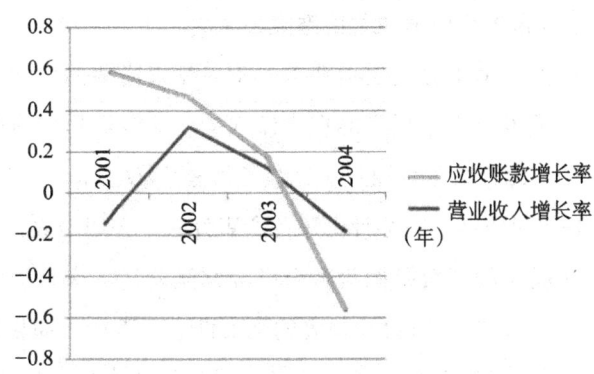

图6-3 四川长虹2001～2004年应收账款和营业收入的增速

在欠款公司中，仅Apex Digital Inc.一家公司就欠长虹44.47亿元，占应收账款总额的 87.47%，是四川长虹 2003 年净利润的 21.48 倍，而在 2002 年年初，Apex Digital Inc. 的欠款才有 3.46 亿元。显然，这家公司的还款能力和还款意愿直接决定了四川长虹的经营情况。

四川长虹应收账款大幅增加并且集中于一家客户源于四川长虹采用的大客户销售制度，早在 1997 年，四川长虹就单一依赖已经破产的郑百文作为销售渠道，后来以郑百文破产惨淡结束，不过这使得长虹一跃成为全国最大的彩电企业。在 2001 年增长再次乏力时，四川长虹又旧瓶装新酒，通过大渠道促进出口，但是不幸的是，中国彩电大量出口美国市场，使得美国对华彩电采取反倾销措施，造成贸易商损失惨重。

2004 年，四川长虹的这种单一大客户模式彻底失败，Apex Digital Inc. 经营困难，无法偿还四川长虹的款项，四川长虹因此计提了 25.97 亿元的坏账准备，是造成当年亏损 36.86 亿元的重要原因，同时，大客户的突然消失，使得当年营业收入下滑 18.36%。这也终结了此前四川长虹的大客户销售策略。

6.2.6　注水的上市：万福生科的"高明"

一般来说，担任审计任务的会计师事务所对应收账款比较谨慎，因为应收账款看不见、摸不着，如果单一金额较大，会计师一般都会给欠款客户发询证函查询具体欠款情况，然后根据收回的询证函核实应收账款的真实性。如果上市公司没有和客户串通，或者上市公司人为制造其他障碍，多数情况下，只要审计师尽到了审计的义务，虚假的应收账款都能够查出来。

万福生科上市前，为了达到上市要求，不惜制造需要的营业收入和利润，当然，虚假的收入是不可能产生真实的现金流入的，应该会形成应收账款。但是万福生科的高明则在于此，大股东通过关联方给万福生科注水，虽然收入是虚假的，但是"货款"却是按时收回，在会计师事务所审计时，公司报表存在的应收账款已经都是真实的，而虚假的销售则因为资金已经回笼避过了审计流程，这样就能够晃过一"枪"。因为审计师只对会计报表的真实性进行审计，如果万福生科把虚假业务收入从采购、入库、加工、出库、销售以及回款所有的会计凭证都造假齐全，并且把其中涉及的人、财、物、税、客户都用自己人和真材实料冒充，那么审计师就很难发现问题。

要核实这样的报表，可能就需要负责保荐的证券公司进行核查，核查这些所谓的大客户是否有这样的生产经营能力、支付能力，以及这些客户和上市公司的真实关系。如果会计师事务所和保荐机构在万福生科做尽职调查的时间足够长，工作做得足够细就会发现万福生科的生产规模可能和会计报表的收入不相符，但是这需要有经验的审计师和保荐人。当然负责上市的审计师和保荐人都是金融从业者中有知识、有经验、拿着高薪的精英，如果他们真的尽职了，一般拟上市公司想通过大幅造假上市，是非常困难的。

所以，我们在看一家公司的会计报表时，除了会计报表本身，我们还要看这张报表的审计师是谁，一般规模大、信用好的会计师事务所有相对较好的内部控制制度，人才素质和审计流程也较好，关键是大公司容易拒绝一些小恩小惠的诱惑，更加做到公正、客观，虽然有时这也不是绝对的。

6.3 存货的奥秘

对于工业企业和商业企业而言，存货是公司生产经营和产生利润的直接载体，以高于成本价出售了存货，公司就能够盈利，反之就是亏本买卖，所以存货质量的好坏对于公司盈利有非常重要的影响。

6.3.1 判断存货质量的方法

1. 存货价格和存货质量

我们知道，如果一家公司的产品质量非常好，供不应求，价格就有可能会上涨，客户会提前付给公司定金甚至全部货款，以便能在公司有货时第一时间拿到货。反之如果公司产品质量较差，就会销售不旺，供过于求，采购商就会延后付款，公司则会积压货物，甚至削价促销。产品价格如果下降过大，低于公司成本时，就需要计提存货跌价准备。

提取存货跌价准备，说明公司的存货质量较低（或者成本较高）、没有市场竞争力，公司只能以低于产品成本的价格向市场出售。如 2008 年，国际大宗商品价格波动剧烈，到年底，原油、铁矿石、铜等价格下降 70% 以上，不少企业被迫计提存货跌价准备，造成当年利润大幅下降，甚至巨幅亏损。如西部矿业，在2008年之前，随着有色金属行业的发展，公司营业收入和净利润都保持了较快的增长。2008年，虽然主营业务收入仍然增长了44.89%，但是因为公司产品价格大幅下降，净利润下降了近七成，主要原因就是公司计提的存货跌价准备高达4.05亿元，占2008年公司合并净利润的69.6%。而同为有色金属行业的云南铜业计提18.14亿元的存货跌价准备是造成其高达27.92亿元的巨额亏损的主要原因。

当然计提跌价准备对于多数公司而言，帮助公司甩掉包袱，来年轻装上阵。如果行业好转，之前计提的存货价格回升，那么公司将会冲回相应的跌价准备，增加当期利润。

2. 存货周转速度和存货质量

如果产品质量较好，那么就会产销两旺，存货积压较少，存货可能刚下生产线就会被客户运走，这样公司存货的周转速度就会很快。反之如果公司产品滞销，那么就会造成存货积压，存货周转速度较慢。

存货周转速度越快，说明公司的产品旺销，公司需要扩大产能以满足市场的需求，同时公司的销售毛利率可能会高于行业平均水平；周转速度较慢则说明公司的产品销售不旺，公司此时扩大产能如果仅仅是简单规模扩大的话将会是重复建设，给投资者带来损失。

从资产的安全性上来讲，如果公司存货周转速度快，说明公司存货转化为现金所需的时间较短，公司如果一时资金周转困难，可以靠出售存货来获得资金，能够增加公司的偿债能力。

3. 存货结构和存货质量

工业企业的存货分为原材料、在产品和产成品。原材料是公司成本的重要组成部分，如果公司能够在价格较低时购进较多的原材料或者公司的进货渠道低于同业，那么公司的产品成本将会低于竞争者，在竞争中将游刃有余。

所以如果企业看好行业前景或者当行业低谷时，会大量购入原材料；在行业前景黯淡或者公司资金短缺时会尽量少地减少原材料和库存，如果整个行业的企业都在削减库存就会形成社会经济的去库存化。

> **小贴士：去库存化**
>
> 在经济繁荣时，企业产销两旺，存货周转较快，为了保证足够的原材料供给和可出售商品，企业往往保持较高的库存。但是在经济景气下降时，销售量下降，存货周转速度变慢，企业为了保证较多的流动资金，削减存货量，形成了社会的去库存化，进一步降低了社会总需求，加剧了 GDP 的减速。

在产品是企业生产过程的一个过渡产品，将会变成产成品。产成品是公司生产的结果，一般企业都会尽快地出售以获得利润，但是如果产品销售不畅，会形成积压，这是公司不愿意看见的。也有企业不愿意尽快出售公司的产品，比如说房地产开发公司，因为房价上涨很快。房地产开发商开发的获利速度可能还不如房价上涨的获利速度快，房地产开发公司理性的做法可能就是在保持必要现金的流量外，捂盘惜售。

6.3.2 大时代创造的首富：海普瑞的传奇

2010 年 5 月 6 日，披着神奇色彩的海普瑞登陆中小板，按当天收盘价 175.17 元/股计算，公司实际控制人李锂夫妇持有股份的市值达到 504.55 亿元，成为中国新首富。

李锂夫妇能够成为首富，一方面得益于中国股票市场的发展，特别是对新兴行业的高估值，海普瑞发行价达到 148 元/股，发行市盈率达到 73 倍；另一方面得益于海普瑞的高增长，2008 年，海普瑞的营业收入还只有 4.35 亿元，利润为 1.9 亿元，到了 2009 年，其营业额猛增至 22.24 亿元，净利润为 8.09 亿元。

海普瑞高增长的来源是什么？

海普瑞招股说明书显示，海普瑞主营收入的唯一来源肝素钠占全国肝素钠出口的份额接近 40%。海普瑞营业收入的暴增主要得益于肝素钠产品价格的暴增，而净利润的增长则在很大程度上来自于公司原材料价格的储备和增值。海普瑞 2008 年和 2009 年公司主要原材料粗品肝素钠单位采购成本分别增加了 75.13% 和 129.80%，按此涨幅计算，公司年初库存当年分别增值 6 202.21 万元和 36 893.53 万元，分别占当年净利润的 38.43% 和 45.60%，如表 6-4 所示。

表 6-4　海普瑞 2007～2009 年存货增值获利推算表　　　（单位：万元）

项　　目	2009 年	2008 年	2007 年
采购价格（元/亿单位）	23 168.79	10 082.37	5 757.17
价格涨幅（%）	129.80	75.13	
年初存货金额①	28 424.44	8 255.61	
存货增值	36 893.53	6 202.21	
净利润	80 905.70	16 139.30	6 816.10
存货增值占净利润比（%）	45.60	38.43	

① 海普瑞的货绝大部分都是肝素钠粗品。

也就是说，要保持公司目前盈利能力，公司原材料肝素钠粗品和成品价格需要不断大幅上涨，显然从长期来看，这是不现实的。不过公司上市超募资金高达 48.52 亿元，如果海普瑞把这笔资金合理使用，向产品的上下游发展，可能也会给投资者带来较丰厚的收益。

然而，历史很快证实了海普瑞的利润是不可持续的，上市当年海普瑞的营业收入和净利润都达到了历史最高点，随着产品价格下跌，2011 年营业收入和净利润旋即大幅下降，2012 年营业收入继续下降，净利润仅仅是因为利息收入大幅增加了 0.91 亿元才基本持平。由此看来，上市时 73 倍的发行市盈率完全是一个美好的幻觉。海普瑞 2009～2016 年的营业收入和净利润如表 6-5 所示。

表 6-5　海普瑞 2009～2016 年营业收入和净利润　　　（单位：亿元）

项　　目	2016 年	2015 年	2014 年	2013 年	2012 年	2011 年	2010 年	2009 年
营业收入	22.61	22.92	19.59	15.13	17.62	24.95	38.53	22.24
净利润	3.86	5.68	3.35	3.13	6.17	6.19	12.10	8.09
营业收入增长率（%）	−1.35	17.02	29.45	−14.11	−29.37	−35.26	73.26	411.29
净利润增长率（%）	−32.04	69.55	6.99	−49.17	−0.39	−48.85	49.50	401.30

6.3.3　消化不了的存货：美邦服饰的阵痛

随着经济的发展，我国居民消费能力大幅提高，消费升级给品牌服装的发展创造了巨大的机会。品牌服装公司的运作模式一般是公司掌握品牌、设计和部分销售（直营店），通过大量广告宣传提高了品牌认知度，然后再广泛招商，并根据招商的情况把生产订单派给服装加工企业。

品牌服装公司把产品按照一定的折扣卖给经销商或者专卖店，对服装公司而言已经完成了销售，所以理论上讲，这些销售完的产品已经不是公司的存货。经销商购买公司的产品是建立在能够卖出的预期上，但是实际上，因为设计、号码、质量的问题，总有部分产品不能顺利售出，所以服装公司一般在招商时会允许经销商把没有卖出的全部或者部分商品向服装公司退货或者调货。

如果销售比例高、退货比例低，那么在规定的比例内，服装公司可以通过集中打折销售处理存货；如果经销商销售率不高，因为不能全部退货，经销商会有大量库存积压，虽然理论上不能退给服装公司，但是如果这些产品全部由经销商消化不能顺利卖出则可能会血本无归，经销商的积极性和服装公司的品牌效应也会受到影响，显然这不是长久之计。所以这时就需要服装公司把这些在经销商仓库里的不良库存购回处理，这就影响到了公司短期利润和现金流。

有的品牌服装公司甚至把经销商退货直接退给服装加工厂，自己完全没有存货，不承担损失，但是服装不等同于一般商品，很难回炉再造。服装加工厂也不是活雷锋，不可能吞下所有的损失，毕竟服装加工的利润微薄，远低于品牌运营，所以最终库存的消化还是由品牌服装公司承担，而消除库存是品牌服装公司最痛苦的时候，降价销售会降低公司利润率，如果占用现有销售渠道还会挤占当季新产品的销售，并且还会给品牌价值带来一定的不良影响。

2011年之前，国内经济快速发展，居民消费潜能不断被挖掘，品牌服装公司通过提高产品售价和经销商数量获得高增长，当然随着渠道的增加，存货也越来越多，不过旺盛的市场需求使得大家忘记了放在仓库里的库存，因为大家觉得消化那些存货并不是太大的问题。然而，因为暴利的存在，所以大量服装加工企业进入品牌服装运营，品牌服装行业的竞争越来越激烈，消费者可挑选的品牌越来越多，库存的消化能力远小于预期。

2012年对国内品牌服装公司而言不是一个好年头，终端销售增速大幅下滑甚至绝对销售额下降，品牌服装公司和经销商积压的库存成了压在品牌服装公司身上沉重的负担，服装公司不仅要降低自身库存，还要花钱把经销商的存货购回然后处理，极大影响了利润水平。

美邦服饰是国内最大的服装公司之一，自2008年上市以来，营业收入和净利润持续增长，并且在2011年达到高峰，营业收入达到99.45亿元，净利润达到12.06亿元，营业净利润率高达12.13%，这么高的净利润率超过了很多垄断企业和高科技企业。同时，公司的存货也在快速增加，到 2011 年年底，存货高达 25.6 亿元，不管是绝对金额还是相对于营业收入的金额都不断增加，到了不得不去库存化的地步。然而去库存化是痛苦的，2012 年，美邦服饰营业收入下降了 4.38%，而 2011 年还增长 32.59%。2015 年，美邦服饰业绩有更大幅度的下降，营业收入比高峰下降了 36.7%，而净利润则变为亏损 4.32 亿元。美邦服饰 2008～2016 年部分营业数据与财务指标分别如图 6-4 和图 6-5 所示。

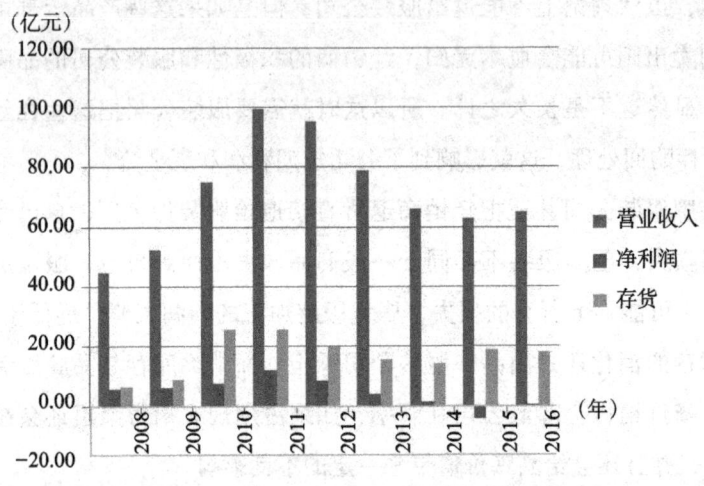

图 6-4　美邦服饰 2008～2016 年部分营业数据

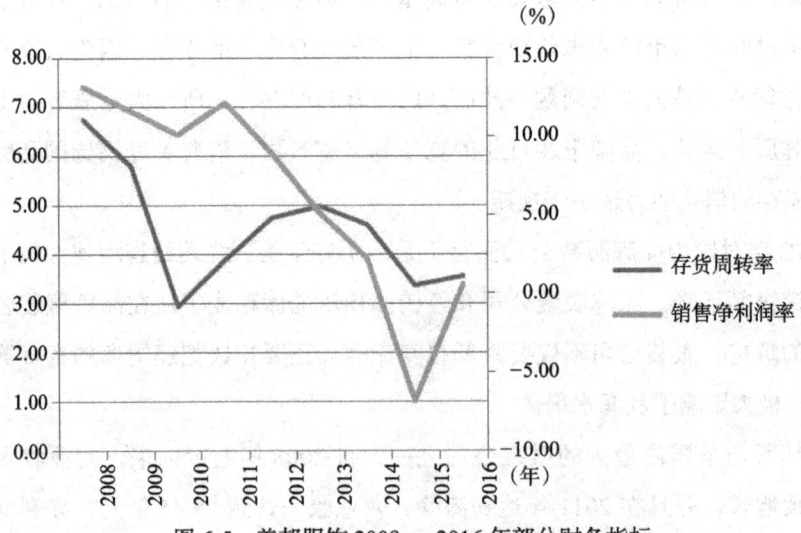

图 6-5　美邦服饰 2008～2016 年部分财务指标

6.4 对外投资的奥秘

6.4.1 企业投资的初衷

企业生产经营需要保有一定的货币资金,如果货币资金不足可能就会使得生产陷入困境,如果货币资金较为充裕,企业就可能研发新产品、扩大产能或者更新设备,这些是企业的对内投资,通过这些投资,企业能够使得产品性能更加优良、产品更加丰富或者成本更低、规模更大。

在生产经营中,企业产生的额外富余资金分为三类:第一类是短期闲置资金,可能会在几天或者几个月内需要使用;第二类是较长期闲置资金,是企业用来留作更新固定资产或者投资新项目的资金;还有一类是因为公司现金流量充沛,而公司主业受行业规模影响,或者发展面临的瓶颈不是仅仅有资金就能逾越的,增加规模可能并不经济,这些公司就有了永久闲置资金。

企业对不同的资金会有不同的运作,短期资金可能会存在银行,有活期存款也有定期存款,但是银行存款的利息率很低,所以公司会考虑用来购买国债一类的收息类的投资产品;较长期闲置资金企业可能会用来购买一些理财产品或者短期投资;长期闲置的资金,企业可能就要想如何利用这笔资金了。

6.4.2 企业对外投资的目的

使得闲置资金运转是企业对外投资的一个重要原因,但是企业对外投资的原因不仅仅如此,企业从长期经营的角度出发可能有以下考虑。

(1)盘活暂时闲置资金,购买生息类资产,在保持了公司资金流动性的同时,获得一定的收益,比如上市公司四维图新,2012年累计购买理财产品4亿元,获得收益898.11万元,收益率大幅高于同期银行活期存款利息。

(2)拓展企业的生产经营范围。一家企业的经营范围往往有限,所能涉及的产业较少,而国民经济发展中的各个行业以及企业发展的各个阶段资本回报率是不同的,为了获得更大的资金回报,企业往往会挑选好投资对象,在适当的时候进行投资,如前文提到的吉林敖东,自身并不能从事证券行业,但是通过投资广发证券,获得了巨大的投资收益。

(3)获得稳定的收益,企业生产经营行业有限,肯定要受行业经济和宏观经济的影响，为了对冲影响，公司选择合适的资产组合，可以避免行业进入低谷时对公司毁灭性的打击，如海航集团，白手起家，成为国内第四大航空公司，但是2002年年底的"非典"疫情给公司造成了巨大的损失，为了规避行业风险，海航集团先后进入酒店旅游、房地产、商业、金融租赁等行业，使得单一行业风险对公司的冲击下降。

（4）价值发掘，获取超额利润。公司可能在某些时候发现市场上某种投资品被低估，这时选择买入比从事公司自己的主业有更高的收益率，公司可能也会选择买入投资，比如2008年年底，海螺水泥买入了大量同行业上市公司的股票，并且获得了很高的回报。

（5）战略投资，加强合作，肥水不流外人田。企业有时还对上下游的其他公司投资少量股份，以获得这些公司的订单或者稳定的原材料供应。冠农股份是西部著名的农业公司，但是其目前主要利润来源并不是农业，而是对国投罗钾的一笔投资，通过参股上游钾肥生产商，冠农股份2012年获得了3.85亿元的投资收益，而冠农股份2012年的净利润总共才2.49亿元。

企业在度过了自身发展的黄金时期后，都会涉及一些投资，主业保证了企业一定的现金流量和抗风险能力，有选择的投资则会使公司获得更高的收益。华人首富李嘉诚的发展路径也证明了这一点，李嘉诚是在做好长江塑料公司以后再向地产、航运、电信等高收益、高风险行业扩张，并且最终凭借自己高超的经营管理能力成为巨无霸企业，如果李嘉诚当初一直考虑在塑料行业发展，估计今天也仅仅只是一个小有名气的塑料制品商而已。

6.4.3　不同财务处理方法对会计报表的影响

对外投资作为资产的重要组成部分，应根据一定的会计方法归为相应的资产。根据不同的会计处理方法，对外投资在会计报表中显示的数据有所不同，会对公司的报表产生较大的影响。

对外投资的会计核算方法有三种：第一种是成本法，就是以账面价值计量，以这种方法核算的有两类投资，一类是完全能够对被投资公司完全控制的投资，也就是纳入合并报表的全资子公司和控股子公司，另一类是没有重大影响的股权投资，并且这些股权投资没有活跃的交易价格；第二种是公允价值法，就是按照公允价值计量,多数时候就是市场价,适用于投资公司对被投资企业没有重大影响的投资,并且这些投资有活跃的市场价格;第三种是权益法,适用于投资公司对被投资公司有重大影响,但是不能控制的股权投资。

 小贴士:成本法、公允价值法和权益法

成本法是按实际投资金额作为对外投资的入账价值,按实际收到的股利、利息作为投资收益;权益法是按公司应分享的被投资公司的权益作为入账价值,被投资方实现利润或者所有者权益有变动,投资方的入账价值就会随之发生变动;公允价值法是按照公允价值入账,脱离了会计账目价值。

按权益法核算的一般是公司占有的被投资公司的股份超过20%,或者对被投资公司有重大的影响。公司获利的是应占被投资公司的当期利润,期末按应占有的被投资公司百分比作为长期股权投资的价值。如果占被投资公司的股份少于20%并且没有重要影响力,则按成本法核算,只有当被投资公司发放现金股利时,公司才确认投资收益,期末按原始投资成本计价,当然如果被投资公司发生了不可挽回的亏损,则需要计提长期股权投资减值准备。

奇虎360回归A股影子股——中信国安

中信国安2017年3月28日晚间公告,"公司接海宁国安睿威股权投资合伙企业通知,天津奇思科技有限公司已完成股份制改造,更名为三六零科技股份有限公司。截至目前,公司作为单一LP的海宁国安睿威股权投资合伙企业(有限合伙)直接持有三六零科技股份有限公司的股权比例为1.74%,加上通过天津奇信志成科技有限公司间接持有的三六零科技股份有限公司股权,合计持有三六零科技股份有限公司股权比例为4.46%"。

2015年12月26日,中信国安在公告中披露,以4亿美元参与奇虎360私有化,占本次奇虎360私有化现金总对价4.3%,按彼时汇率计算,该笔投资总金额约为26亿元。

2015年奇虎360净利润为3.07亿美元,投行预计2018年净利润为11.24亿美元,按1美元=6.8元人民币计算,约合76.43亿元人民币,如按照A股对网络科技企业50倍市盈率计算,市值3 500亿元以上,按此估算,奇虎360A股上市后，中信国安持股市值将达到 140 亿元，如果利润全归中信国安，盈利将达到 114 亿元左右，扣除 25% 所得税，净利润也将有 85 亿元左右，目前，中信国安总股本为 39.2 亿股，每股盈利将达到 2.18 元，相较于 2016 年年底公司每股净资产 1.67 元，该笔投资提高公司净资产收益率将达到 130%。

但是，奇虎 360A 股何时上市，如何上市以及中信国安分得多少利润仍具有很大的不确定性，再者，这种收益属于一次性收益，如果公司不能把获得的收益用来改进主业，那么未来投资价值不会持续走高，如果投资收益兑现时间太长，反而会拖垮公司现金流，对主业产生不利影响。

6.4.4 被低估的东方创业

东方创业 2016 年年底资产总额为 72.74 亿元，归属于上市公司母公司的所有者权益是 31.79 亿元。

东方创业持有 23 882.50 万股华安证券，公司一直以成本法核算，投资成本为 3.29 亿元，截至 2015 年年底，公司计提减值准备 0.68 亿元，账面余额为 2.61 亿元。2016 年 12 月 6 日，华安证券上市。2016 年 12 月 30 日，华安证券股价为 12.55 元/股，东方创业持股市值 29.97 亿元，不过东方创业将此股权纳入可供出售金融资产，并按照权益法计算，公司持股 6.6%，对应的价值为 7.59 亿元，扣除所得税，公司实际核算为 5.23 亿元。

如果按照市价计算，东方创业持有的华安证券的股权对应市值应为 29.97 亿元，扣除所得税影响，实际核算价值应为 22.02 亿元，归属上市公司股东的净资产将增加 16.78 亿元，增厚 50% 以上。

6.5 表外资产（负债）的奥秘

6.5.1 表外资产的由来

上市公司往往有一些资产不能根据适当的会计估计计入公司资产负债表，有的是不符合会计准则对资产的确认，有的是确认后得出的数额为 0，这种资产我在此称之为表外资产。和金融企业的表外资产不同，此处的表外资产更为宽泛。

小贴士：表外资产

表外资产是指不能在会计报表中显示的资产，包括资产价值为 0 或者小于 0 的资产，也包括成本是 0 的资产，还包括目前无法计价的资产。

此处所说的表外资产是指没有在资产负债表里体现的资产，其包括两种：一种是公司所拥有的，但是目前价值为 0 的资产，这些资产在资产负债表上没有办法用数字计量，主要有已经折旧完和摊销完的资产、全额计提了减值准备的资产与部分金融资产；另外一种表外资产是公司所拥有的一些没有计价依据的资产，包括不能用货币反映的品牌、人力资源、技术、管理、企业文化、社会公共关系甚至一些经验等无法用货币衡量的资产。

企业对外的债权，如果对方公司资不抵债，偿还的可能性几乎为 0，为了谨慎起见，企业应该计提 100% 的减值准备，账面价值就是 0 了，但是这并不代表企业放弃了这个权利；对外的股权投资，被投资公司要是已经资不抵债，公司只能全额计提减值准备。但是这些资产有可能还会复活，如果对方企业突然好转，或者重组成功，那么公司将会有一些意想不到的收益。

当然表外资产也不都是好的，商业银行从事信托行业就是案例。商业银行为了降低资本金的消耗，特别是增加对房地产行业的贷款，积极参与信托行业的发展，增加了商业银行本身的中间业务收入。但是随着相关监管部门加强对商业银行参与信托的监管，商业银行需要对信托资产提取一定的准备金，这将大幅影响商业银行的当期利润。

另外资源型企业掌握的暂时不可使用的资源、企业自己开发的暂时不可用的无形资产等，随着向深度和广度发展，技术人员对技术的改造与更新，这些资产都会从表外资产转为表内资产，这些资产通过不断发掘和合理利用能给公司带来巨大的经济效益。不过如果公司粗放式发展，对细节不重视就可能会失去巨大的经济资源，我们投资者也需要从中挖掘上市公司的表外资产，以便在市场风格发生变化时能够辨清是非，有的放矢。

6.5.2 表外负债的由来

上市公司除了有部分资产没有在资产负债表中体现外，还有部分负债也因为种种情况没有反映在资产负债表中。比如公司有重大诉讼，而且很有可能会输，但是具体要赔多少钱暂时无法确定，因为无法确定金额，所以暂时不能计入资产负债表；还有公司的对外担保，实际上已经形成了被担保公司不能按时偿还债务时要无条件偿债的义务，但是在被担保公司偿债日到来之前，都无法确定这个义务需要支付的资金，所以暂时也不得计入资产负债表。

比如，A 上市公司出售了一份认购期权，投资者有权以 10 元/股的价格向 A 公司购买 B 公司的股票，目前 B 公司股价 8 元/股，此期权属于价外期权，就是没有实际价值，购买者不会行权，上市公司也不会有损失，这时，这个负债就是 0，但是公司仍然有这样一个义务，如果未来 B 公司价格大幅上扬超过 10 元，A 公司就会有损失，这时表外负债就会转化成表内债务。

6.5.3 国电电力认购权证的价值

国电电力认购权证的行权价是 7.47 元，但是国电电力 2009 年 12 月 31 日的收盘价是 7.38 元，国电权证要是行权则意味着亏损 0.09 元，国电电力认购权证是一个价外权证，也就是说，国电权证其实就是一张给了投资人亏损的废纸。对普通投资者而言，二级市场的价格就是他们的资产，因为他们随时准备卖出，获得交易价值，但是对中国国电集团公司（简称国电集团）而言，其持有的 3 745 万份的国电权证并不考虑出售，在其资产负债表里的账面价值是 0，也就成了表外资产，但是等国电电力的价格涨到 8.27 元，国电认购权的价值变成了 0.8 元，又增加了国电集团的资产。

 小贴士：价内权证、价外权证

价内权证是指当权证持有人行权时，权证行权价格低于标的证券结算价格的认购权证，或者标的证券结算价格低于权证行权价格的认沽权证，此时权证行权有正面意义。否则权证就是价外权证，行权意味着损失。

6.5.4 苏常柴的意外之财

2009 年大牛股之一的苏常柴 A，2009 年的净利润从 2008 年的亏损 8 399 万增长到盈利 2.29 亿元，除了主营业务扭亏为盈外，投资收益更是锦上添花，其中最主要的是出售了凯马 B 股获得税前收益 15 546.78 万元。凯马 B 股是公司在 2003 年和 2004 年分两批得到的，其中 2003 年部分来源是公司应收山东光明机器厂款项 1 595 万元。当时山东光明机器厂 2002 年进入破产程序，苏常柴已全额计提坏账准备 1 595 万元，也就是账面价值是 0。常州市中级人民法院裁定将该公司所持有的凯马股份有限公司的国有法人股 1 293.689 1 万股用于抵偿债务，在办妥股权登记手续后，苏常柴冲回了坏账准备 1 595 万元，增加了当年的净利润。法院裁定使得苏常柴财务报表上的 0 资产升值为 1 595 万元，到 2009 年又使公司业绩暴增。

6.5.5 或有资产（负债）

或有资产（负债），指过去的交易或事项形成的潜在资产（义务），其存在须通过未来不确定事项的发生或不发生予以证实。

或有资产作为一种潜在资产，其结果具有较大的不确定性，只有随着经济情况的变化，通过某些未来不确定事项的发生或不发生才能证实其是否会形成企业真正的资产。

比如，甲公司因为怀疑乙公司侵犯其知识产权并把乙公司告上法院，根据经验，甲公司很有可能获胜，能够获得 500 万元的赔偿，也就是说，这 500 万元是甲公司的或有资产，但是对乙公司而言这是或有负债。但是在会计的谨慎性原则下，或有资产的确认要求要比或有负债高，所以甲公司在判决真正下来之前是不能确认这笔资产的，而乙公司在年底则需要计提 500 万元的或有负债。当然对于甲、乙公司而言，这笔诉讼都需要在年报中披露，披露规则如表 6-6 所示。

表 6-6 或有资产（负债）的确认、披露规则

概　　率	或有事项	0～5% 极小可能	5%～50% 有可能	50%～95% 很可能	95%～100% 基本确定
是否确认	或有资产	否	否	否	是
	或有负债	否	否	是	是
是否披露	或有资产	否	否	是	是
	或有负债	否（经常发生或重要事项也应披露）	是	是	是

6.6 营业收入的奥秘

营业收入结构是对营业收入的细分，是对营业收入庖丁解牛的过程。弄清楚企业的主营业务、主要产品、盈利能力、主要的盈利产品以及未来发展方向对分析企业的未来发展很重要，这需要静态分析和动态分析相结合，并且重视动态分析。

小贴士：静态分析、动态分析

静态分析是指对静态数据所进行的分析，静态数据是指孤立的当期数据，静态分析是对企业所处一定的环境状态、效益状况等进行分析评价；动态分析则是根据动态数据对企业财务情况进行分析，在财务分析中动态的数据考虑了时间价值、市场供求变化、技术发展变化、社会经济环境的变化等并进行风险概率分析等。

第一，静态看各产品占主营业务收入的比例，营业收入占比最大的一般是公司的主打产品。产生营业利润最多的是公司最有竞争力的产品，如果一个产品的毛利率高于30%，一般来说这个产品的竞争力很强，如果低于10%，则说明这个产品竞争力趋弱，如果是负数则说明这个产品应该被淘汰或者是因为市场出现了巨大的变化。

第二，动态比较近几年来公司各产品占主营业务收入比重的变化，预测在一定的情况下企业未来营业收入结构的变化情况。可能有某种产品虽然现在还不是最重要的产品，但是其所占的比重逐年上升，未来将成为公司的拳头产品。

6.6.1 华兰生物：仍然是血液制品公司

华兰生物2007年的产品全部为血液制品，公司战略还定位为在继续扩大血液制品市场份额的基础上，适度进入诊断试剂、疫苗及基因工程产品等领域。

但是，因为行业的快速变化，到了2009年公司疫苗制品收入显著超过血液制品的收入，成了公司的主打产品。在2009年"甲流"疫情中，公司适时研制出抵抗甲流的疫苗，给公司和投资者带来了巨大的收益，远超过一个单纯血液制品公司的投资回报。这种变化第一是公司有疫苗方面的技术和人才储备，第二也是更为重要的是，近年来，国内国际疫情频发，疫苗紧缺刺激了公司疫苗方面的销售。

然而，从 2010 年开始，血液制品持续增加，而疫苗制品收入快速下降，疫苗制品收入占总收入的比重迅速下降到 25% 左右，所以华兰生物其实还是一家血液制品公司，更加受到公司血液制品的影响。所以，2011 年开始的采血站关停给公司的发展造成了较大的影响，公司的收入和利润大幅下降，股价也一路下滑，不过 2013 年之后，公司血液制品收入稳定增加，带动公司利润增长，而疫苗业务收入持续下降，成为公司的边缘产品，如表 6-7 所示。

表 6-7 华兰生物 2007～2016 年产品结构 （单位：万元）

报告期	2007 年	2008 年	2009 年	2010 年	2011 年
总收入	33 857	46 142	117 400	125 851	96 049
血液制品	29 432	35 755	40 687	57 566	60 273
毛利率（%）	56.38	59.43	59.47	69.90	69.70
疫苗制品	0	7 327	71 402	51 172	21 540
毛利率（%）		32.72	15.18	13.06	23.42
疫苗制品占比（%）	0.00	15.88	60.82	40.66	22.43
报告期	2012 年	2013 年	2014 年	2015 年	2016 年
总收入	97 179	111 592	123 106	147 176	193 389
血液制品	57 200	78 521	86 681	106 160	141 249
毛利率（%）	58.36	62.47	64.13	59.23	60.12
疫苗制品	24 774	15 590	16 013	11 117	10 896
毛利率（%）	29.36	53.14	48.18	70.61	47.20
疫苗制品占比（%）	25.49	13.97	13.01	7.55	5.63

6.6.2 东方明珠：传媒企业还是旅游企业

现如今，东方明珠是一家不折不扣的传媒企业，然而，在 2012 年，也就是资产重组之前，东方明珠实际上是一家旅游企业，从东方明珠 2012 年度营业收入构成看，公司的主要产品是旅游现代服务和国内外贸易，其中旅游现代服务是利润的主要来源，而媒体收入只有 38 778.96 万元，仅占总收入的 12.41%。

也就是说，彼时东方明珠电视塔能吸引到更多的观光客对公司业绩的影响更大，但是东方明珠的控股股东上海广播电影电视发展有限公司和实际控制人上海文化广播影视集团有大量的传媒资产，在上海市大力推动国有资产证券化的背景下，如果东方明珠战略重心有较大变化，积极拓展传媒行业，那么东方明珠就会转变成一家实实在在的传媒企业。

2014年，公司通过资产重组，业务脱胎换骨，东方明珠2012年和2016年的营业收入结构如表6-8所示。

表6-8 东方明珠2012年和2016年营业收入结构比较　　　（单位：万元）

产　品	2012年	2016年
旅游现代服务	130 790.92	
国内外贸易	135 000.19	
媒体业务	38 778.96	
其他	7 256.79	
其他业务	647.39	
传媒娱乐相关服务		761 845.07
多渠道视频集成与分发		140 453.33
内容制作与发行		42 347.05
合计	312 474.25	944 645.45

6.6.3　需要突破的上市公司

在我国，上市公司的壳资源是宝贵的，特别是在股权分置以后，大股东利益和上市公司股东利益相同。为了最大化地实现股东利益，上市公司想方设法地把业绩做好，这样才能够提高股东价值。

经过多年的发展，部分上市公司在主营业务上已经失去了发展的活力，主营业务停滞不前，甚至部分公司已经日渐式微。这部分公司已经不能为股东创造任何价值，唯一能够提高股东价值的办法就是重组或者被借壳，获得重生。

主营业务停滞不前或者资产状况恶化的上市公司，只要历史包袱不太大，重组成本相对重组后带来的收益就较小，或者公司有强有力的股东或者政府背景，就会有重组的机会。不过如果重组成本过大、陷入困境或者没有潜力，公司就没有任何价值，可能就会遭到抛弃。

壳资源的最佳状态

九发股份在2008年时营业收入规模较小、行业分散，2009年完全停产，但是当时公司净资产是1.67亿元，负债基本为0，公司总股本为2.51亿股，是一个较好的壳公司，终于在2012年8月完成了资产重组，改名为瑞茂通，成为一家行业排名第四的煤炭流通行业公司。

星美联合：等待多年后终被借壳

上市公司星美联合截至 2012 年年底，资产总额只有 677.96 万元，净资产只有 598.32 万元，合每股净资产为 0.014 5 元。如此家当，自然不会创造出令人满意的收入和利润。其 2010～2012 年的营业收入分别只有 55.20 万元、1 788.23 万元和 1 165.54 万元，作为一家上市公司，如此数量的营业收入确实可怜。加上又没有可以出售的资产，自然不会创造出意外的净利润，这 3 年的净利润分别是 -310.16 万元、63.08 万元和 136.20 万元。

然而就是这点营业收入也是依靠大股东施舍的，根据公司年报，公司承认其收入的获得是依赖大股东让渡商业机会的非常态状况，并且超过 60% 的收入来自实际控制人的下属企业。星美联合 2012 年营业收入如表 6-9 所示。

表 6-9 星美联合 2012 年营业收入 （单位：万元）

项目名称	营业收入	营业利润	毛利率（%）	占营业收入比重（%）
服务	439.80	431.18	98.04	37.73
批发	725.74	43.54	6.00	62.27
合计	1165.54	474.72	40.73	100.00

大股东通过对上市公司的输血使得星美联合连续两年盈利，并且净资产为正数，避免了退市的尴尬。然而，上市公司在资产、收入均无的情况下，给投资者创造价值显然是不现实的，大股东维持上市公司的目标是在合适的时候给上市公司找个好"婆家"。公司年报也有如下文字：2013 年，我们将同大股东就采用何种方式引进具有优质资产、持续盈利能力的战略投资者完成对公司的重大资产重组尽快达成一致，统一思路，调整策略。同时，进一步减少全资子公司过度依赖大股东让渡商业机会的非常状况、增强自身的造血机能，努力实现生存保"壳"的基本任务。

在这种情况下，星美联合目前的股价反映的其实是 A 股上市公司的壳价值，如果 A 股上市门槛降低、流程缩短，那么上市公司的壳价值可能迅速下降，但是目前，A 股上市公司排队现象严重，壳公司价值提高，但是如果借壳成本超过借壳企业接受的范围，那么壳公司把自己"嫁出去"将非常困难。

2016 年，在多年选择和待价而沽后，星美联合终于被欢瑞世纪借壳成功。

6.6.4 毛利率的暗示：上海家化和索芙特的迥异

上海家化是国内最著名的化妆品公司，公司 2012 年净利润高达 6.28 亿元，截至 2012 年年底，总市值达到 228.44 亿元；索芙特则于 2010 年和 2011 年连续两年亏损，2012 年在 1.77 亿元的投资收益的"帮助"下，勉强盈利 0.13 亿元，表面上看，这两家公司一个在天上一个在地下，完全没有可比性。然而，2004～2006 年，两家公司的情况正好相反（见表 6-10）。这 3 年内，索芙特的净利润不断增长，并且净值远高于上海家化，可以看出，索芙特正在高速发展，而上海家化则还在泥潭里挣扎。投资者如果轻易地按照净利润走势选择了索芙特而放弃了上海家化，那么在未来他肯定后悔万分。

表 6-10 索芙特和上海家化 2004～2006 年净利润 （单位：亿元）

公　司	2004 年	2005 年	2006 年
索芙特	0.74	0.78	1.04
上海家化	0.47	0.39	0.74

2007 年，上海家化的净利润已经大幅超过索芙特，并且一直到 2012 年，净利润一直高速增长，2012 年净利润是 2004 年的 13.27 倍，而索芙特在 2007 年以后净利润快速下降，其中 2010 年和 2011 年连续亏损，2012 年的净利润只有 2004 年的 17.53%，如表 6-11 所示。

表 6-11 索芙特 2007～2012 年净利润 （单位：亿元）

公　司	2007 年	2008 年	2009 年	2010 年	2011 年	2012 年
索芙特	0.85	0.05	0.03	-0.89	-2.03	0.13
上海家化	1.49	1.87	2.39	2.50	3.65	6.28

这一切其实都已经在两家公司的毛利率中有所反映（见表 6-12），虽然 2004～2007 年索芙特的净利润要比上海家化表现优异，但是索芙特的毛利率水平正快速下降，上海家化则明显走高，这说明索芙特主营业务的盈利能力正在下降，市场竞争对其正在变得不利，上海家化则相反，虽然净利润并不理想，但是毛利率正在提升，预示着情况正在好转。

表 6-12 索芙特和上海家化 2004～2012 年毛利率 （%）

公　司	2004 年	2005 年	2006 年	2007 年	2008 年	2009 年	2010 年	2011 年	2012 年
索芙特	63.14	49.47	41.70	35.59	32.47	26.89	24.30	19.08	12.18
上海家化	37.31	37.55	43.22	44.85	50.38	54.06	53.99	56.48	54.06

6.7 净利润的奥秘

会计是一门操作性很强的技术,但是有时也是一门艺术。同样的净利润并不代表同样的含金量,我们不能被净利润的数字给蒙蔽了。

小贴士:会计是一门技术,也是一门艺术

会计是一门技术是指会计是一种记录、分类和总结一家企业的交易并报告其结果的技术,其过程就是一个机械的重复过程;会计是一门艺术是指会计将具有财务特征的交易事项以一定的方式翻译成货币来表示,予以记录、分类和汇总并解释由此产生的结果,而这个过程充满了艺术性。

通过对前文的阅读,你现在应该已经认识到,公司不仅仅通过努力经营来获得主营业务上的利润,还有投资收益、资产增值、营业外的收益等。

6.7.1 为什么说主营业务利润好

公司不同来源的利润有不同的含金量,每家公司根据其自身的盈利模式和企业战略,会产生不同的利润来源。有的靠主营业务获利,如制造业、商业贸易、服务业,甚至还有专业投资的,都有主营业务,并产生主营业务利润。这些利润是靠公司的核心竞争力赚取的,核心竞争力是企业赖以生存并且在较长时间内拥有的。不出意外的话,主营业务利润在未来会被延续,具有最高的含金量。

企业的投资收益、资产增值收益、营业外收入的含金量较低并不是说投资收益、资产增值收益、营业外收入所赚的收益不能和主营业务利润一样当钱花,而是说前者的收益往往不具有可持续性,并且可预测性较弱。

比如A股最赚钱的上市公司中国工商银行,2012年营业净收入达到5 369.45亿元,净利润为2 386.91亿元,其收益主要来自4 178.28亿元的利息净收入和1 060.64亿元的手续费及佣金收入,而来自其他的非经常性的投资收益、营业外收支等相对而言微乎其微。所以公司的主要利润来自主营业务,虽然可能会受宏观经济影响有一定的波动,但是具有很强的持续性。

有些公司的净利润暴增好几倍甚至几十倍,很是吸引投资者的眼球,我们通过翻阅其财务报表,发现其主业仍然处于微利甚至亏损状态,净利润的增长来自大量的投资收益或者营业外收益。这些非经常性的损益从长期来看,有损有益,并不能提升公司业绩,反而会降低公司的估值,毕竟公司需要的是长期投资价值。

比如仰帆控股,2012年净利润高达1.2亿元,而2011年亏损2 000多万元,然而这并不意味着仰帆控股已经脱胎换骨,因为这些利润的来源主要是公司出售了一块土地,获得了土地增值收益,并且当地政府把政府应得的分成补贴给了公司,显然这样的收益是"非经常性"的,除了缓解公司资金的燃眉之急外,对主营业务并没有太大帮助,其2012年年底账面的1.27亿元的货币资金到2013年第一季度末已经只有3 494.09万元,公司总资产也只有3 966.88万元,可想而知,未来再出手,资产获利已经是无米之炊。2014～2016年,公司营业收入分别只有4 411.30万元、2 785.24万元和2 817.71万元,净利润也只有216.97万元、18.69万元和321.00万元,目前该公司也是标准的壳公司,股价随着市场壳价格的变化而变化。

6.7.2 投资收益的红与黑

分析投资收益要分具体来源,某些投资收益来的非常偶然,甚至是飞来横财,也有一些来自联营或者合营企业实现的利润。这两种投资收益是不一样的,前者具有偶然性、短暂性,只能对某一年或者几年的净利润产生影响,从长远来看并不能提高公司的价值,后一种是公司战略的一部分,公司经过多年投资,甚至参与被投资公司的生产经营才获得收益,具有长远性。

股权分置改革后,法人股流通,持有上市公司法人股的公司获利匪浅,给许多公司带来了巨额的投资收益,也让很多公司的财务报告粉墨登场。前文所提到的哈投股份2010～2012年净利润分别是2.75亿元、2.85亿元和2.8亿元,其中投资收益分别是2.1亿元、3.33亿元和3.46亿元,并且这些投资收益主要来自出手其持有的民生银行股票,2010～2012年分别出售了4 182万股、4 660万股和4 500万股,截至2012年年底还有8 523.4万股,按照这个速度还可以维持两年。但是仅靠出售民生银行股票来增加净利润显然是不能长久的,因为一旦民生银行股票出尽而没有其他丰厚的利润来源后,公司利润将大幅下滑。好在是哈投股份另外新投资的方正证券2.96亿股2012年也解禁,不过获利远小于民生银行。如此看来，哈投股份原有热点业务反而不再重要，更名是非常恰当的。

果然，该公司2014年投资收益达到高峰的3.43亿元，而2015年只有0.28亿元，随之公司的净利润也下降到只有1.24亿元。

一些公司因为业务性质，往往主营业务利润也有部分在投资收益里面体现。比如房地产行业开发一个写字楼要整体销售给某公司，如果把写字楼销售，要涉及大量的土地增值税等，但是如果把开发写字楼的项目公司销售给客户，则只需要交纳出售企业股权要交的所得税。所以为了合理避税，房地产公司对于整体出售的写字楼往往出售开发写字楼的项目公司而不是写字楼本身。对公司财务来讲，销售写字楼是主营业务收入，而出售项目公司股权则是投资收益。

6.7.3 中路股份和上海汽车的不同投资收益

中路股份和上海汽车，这两个在2009年都是投资收益唱主角的公司，其投资收益却大相径庭。

中路股份2009年实现营业收入同比减少14.62%，净利润却同比大增了186%。中路股份2009年有4 148.89万元净利润，其中出售可供出售的金融资产——御银股份获得的收益为8 702.87万元，远超过净利润。这种交易虽然增加了公司当年净利润，但这不是一个长期的生意，甚至交易本身并没有增加股东权益，仅仅是把公司股东权益从资本公积转移到未分配利润而已。中路股份2009年实现每股净利润0.16元，但是扣除2009年分配的每股0.05元股利外，年末每股净资产比年初每股净资产仅增加0.03元。

2009年年末，中路股份持有的御银股份已经减持过半，未变现利润仅剩1 939万元，对未来公司业绩影响较小。从2009年的财务数据来看，中路股份的主营业务是亏损的，如果没有投资收益的贡献，中路股份又将陷入亏损。果然，2010～2012年，中路股份归属于上市公司股东的净利润分别下降了44.46%、27.45%和1.72%，又完成了从凤凰到山鸡的蜕变。

上海汽车作为我国规模较大的汽车公司，2009年实现归属于上市公司股东的净利润65.92亿元，其中投资收益高达83.44亿元。这主要是因为上海汽车的主要利润来源于上海通用和上海大众，而这两家公司中外股东所占的股份均为50%，属于合营企业，子公司产生的收入和利润只能按比例算成投资收益。

2010年2月,公司公告收购上海通用1%股权,这样上海通用的利润将全部合并到公司合并会计报表,公司合并会计报表净利润会大幅增长,但是增加主营业务利润的同时相应减少了投资收益,同时增加了少数股东权益,对于上市公司股东增加的净利润只有上海通用净利润的1%,对上市公司股东影响较小。

上海汽车这种投资收益是建立在对被投资公司管理的基础上的,是来自实体公司的利润分成,持续性较强。2010～2012年,上海汽车的净利润分别增长了148.63%、23.38%和2.62%,续写了凤凰的传奇。

6.7.4 警惕非正常损益对公司业绩的影响

上市公司持有大量以公允价值计价并且变动计入当期损益的资产,虽然公司并没有处理这些资产,但是为了更真实地反映公司资产价值的变化,这些资产价值的变化仍然使公司净利润在很大程度上受资产公允价值的影响。我们需要特别考虑部分积极参与二级市场操作的企业和大量持有上市公司流通股的企业。

央企中国化工集团旗下公司蓝星新材,因为2008年和2009年连续两年亏损被退市警示,改名为*ST新材。不过2010年年终于盈利,获得净利润7 549.2万元,并且扣除非经常性损益后仍然有974.72万元,避免了暂停上市。然而,上海证券交易所认为,公司2010年度主营业务收入96亿元,但扣除非经常性损益后的净利润为975万元,距离《上海证券交易所股票上市规则》要求的"主营业务正常运营"的标准尚有差距,公司盈利能力水平和业绩需要进一步观察和提升。所以经上海证券交易所批准同意撤销退市风险警示,同时对本公司股票实施其他特别处理,改名为ST新材。2011年,公司营业利润为-2.21亿元,但是为了脱帽,通过处理非流动资产获得2.96亿元的收益,净利润为7 155.85万元,从而顺利脱帽,改名为蓝星新材。

显然,这种主要依靠出售资产的非经常性损益是不能持续的,2012年公司已经亏损了10.39亿元,2013年又亏损了11.88亿元,最终于2014年被大股东注入安迪苏相资产,实现了借壳上市。

6.7.5 补贴收入

补贴收入是企业从政府或某些国际组织得到的补贴,一般是企业履行了一定的义务后,得到的定额补贴。我国企业的补贴收入,主要是按规定应收取的政策性亏损补贴和其他补贴,一般将其作为企业的非正常利润处理。

小贴士:上市公司获得政府补贴的可能

第一类是被确认为高新技术产业或是产品属于三废利用或软件类等可享受所得税优惠的公司;第二类是公用事业公司、基础设施建设类公司和媒体类公司与国计民生密切相关行业的公司,这类公司在进入行业低谷期时,政府会对其进行补贴,以起到削峰填谷的效果;第三类是受当地政府扶持的绩差公司,一般是濒临暂停上市边缘的 ST 公司,单纯为了保壳,地方政府突然给予一大笔正好能令其扭亏为盈的补贴。

前两种补贴一般都有相关文件,往往按文件能够提前算出公司能够获得的补贴金额,但是第三种理由往往都比较勉强,金额一般刚好能够弥补公司亏损。

6.7.6 赣粤高速和鲁北化工的补贴收入

上市公司赣粤高速在其招股说明书里就有为支持国家重点扶持的交通基础设施建设,经江西省人民政府赣府字〔2000〕19 号文批准,同意通过省财政支出渠道安排资金,对江西赣粤高速公路股份有限公司及其控股子公司给予支持,即从 2000 年 1 月 1 日至上市之日止,按其税前利润的 38% 给予财政补贴,上市后按其税前利润的 25% 给予财政补贴。

2001~2016 年,赣粤高速每年都从江西省财政获取财政补贴,2017 年 1 月 21 日,公司公告称"本公司于 2017 年 1 月 19 日收到江西省财政厅拨付的财政支持款人民币 2.78 亿元",因该财政补贴实际收到时间为 2017 年,所以该补贴收入将增加 2017 年公司利润。

像赣粤高速这样的补贴,因为有省政府的批文,且有补贴的依据,具有一定的持续性。但是仍然有一定的政策风险,如果哪一天政府的政策改变,赣粤高速的巨额补贴收入将不复存在。

鲁北化工 2009 年 12 月 29 日公告获得政府财政补贴资金 8 000 万元,公司 2007 年和 2008 年分别亏损 1 095.25 万元和 67 353.48 万元,如果公司 2009 年继续亏损,将被暂停上市,然而,2009 年前三季度,公司亏损 1 985.75 万元,全年扭亏无望，年末的 8 000 万元财政补贴资金对公司来讲无异于救命稻草。同时，我们查看公司 2006 年年报，年报显示当年净利润为 124.51 万元，但是当年补贴收入达到了 2 292.14 万元，公司已经被财政补贴救过两次命了。

然而事与愿违，2010 年 4 月 12 日，ST 鲁北又刊登公告：相关监管部门检查认为，山东鲁北化工股份有限公司于 2009 年 12 月 25 日获得的无棣县政府财政补贴 8 000 万元是由大股东山东鲁北企业集团总公司划拨给无棣县财政局，然后财政局又补贴给公司，进而根据相关规定，该项补贴应当计入资本公积而不能计入 2009 年度损益。如该项补贴不能计入 2009 年度损益，那么将导致公司 2009 年度继续亏损。

2010 年年报显示，正如监管部门所认为的，该项补贴不能计入 2009 年损益，*ST 鲁北全年亏损 4 798.77 万元，已经连续 3 年亏损，只能被暂停上市。

6.7.7　蹊跷的债务重组

上市公司作为公众公司，是一类特殊的公司，除了资源的稀缺性使得不少公司向往外，上市公司本身也是当地的一个品牌。所以有的上市公司虽然已经亏损累累、濒临破产甚至已经实际破产，此时如果破产清算，债权人和投资者都将血本无归，而如果债务重组，充分利用公司上市公司资质，让上市公司轻装上阵，重新恢复现金创造能力，可能会实现双赢。一般上市公司如果资不抵债或者每股净资产低于面值都有可能发生债务重组。

对上市公司而言，债务重组会直接增加公司收益，所获得的债务减免会计入公司营业外收入，这种收益在有些时候能成为上市公司避免暂停上市的救命稻草。

6.7.8　金花股份的救赎

前文说到的金花股份 2010 年 2 月 27 日刊登公告。

金花企业（集团）股份有限公司于 2010 年 2 月 24 日收到陕西省高级人民法院（简称法院）关于公司清偿债务的执行裁定书，现公告如下：

就公司在西安市商业银行城南支行（简称城南支行）的逾期借款 4 000 万元（截至 2009 年 10 月 20 日，尚欠本金 1 元，利息、复息、罚息共计 20 167 933.15 元）、在西安市商业银行高新支行（简称高新支行）的逾期借款 5 000 万元 [（截至 2009 年 11 月 30 日，尚欠本金 1 元，利息、复息、罚息共计 22 553 004.77 元（利息计算至 2009 年 11 月 20 日)],公司已与上述两家银行及该两笔借款的担保方分别签订了《执行和解协议》,约定：公司在 2009 年 12 月 31 日前分别偿还上述两笔借款本金各 1 元,城南支行免除上述借款截至 2009 年 10 月 20 日产生的全部利息、复息、罚息和 2009 年 10 月 20 日至借款本金结清日期间的利息；高新支行免除上述借款截至 2009 年 11 月 20 日产生的全部利息、复息、罚息和 2009 年 11 月 21 日至借款本金结清日期间的利息；公司承担法院裁定执行费用。

公司现已按照上述执行和解协议的约定,于 2009 年 12 月 31 日前归还上述本金。经城南支行、高新支行申请,法院已出具有关执行裁定书两份,分别裁定上述债务清偿执行终结。

以上清偿债务事项使公司获得利息减免共计 42 720 937.92 元,该部分利息减免收益计入公司 2010 年损益。

ST 金花 2005 年和 2006 年连续亏损,2007 年通过处置非流动资产获利 1.95 亿元,但是 2008 年再度陷入亏损。2009 年前三季度亏损 4 661.60 万元,如果这 4 272 万元计入 2009 年收益可能会于事无补,但是计入 2010 年收益的话,公司再通过运作,2010 年将有可能转为盈利,暂时摆脱被暂停上市的命运。不过其实 ST 金花的资产负债率并不高,只有 49.73%,2009 年年末净资产有 6.92 亿元,上市公司股东每股净资产有 2.26 元,如果银行要求强制执行的话,完全可以收回,要么就是上市公司资产不实。

值得关注的是,ST 金花 2006 年以来的审计意见均为带强调事项的无保留意见,强调事项为金花股份的持续经营能力存在重大不确定性。

6.7.9　飞来的横祸：资产减值损失

资产减值损失是公司在发现资产有明显的减值迹象时对资产价值进行的账面调整,简单地说就是要把本期的损失计足,不拉以后年度公司利润的后腿。

2008 年在全球金融危机下,资本市场暴跌,中国平安合并净利润由 2007 年的 155.81 亿元大幅减少至 2008 年的 8.73 亿元,其中,对富通集团股票投资计提减值准备就高达 227.90 亿元。

国内不少上市公司做盈余管理,在公司主营业务持续低迷时,在某一年一次性计提大量的资产减值准备,为来年轻装上阵做准备；也有可能是当年的损失当年不计提，维持当年账面盈利，在下一年一起提取，造成下一年大幅亏损，显示在公司业绩中有可能就是小赚大亏的波浪式数据。

小贴士：盈余管理

盈余管理就是企业管理当局在遵循会计准则的基础上，通过对企业对外报告的会计收益信息进行控制或调整，以达到主体自身利益最大化的行为。

6.7.10 夕阳行业的安彩高科

安彩高科 2000 年净利润高达 5.28 亿元，是当年中国上市公司的明星企业。然而时过境迁，随着液晶电视和平板电视的兴起，公司产品 CRT 玻壳，属于夕阳行业，销路越来越窄。2005 年，公司第一次亏损 1.82 亿元，而 2006 年亏损更是达到了 8.42 亿元。2007 年微利 0.12 亿元，主要原因是接受河南省投资集团捐赠收入 2.04 亿元，如果除去此项收入，当年亏损为 1.92 亿元。2008 年继续微利，原因之一是当年转回 0.32 亿元的坏账准备，达到净利润的 50% 以上。2009 年净亏损 10.76 亿元，其中资产减值损失达到 5.56 亿元。我们对比一下，安彩高科近几年来每当亏损，则资产减值剧增，而当业绩好转时，资产减值下降。

直到 2012 年，安彩高科虽然主营业务已经转型为天然气、管道运输以及光伏玻璃，而原玻壳业务只有收入 1 917.25 万元，占营业收入的 1.41%。但是，安彩高科依然没有从困境中走出来。安彩高科 2005～2012 年资产减值损失和净利润的关系如表 6-13 所示。

表 6-13　安彩高科 2005～2012 年资产减值损失和净利润的关系　（单位：亿元）

项目	2005 年	2006 年	2007 年	2008 年	2009 年	2010 年	2011 年	2012 年
净利润	-1.82	-8.42	0.12	0.6	-10.76	0.33	0.10	-3.46
资产减值损失	0.7	4.5	1.01	-0.21	5.56	0.10	0.90	0.31

我们再看一下安彩高科 2009 年主要资产减值的科目（见表 6-14），最多的是应收账款计提的坏账准备，达到了 2.51 亿元，而 2008 年是转回了 0.32 亿元（2008 年净利润为正的重要原因）。如表 6-15 所示，单项金额重大的应收账款新增计提 1.86 亿元坏账准备，计提比例从年初的 5.00% 提高到 53.98%。

表 6-14 安彩高科 2009 年资产减值明细 （单位：亿元）

项　目	本期发生额	上期发生额
坏账损失	2.505 3	−0.322 5
存货跌价损失	1.259 4	0.111 0
长期股权投资减值损失		0.000 3
固定资产减值损失	1.728 2	
在建工程减值损失	0.065 3	
其他	0.000 5	
合计	5.558 7	−0.211 2

表 6-15 安彩高科 2009 年应收账款种类

种　类	期末数				期初数			
	账面余额		坏账准备		账面余额		坏账准备	
	金额（元）	比例（%）	金额（元）	比例（%）	金额（元）	比例（%）	金额（元）	比例（%）
单项金额重大的应收账款	376 415 143.02	98.26	203 185 811.14	53.98	342 470 350.40	87.38	17 123 517.52	5
单项金额不重大但按信用风险特征组合后该组合的风险较大的应收账款	2 987 653.84	0.74	2 987 653.84	100	6 132 040.58	1.56	5 605 514.57	91.41
其他不重大应收账款	25 966 360.37	6.40	1 298 318.02	5	43 337 897.22	11.06	2 550 264.09	5.88
合计	405 369 157.23	—	207 471 783.00	—	391 940 288.20	—	25 279 296.18	—

除了坏账损失外，存货跌价损失和固定资产减值损失也分别达到了约 1.26 亿元和约 1.73 亿元，扣除减值准备，公司年末还有 2.3 亿元存货和 5.83 亿元固定资产。从目前来看，如果公司主营业务好转，则计提完减值准备的存货和固定资产将会给公司带来利润，而如果行业继续恶化，随着营业收入的下降，公司仍然将有大量的新增减值准备。安彩高科 2009 年资产减值如表 6-16 所示。

闲置固定资产经过不断处置，到 2012 年年底，闲置固定资产下降到 1 802.28 万元，其中机器设备 423.42 万元，从资产上看，安彩高科已经完成了业务转型，目前，安彩高科的主营业务已经转变成天然气、管道运输和光伏玻璃，不过可以看出，一家公司要想彻底转型，是非常痛苦并且损失巨大的。

表 6-16 安彩高科 2009 年资产减值表 （单位：亿元）

项目	期初账面余额	本期增加	转销	期末账面余额
坏账准备	0.620 0	2.459 2		3.079 2
存货跌价准备	0.643 1	1.259 4	0.379 6	1.522 9
长期股权投资减值准备	0.290 8	0.000 0	0.002 8	0.288 0
固定资产减值准备	2.730 5	1.898 7		4.629 2
在建工程减值准备	0.275 8	0.065 3	0.191 1	0.150 0
无形资产减值准备	0.003 0		0.003 0	0.000 0
合计	4.563 2	5.682 6	0.576 5	9.669 2

6.7.11 子公司的作用：特尔佳信息的"节税"

特尔佳科技 2012 年营业收入为 28 244.01 万元，净利润为 3 126.55 万元，净利润率 11.07%，其中，子公司特尔佳信息营业收入为 151 325 万元，净利润达到 1 330.53 万元，占合并利润的 42.56%，净利润率达到 87.93%。显然，特尔佳信息是特尔佳科技利润的重要来源，特尔佳信息自 2006 年成立以来，累计实现净利润为 10 297.42 万元，占同期特尔佳信息合并报表净利润的 51.58%，特尔佳信息 2006～2012 年"节税"数据表，如表 6-17 所示。

表 6-17 特尔佳信息 2006～2012 年"节税"数据表 （单位：万元）

项目	2006 年	2007 年	2008 年	2009 年	2010 年	2011 年	2012 年	累计
合并收入	11 409.82	13 571.83	15 326.80	16 603.54	25 713.64	27 736.37	28 244.01	138 606.02
合并利润	1 749.02	2 391.73	2 478.93	2 801.37	4 037.00	3 380.46	3 126.55	19 965.06
特尔佳信息营业收入	520.24	1 555.95	1 535.68	1 873.31	2 673.41	1 845.13	1 513.25	11 516.97
特尔佳信息净利润	524.77	1 598.84	1 435.48	1 772.70	2 136.54	1 498.56	1 330.53	10 297.42
增值税优惠	72.83	217.83	214.99	262.26	374.28	258.32	211.85	1612.36
所得税优惠	78.72	239.83	107.66	132.95	160.24			719.40
合计优惠	151.55	457.66	322.65	395.21	534.52	258.32	211.85	2 331.77
税率优惠影响（%）	8.66	19.14	13.02	14.11	13.24	7.64	6.78	11.68

然而，特尔佳信息的高利润和高利润率来自于向母公司销售特尔佳电涡流缓速器控制器软件，而特尔佳信息 2006 年 7 月 11 日成立时只有 100 万注册资金，成立当年便实现净利润 524.77 万元，并且净利润率高达 100.87%。很显然，特尔佳信息是特尔佳科技的利润蓄水池。

那么，特尔佳信息为何能成为利润的蓄水池？

特尔佳科技年报里有特尔佳科技及其子公司获得的税收优惠信息。

1. 母公司

据深地税三函〔2002〕542号"关于深圳市特尔佳运输科技有限公司减免企业所得税的复函"批复，本公司享有"两免三减半"的企业所得税优惠政策，2006年年度是依据前次批复享受减半征收企业所得税的最后一个年度。根据深地税三函〔2006〕302号"关于深圳市特尔佳运输科技有限公司延长3年减半征收企业所得税问题的复函"，自2007年起，公司享有高新技术企业所得税优惠政策，延长3年减半征收企业所得税。国税函〔2009〕203号，本公司于2011年10月31日通过了高新技术企业认定，自2011年起，本公司执行15%的高新技术企业企业所得税优惠税率，本公司本年企业所得税的适用税率为15%。

2. 子公司

深圳市特尔佳信息技术有限公司2006年被认定为软件企业，根据国家财税〔2000〕25号"关于《鼓励软件产业和集成电路产业发展有关税收政策问题》的通知"以及深国税南减免〔2006〕0259号《深圳市国家税务局减、免税批准通知书》，自2006年起该公司享受增值税实际税负超过3%部分即征即退的税收优惠以及享有两免三减半的企业所得税税收优惠。

特尔佳信息于2011年10月27日通过了高新技术企业认定，并取得了深圳市科技工贸和信息化委员会、深圳市财政委员会、深圳市国家税务局、深圳市地方税务局联合颁发的《高新技术企业证书》（证书编号：GR201144200574），认定有效期3年。自2011年起，特尔佳信息执行15%的高新技术企业企业所得税优惠税率。

也就是说，子公司特尔佳信息不但有所得税优惠，还有增值税优惠，并且这两个优惠给公司创造了不菲的价值，其中，上市前一年的2007年，所得税优惠和增值税优惠合计457.66万元（见表6-17），占合并净利润的19.14%，但是2011年以后，随着特尔佳信息的所得税优惠结束，税率优惠的好处已经大幅下降。

2006~2012年，特尔佳科技通过子公司特尔佳信息累计获得增值税优惠1 612.37万元，所得税优惠719.4万元，合计2 331.77万元，占累计合并净利润的11.68%。

6.8 如何练就一双火眼金睛

6.8.1 如何识别虚假会计报表

财务报表是财务人员通过一定的会计处理方法对公司生产经营情况进行核算的结果，是企业经营结果的反映，然而同样的财务报表也许背后隐藏着不同的经营情况。比如，某公司毛利突然上升，但是企业生产经营或者行业并没有显著的变化，有可能是公司提高了管理水平和生产效率，也有可能是通过会计调整，减少了对材料成本的确认，而相应的成本则积攒到存货或者其他一些资产中；某高科技公司管理费用下降，可能是公司提高了管理水平减少了浪费，但是也可能是公司为了追求短期利润，降低了研发投入。

有些财务报表的编制者为了达到目的，通过虚假或者没有商业实质性的交易，达到所需要的财务结果。比如，在出售某项资产的同时签订购回协议，确认了收入和利润，但是资产的风险并没有转移；通过关联方高价购买公司商品或者低价向公司提供原材料，使得公司顺利实现利润；把关联方的销售收入计入公司名下，仅以少量的成本就获得了大量的利润。

还有的报表貌似普通，但简单的财务数据背后却隐藏着巨大的波澜。比如，公司账面长年有大量货币资金，但是公司同时又有大量银行借款，表面上看，是公司发展需要大量资金周转的情况，但是，有可能是货币资金已经被关联方占用，或者因为种种原因，这些货币资金并不能随时调度和使用。

证监会 2012 年 12 月 28 日发布的《关于做好首次公开发行股票公司 2012 年度财务报告专项检查工作的通知》指出的核查重点事项。

（1）以自我交易的方式实现收入、利润的虚假增长。首先通过虚构交易（例如，支付往来款项、购买原材料等）将大额资金转出，再将上述资金设法转入发行人客户，最终以销售交易的方式将资金转回。

这种交易建立在和关联方交易的基础上，关联方虚假购入上市公司商品，但是并没有实际支付货币资金，上市公司账面货币资金不能因此增加。同时，预付账款或者存货有相似金额的增加，如果仅某一年用这种方式造假，会有关联方占用上市公司资金的嫌疑或者购入大量原材料，通过阅读财务报表并没有十足的证据，需要审计师尽职才能够发现问题，仅从财务报表看，因为没有真实发生销售行为，经营活动现金流量不会因为虚假销售而增加，如果某公司长年经营活动现金净流量和净利润不能匹配，并且存货和其他应收款持续增加，那么很有可能有这种造假行为。

（2）发行人或关联方与其客户或供应商以私下利益交换等方法进行恶意串通以实现收入、盈利的虚假增长。如直销模式下，与客户串通，通过期末集中发货提前确认收入，或放宽信用政策，以更长的信用周期换取收入增加；经销或加盟商模式下，加大经销商或加盟商铺货数量，提前确认收入等。

这种交易不是以关联方为公司的客户或者供应商，而是有实实在在的商业背景，不过，为了达到增加销售收入、净利润的目的，上市公司给予客户更多的优惠以换得一时的增长，但是这种增长是寅吃卯粮，未来年度的销售就会下降，甚至不排除未来退回的可能。

当然也有上市公司和下游贸易商达成一定的默契，比如在利润很高的白酒行业，经销商提前通过二级市场购买相当数量的某公司股票，然后又购入该公司产品，虽然该产品市场销量一般，经销商销售并不容易，库存有相当的积压，但是，通过购买该公司产品使得该公司利润大幅提高，该公司股价暴涨，经销商再出售股票获得的利润可能远高于卖酒所获得的利润。

（3）关联方或其他利益相关者代发行人支付成本、费用或者采用无偿或不公允的交易价格向发行人提供经济资源。

一些上市公司自身盈利能力不足，大股东为了使其达到上市标准，或者维持其上市资格，或者做高短期业绩利于套现，可能把属于自身的利益转移给上市公司，而把上市公司的成本转移给大股东，要获得证据，需要审计师核查上市公司业务发生过程中成本费用的核算。如果一家公司的毛利率显著提高或者期间费用明显下降，可以通过对公司历年数据和同业数据比较，确定毛利率或者期间费用率的变化是否合适，如存在明显的差异，且没有合理的理由，则有可能存在作假行为。

（4）保荐机构及其关联方、PE投资机构及其关联方、PE投资机构的股东或实际控制人控制或投资的其他企业在申报期内最后一年与发行人发生大额交易从而导致发行人在申报期内最后一年收入、利润出现较大幅度增长。

这还是上市公司为了做出短期盈利，通过关联方输入利益的方法，如果上市公司的净利润突然增加的同时和关联方的关联交易也大幅增加，虽然公司解释关联交易采用的是公允价格或者利润率和普通销售相同,但是不排除上市公司把原本利润低、质量差的产品高价卖给关联方,虽然财务上显示利润平平,但是实际上已经获得了丰厚的收益。

(5)利用体外资金支付货款,少计原材料采购数量及金额,虚减当期成本,虚构利润。

这种作假方式主要是为了让公司达到上市标准,和供应商串通作假,用上市公司以外的资金支付采购款,这样公司账面的单位原材料成本大大低于实际采购价,拟上市的公司一般为了提高上市当年利润,都会把上市准备所需要的律师费、会计师费以及保荐人的费用由大股东承担,特别是规模较小的民营企业,如果上市费用由上市公司承担,上市当年的利润会大幅降低。一些急于保壳、已经连续两年亏损的公司也有以这种方法保证上市公司第3年盈利的可能,不过这种方法一般适用于规模较小的公司。

(6)采用技术手段或其他方法指使关联方或其他法人、自然人冒充互联网或移动互联网客户与发行人(即互联网或移动互联网服务企业)进行交易以实现收入、盈利的虚假增长等。

这是网络时代最新的造假方法,通过网络销售,审计师很难核查到终端客户,而关联方可能浑水摸鱼,夹在真实的交易中,使得销售规模被人为放大。

(7)将本应计入当期成本、费用的支出混入存货、在建工程等资产项目的归集和分配过程以达到少计当期成本费用的目的。

这其实是在会计分期以及费用归类上做了手脚,如研发费用,根据会计准则,研究费用应该费用化,进入当期管理费用,而开发费用则可以计入无形资产待以后期间摊销,但是如果为了增加当期利润,可以把研究费用也计入无形资产,使得当期成本降低;或者把本应纳入营业成本的存货计入在建工程,虚增了在建工程金额,而当期的营业成本被人为降低,从而虚增了当期利润。

(8)压低员工薪金,阶段性降低人工成本粉饰业绩。一些拟上市的公司,为了达到高估值、多融资的目的,上市前几年的高管薪水都非常低,有的甚至低于普通员工,有的高管年薪只有几万元,这些高管当然不是给公司义务打工,而是他们持有不菲的公司原始股,待公司成功上市后,高管们开始以改善生活为名抛售股票,获利远超过几年的薪水,这时候,上市公司为了留住人才,需要大幅度提高高管薪酬，上市公司的利润会原形毕露。

（9）推迟正常经营管理所需费用开支，通过延迟成本费用发生期间，增加利润，粉饰报表。不少上市公司为了增加利润，人为地延迟成本结算时间，以增加当期的利润，比如原本应该在 12 月召开的年会或者应确认的当年销售费用，公司为了减少当期管理费用，会把年会改在下年 1 月，让财务提前结账，让销售人员把当年的发票留到第二年 1 月份再报销等。

（10）期末对欠款坏账、存货跌价等资产减值可能估计不足。这是上市公司通过会计政策调整利润，因为会计准则虽然规定上市公司需要按照谨慎性原则对应收款、存货等计提坏账或者跌价准备，但是并没有规定上市公司计提的具体比例，上市公司如果需要调整当年利润，可以降低计提比例，个别认定部分应收款是无风险的应收款等降低当年的计提金额。比如 2012 年，三一重工把一年以内应收账款坏账计提比例从 5% 直接降为 1%，当年减少了 5.53 亿元的坏账减值。

（11）推迟在建工程转固定资产（简称转固）的时间或外购固定资产达到预定使用状态时间等，延迟固定资产开始计提折旧的时间。

在建工程转为固定资产会造成折旧大幅增加，如果上市公司为了短期利润表数据好看，可以人为地推迟在建工程转固定资产的时间，一般上市公司都会有在建工程项目的预计完工时间，如果推迟转固且没有合理的原因，则有这种嫌疑。

（12）其他可能导致公司财务信息披露失真、粉饰业绩或财务造假的情况。

上市公司通过对会计准则的曲解或者打擦边球，或者肆意调整会计估计，使得财务政策没有延续性，或者财务报表没有横向可比性。比如，延长资产折旧或摊销年限，大幅计提资产减值损失然后又冲回等。

6.8.2 财务数据恶化的重要指标

作为稳健的价值投资者，会计报表有作假行为的公司显然不是投资首选，不过，除此之外，我们还要关注上市公司财务报表出现的不好的现象。

1. 营业收入持续下降

如果一家上市公司营业收入连续 3 年下降，不管什么原因，这家公司肯定出了问题，如果是业务转型，3 年还没有成功就基本可以断定转型是失败的，如果没有转型，那么公司的主营肯定出现了较大的问题，或者其所在的行业出现了对公司不利的因素。这样的公司资产肯定会被大量闲置或出售处置，从而削减成本、减少人员，将导致公司人心惶惶，甚至可能支离破碎。

前文提到的安彩高科，2006～2009年营业收入持续大幅下降，从22.32亿元下降到6.77亿元，资产大量闲置以致需要计提大量减值损失，这种情况下，公司转型已经较晚，至今仍然没有能够恢复。

2. 毛利、营业利润和净利润连续数年下降

利润的下降意味着一家企业经营面临着困难，如果此时收入还在增长则说明公司正在变得虚胖，或者管理者在牺牲盈利能力来换取成长。同时，利润的下降说明企业可用的财务资源在变少，企业为了维持一定的盈利水平，用来研发、销售、激励员工的财务手段越来越少，企业优秀人才可能会流失，而标准成长性的新产品肯定也会因投入不足而推迟甚至流产。

3. 销售商品、提供服务收到的现金、经营活动现金流量持续下降

销售商品、提供服务收到的现金是企业在正常生产经营时期内最重要的现金来源，如果有销售但是没有相应的销售回款，显然这样的公司是不能持续的；在一定程度上讲，营业收入可以通过赊销、会计调整等手段扩大短期水平，但是销售商品、提供服务收到的现金的唯一标准是在会计期间内收到客户的货款，是真金白银，如果销售商品、提供服务收到的现金持续下降，说明公司获得真金白银的能力下降，现金管理可能出现问题。

货币资金是企业能够生存、扩大的最重要的物质保障，如果一家公司在正常经营时，通过卖出商品不能获得现金流入，就没有资金扩大生产，甚至因为积压太多库存而导致资金链断裂，或者公司需要无休止地筹资，包括股权融资和债务融资，但是如果没有实际还债能力或者盈利能力，经营是不能持续的。

4. 应收账款、存货大幅增加并且相对于营业收入增速更快

如果应收账款增速快于营业收入，那么说明公司营业收入的增加在很大程度上是因为信用政策的调整所获得的，销售回款的速度明显降低，而产生坏账的可能性却有所增加；存货增加快于营业收入，说明公司产量过剩，需要更长的时间才能卖出去，而未来为了促销，公司很有可能降低销售价格，使得利润率下降。

不管应收账款还是存货增速快于营业收入，显然是占用了公司大量资金，公司

净利润现金含量可能下降，如果净利润现金含量持续小于1，则有可能有这种情况。

5. 资产负债率超过70%，流动比率、速动比率等偿债指标恶化

一般生产型公司，主要通过创造和技术改进获得利润增长点，但是如果技术进步停滞，企业为获得增长更多依靠规模的简单扩张，通过财务杠杆增加公司利润水平，这时候对公司而言更多的是资产管理，也就是只要公司资产收益率能够稳定地高于债务成本，公司扩大负债规模就能够产生正效应。

显然多数行业的盈利性都是有波动的，而在高压下能够维持稳定经营也需要高超而稳定的管理水平，不然当公司资产负债率高于70%，各项偿债指标恶化时，只要有风吹草动，就有可能致命。

6. 一次性收入、损失较多

一般一家公司的利润主要受主营业务的影响，但是一些主业式微的公司，为了维持表面上的盈利能力，通过出售资产、获得高额政府补贴或者财务重组等获得一次性收益，而有的企业则是计提一次性的损失和支出，大幅影响了当期的盈利情况。

这种利润受到一次性收入、支出影响的公司报表欲盖弥彰，主营业务多数也较差，在一次性影响结束之后就会原形毕露，当然如果确实是一次性的支出给公司带来损失并且未来显然不会有类似的损失的话，倒不妨借此机会低位买入该公司股票。不过如果一家公司多数年份都有一次性损失，那么这家公司真的就可能存在根本性的问题，需要避开。

比如上海汽车2008年实现净利润-8.5亿元，而2007年还盈利54.08亿元，但是主要原因是其子公司韩国双龙汽车严重亏损并申请进入回生程序，产生一次性损失约44亿元，2009年，上海汽车净利润立刻大幅回升到81.08亿元，以后每年逐年上升，再也没有亏损过。

7. 财务报表中的其他应收款、其他应付款等其他科目数额巨大

企业在生产经营中，总会有一些其他应收应付款项，但是如果这些款项数额巨大，并且没有合理的原因，那么这家公司就可能存在资金被关联方占用或者资金管理不善的情况，更有甚者，会把主营业务的相关损失或者收入夹杂在其他科目中，使得财务报表不能正确地反映企业真实财务状况。

结 束 语

虽然财务状况仅仅是我们选择股票过程中的一步，但是这一步是至关重要的，我们通过财务分析可以认识到公司的基本价值和运营理念，同时在分析上市公司财务状况的过程中要使自己保持应有的冷静，以免被市场上的各种传言所迷惑。

投资是一个长期过程，不要幻想某一天暴富，成功的投资都是有深厚的理论基础和明确的思路的，希望读了本书的投资者能够在资本市场中冷对市场短期的搏杀，紧扣价值投资的理念，获得丰厚的长期收益。